中华名品·传世收藏彩色图鉴系列

上册

古玉
收藏图鉴

◎编著　张学

线装书局

图书在版编目（ＣＩＰ）数据

古玉收藏图鉴：全2册 / 张学编著. -- 北京 :线装书局，
2014.1
（中华名品·传世收藏彩色图鉴）
ISBN 978-7-5120-1244-8

Ⅰ. ①古… Ⅱ. ①张… Ⅲ. ①古玉器－收藏－中国－
图集 Ⅳ. ①G894-64

中国版本图书馆CIP数据核字(2014)第004670号

中华名品·传世收藏彩色图鉴系列

古玉收藏图鉴

编　　著：张　学
摄　　影：溥　奎
责任编辑：曹胜利
装帧设计：三读书馆 SANDU BOOKSTORE
出版发行：线装书局
　　　　　地　址：北京市西城区鼓楼西大街41号（100009）
　　　　　电　话：010-64045283 64041012
　　　　　网　址：www.xzhbc.com
经　　销：新华书店
印　　刷：北京东方之彩印刷有限公司
开　　本：889mm×1194mm 1/16
印　　张：28
字　　数：500千字
版　　次：2014年4月第1版第1次印刷
印　　数：0001-3000

定　　价：699.00元（全二册）

【总序】

收藏文物和艺术品是中华民族几千年来的优良传统。我国有关文物和艺术品的历史源远流长，丰富多彩的文物艺术品，经过传世收藏汇成了一幅幅精美的画卷，琳琅满目，美不胜收，令人惊叹不已。

我们站在视觉欣赏的角度，回望历史，看到的是由收藏家铭记的文明的足迹。如古玉的温润淳良，厚德载物；古瓷的精纹美饰，清釉脆响；奇石的千态百姿，令人玩味无穷；古家具的凝重典雅，造型堪称绝唱；珠宝的千种风情，具有琉璃色彩的剔透……艺术品鲜活灵动，散发着历史的醇香。接触艺术品、鉴赏艺术品、收藏艺术品，代表着一种生活追求，传承着历史与文明的高尚品质。

中国人对文物、图书、艺术品的收集收藏，有一句古话称"盛世收藏"，这是一个颠扑不破的真理。试想兵荒马乱之中只会使收藏珍品散失，哪里还能顾及收藏保存呢？我们今天正逢盛世，国富民强，艺术品的投资、鉴赏正合当下潮流。对艺术品热爱，又具有鉴赏眼光的收藏者，他们渴望提高艺术品鉴赏能力和收藏品位，这是必然之理。

本套丛书汇集了中国传统文化艺术精品，突显了藏品的地域特色。与其他同类书籍相比，本套丛书收录了近年国内各大博物馆的传世精品、艺术品拍卖精品和大量流失海外各大博物馆的精品，系统地诠释了中国古代艺术品的精湛与绝美。由中国文物收藏名家点评收藏知识，图文并茂，通俗易懂。本套丛书形式赏心悦目，博采众长，由业内权威专家倾心编辑，从知识性、通俗性、专业性等不同角度全面体现收藏与鉴赏的艺术魅力，为广大收藏爱好者提供了第一手艺术品收藏与鉴赏的资讯。

六十多年来我一直在国家文物主管部门从事文物保护和调查研究工作，由于工作的关系，我本人并不进行文物收藏活动。但我深知文物、艺术品的收藏是几千年来中华民族的优良文化传统，今天国家博物馆、私人博物馆以及保存在各相关单位、相关部门、私人手中的珍贵文物、艺术品，都是历代收藏家们苦心经营、历经劫难保护传承下来的成果。我十分感动，也很敬佩。因此，我积极支持社会各界及各种形式的收藏活动，为此，丛书的编者特嘱我作序。于是写了以上几句简短感言和认识，请教读者高明，并借以祝贺此丛书之出版。

罗哲文

2012年于中国博物馆协会（柏林寺）

导 读

如何收藏鉴赏古玉

黄金有价玉无价

正如古玩收藏名家赵汝珍所说："在古玩中，古铜旧玉没有定价，为什么没有定价？原因是过去收藏玉器的人很多，朋友相见以所得之玉相互夸示，清末在京城里居家无玉就不像是士大夫的宅第，服饰无玉则衣履就不算完整，身上无玉便不能与朋友相会。不懂玉石方面的知识，别人谈话则自己插不上话。玉的重要性到了如此时尚程度，所以人们都竭力以求。

人们常说，黄金有价玉无价。为什么会有如此说法呢？大概是时代风气使人们彼此效仿，并没有特定的理由。买的人多了，玉的价值就越来越高。遇上珍品，此争彼夺，出售者则奇货可居，值一千块钱的东西要价万元也卖得出去，这就是所谓的"无定价"。

和田白玉质地，温润光泽而玲珑别透，为唐代金镶玉环，造型华贵富丽。

玉臂环含有三段弧形白玉，用金属工艺纯金雕琢成的虎首形饰，将其衔接而成。

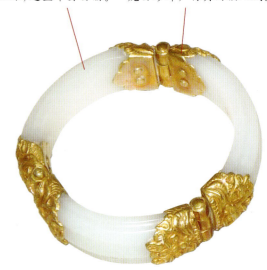

◎唐·镶金白玉臂环

外径约8.4厘米，内径约6.5厘米，宽约2.1厘米，厚约0.9厘米。

古玉的种类和制作工艺

中国出产玉石种类繁多，最受欢迎的是优质软玉，而具有代表性的是新疆的和田玉、辽宁的岫岩玉、河南南阳的独山玉、河南密县的密玉、陕西蓝田的蓝田玉。

传世古玉大多以白玉、黄玉、绿玉、青玉、墨玉为主要材质。在鉴别古玉的时候，可以从颜色、净度和品质等方面着手，结合前人对玉质鉴别的经验，品相好的玉具有颜色纯正、温润光泽、质地细密、清纯净鲜、杂质少等优点。这些鉴别方式切实可行，可以直观目测。

中国传统玉雕制作工艺，有非常复杂的工序，分工明确，其中包括选料、画样、锯钻、做坯、饰纹、抛光等各个环节，工匠各司其职，又相互配合。将传统的浮雕、镂雕、阴刻、阳线等制作工艺和表现技巧有机结合在一起，才能将完美的造型构思和装饰图案集于一件玉器之上，雕琢成一件玲珑剔透的艺术品。

玉色温润，雕工巧妙地应用了皮色的色彩位置，雕琢出楼阁、松峰、听泉、波涛、秋风、云海、高山等，造型十分立体。

籽玉是原产于软玉矿床或含软玉的岩体被风化剥蚀、冲刷、搬运至河流中沉积而成。许多玉石表面还包裹有风化皮壳。

◎清乾隆·和田仔玉仙山楼阁山子

通高约16.4厘米，横长约21.7厘米。

此种嵌玉方法来自大唐西亚镶嵌工艺制作法，造型高雅而华美，这也反映了大明皇家玉工延续了唐代的金属工艺传统。

造型仿造西域金银器风格，为立体圆雕。

玉料为白玉质，玉色温润光透，局部有淡黄和深褐色沁斑。

玉杯造型优美，玲珑剔透，杯耳镂雕龙纹饰，玉身浮雕一组螭龙纹，形制活泼，雕工精巧。

◎南北朝·白玉螭龙纹杯

口径约6厘米，底径约4.8厘米，高约8厘米。

此簪造型华丽精美而大方，为纯金长形簪，上宽下窄，玉龟为和田白玉，头含叼两颗宝石，龟背上嵌有一颗宝石，呈六棱形，金簪中部镶有两颗红绿宝石。

◎明·嵌宝石白玉龟金簪

通长约15厘米，玉龟宽约2.8厘米。

白色玉质，玉色光透而纯正，器呈八角造型。

玉盒呈八角，外壁表面装饰伊斯兰花草纹图案并镶有金线，嵌有红绿宝石。

◎清乾隆·痕都斯坦嵌宝八角玉盒

宽约18厘米，高约4厘米。

西周鸟形玉环，内外形采用平雕切割工艺方法，纹饰流畅。

西周玉雕继承了商代的透雕工艺，玉雕装饰图案运用双勾拟阳线阴刻"一面坡"雕琢工艺技法。

◎西周·龙凤纹青白玉环

直径约11.4厘米，厚约0.25厘米。

玉石的本色和雕工鉴别

在收藏古玉时，一定要认识到，籽料比山料要好，山料是没有皮色的。籽料的皮色是由上千万年玉石外表风化而成的，由外到内，色泽不一，主要特征体现在密度、光泽、质地、硬度、水头等上面。一件好的软玉器，其标准是质地细腻、温润洁白、质纯光透。中国古玉石最好的品种是新疆和田玉，玉石的品种是根据其颜色的不同进行命名的。比如，羊脂白玉、黄玉、碧玉等，这些玉石因颜色的不同而体现出其品种和品质的不同。即便同是白玉，也要看白的程度和纯度，如果白中闪青或白中带灰，就会影响到玉器的价值。在制作玉器时，许多玉工有时特意保留这种皮色，既可以当作"俏色"，又可以表明这是正宗籽料。

一般来讲要看雕工是新工还是老工，并鉴别出是哪个历史年代，是传世品还是出土文物，你需要从古玉造型和雕工中分辨出是哪个时代常用的纹饰、工艺制作特点、历史文化背景、玉质产地及名称等。其历史年代越久，玉色品质越纯正，制作工艺越精湛，它的艺术价值和收藏价值就越高。

目录

◎**清乾隆·白玉扳指**

通高约 2.8 厘米，直径约 3.8 厘米。

　　白色玉质，玉色纯正，呈圆柱形，中间挖空，上口圆沿边，下口呈外翻周边，造型简洁，光透明亮。清代玉扳指上装饰纹样丰富，常见玉扳指有双马纹、狩猎纹、骅骝纹、镂空花纹、双马纹配诗文在其一侧十分讲究。

◎**清乾隆·白玉和合如意鼻烟壶**

通高约 7 厘米，宽约 5.8 厘米，厚约 2 厘米。

　　白色玉质，小圆口，长圆扁形柱形，玉身浅浮雕一双合仙童，造型线条清晰而立体。玉鼻烟壶盛行于明清两代，宫廷君臣和平民百姓都经常使用。鼻烟壶一般用来盛放鼻烟，同时兼有欣赏把玩的作用。

中国玉器的发展有着悠久的历史，从新石器时代早期到到清末及现在，玉器文化绵延不断，保持着旺盛的生命力，有着非常高的物质与精神地位，这是人类发展史上独特的文化现象。中国是世界上用玉最早的古国。

中国古代玉器文明与特定的地理环境、特殊的民族文化有关。中国是世界上古玉料储藏量最丰富的地区之一，玉料品种丰富，质地优良。中国的玉器制造技法独特而先进，造型纹饰典雅，内涵深奥神秘。玉在中国的用途非常广泛，在政治、经济、文化、思想、伦理道德、宗教信仰上都发挥过其他艺术品不能取代的作用。上至帝王，下至百姓，无不喜爱。

我国玉文化历史悠久，玉器的形制经历了数千年的继承和发展过程，玉器学者把中国玉文化的用玉分为四大种类，中国四大名玉为和田玉、南阳玉、蓝田玉、岫岩玉。中国台北故宫博物院古玉器考古专家那志良先生所著《玉器通释》一书，上册论玉器形制，将玉器分为礼器、符节器、服饰器、镶嵌器、丧葬器、兵器、乐器、印玺、简册及其他玉器品种；在其《中国古玉图释》一书中，又把玉器细分为礼器、符节器、简册、玺印、乐器、兵器、服饰器、丧葬器、镶嵌器、肖生器、陈设器、文房用具、玩赏及馈赠器、一般用器等基本种类，被考古家及收藏爱好者称之为玉器百科全书。

中国玉器的发展演变，经历了上古、中古和近代三个时期。上古从新石器时代晚期开始，包括夏商、周、秦、汉等几个发展阶段。中古包括三国、两晋、南北朝、隋、唐、五代和宋、元几个时期。近代从明代开始，此时玉器的制作走向繁荣，乃至大清朝"乾隆盛世"，宫廷玉器成为中国工艺美术文化符号最具典型的代表和体现。

中国古代玉器源流

古人以玉比德

在商周时代，人们一般用青铜制作礼器，同时也有用玉来制作礼器的。礼器是当时国家举行祭祀仪式的重要器具，是礼仪上必须用到的东西，用玉制作和用青铜制作，性质是一样的。夏、商、周三代都以铜器为国之瑰宝，但周代把玉看得比铜还贵重。按照周代的礼制，在祭祀时，都要用玉器，宴会时必须要用铜器，由此可以得出玉比铜更加重要的结论。正因为玉礼器的地位非常重要，所以，在上古时期，从天子到一般百姓，身上都佩藏玉器。在民间，男女佩藏玉饰，既可以体现谦谦的君子风度，又可以辟邪趋吉。古籍上记载了很多重视玉的言论。据说子贡曾经这样问孔子："老师，君子都器重玉而轻贱珉（一种似玉之石），其中的原因是什么呢？"孔子对他说："非为珉之多故贱之也，玉之寡故贵之也。夫昔者，君子比德于玉焉。温润而泽，仁也；缜密以栗，知也；廉而不刿，义也；垂之如坠，礼也；叩之其声，清越以长，其终诎然，乐也；瑕不掩瑜，瑜不掩瑕，忠也；孚尹旁达，信也；气若长虹，天也；精神见于山川，地也；圭璋特达，德也；天下莫不贵者，道也。诗云：'言念君子，温其如玉。'故君子贵之也。玉燥不轻，温而重，是以君子宝之。"另外，《巢氏胎教》中说："欲子美德，则佩以玉。"《诗经》中说："乃生男子，载弄之璋。"《礼记·玉藻》中说："君子无故，玉不去身。"这是表现君子的德行像玉一样温润缜密，像玉一样温和谦让，合乎高尚的礼节。所以，古代君子的标准必须佩玉。从此看来，古时玉的使用范围很广，从传世及出土玉器看，玉在人们心目中的地位很高，对玉质的选择标准很严格，制作玉器的技艺，按当时的标准十分精湛，这些都达到了相当高的水平。

古代玉器象征权力

中国历代都将玉器作为国家权力的象征，可以与秦以前的"九鼎"等同。比如玉玺的使用，从秦始皇时代就开始了。秦始皇将和氏璧改制成一个传国玺，这个传国玺成为历代君王争夺的至宝。后来各朝，以玉制玺成为惯例，乾隆时期有御制"二十五宝"，大都用名贵宝玉制作，成为宫廷中的重器。

秦灭六国后，秦始皇下令将前代遗留的所有器具统统销毁，夏、商、周三代礼制也完全抛弃，用玉礼仪及玉器也全都荒废了。除玉玺外，其他所有玉器物都不再规定必须使用。朝廷不提倡，一般民众也就跟着不再重视玉器。所以三代留下来的完美精巧的玉制品，秦代不但没有将其发扬光大，反而销毁破坏。玉器在秦代就已经衰落了。

秦始皇统一中国后，玉器制作技术停滞不前，再加上秦朝的历史短暂，所以，秦朝的玉器制作没有大的起色。秦王子婴向汉王刘邦献上玉玺兵符，历史就进入了汉代。汉代的玉器制作基本上继承了战国的工艺技术，但在玉材造型以及品种、纹饰、雕琢方式方面，已经与战国时期有了很大程度的不同。

汉代玉器主要出现于西汉和东汉，新莽时期时间短暂，玉器很少见到。

汉朝兴起以后，在玉器方面实行和秦代完全相反的政策。皇帝力求复古，所以夏、商、周三代所有的玉器又重新出现在世人面前。汉代制作玉器也完全依据古制，保存了三代玉器的风格和特色。汉玉不仅继承了以前玉器

的样式，做工也很精良。只是玉器上的文字、花纹的笔画细如毫发，在当时固然清晰。但传到今天，受到土湿和空气的侵蚀，大多已经模糊不清了。在汉代，人们崇尚道家学说，玉石的作用就更大了。许多人都把玉器当作陪葬品，以此确保灵魂的不朽和长生。传说玉石是富有灵性的，琢成的玉器更是魔力无穷。《国语·楚语》中说："玉足以庇荫嘉谷，使无水旱之灾，则宝之。"当时人们崇拜仙道，认为玉石具有起死回生的功效，服玉石屑（药）以求长生不老。东晋时葛洪的《抱朴子》就指出玉是仙药，但极其难得，吞服黄金者寿如黄金，吞服玉者寿如玉石。服食玉石，能白日飞升，刀枪不入，百毒不侵，水火不害，进入仙界。古代人丧葬时多使用玉器。汉代丧葬时，人们在尸身孔窍中塞玉，就是出于使肉体永存的目的。《抱朴子》中也有"金玉在九窍，则死人为之不朽"的语句。汉代葬玉除了九窍塞外，还有玉覆面、玉握、玉衣等。在丧葬用玉中，新石器时代及夏、商、周三代就使用一些璧、琮等礼器，希望死者借此实现与天地神灵的沟通。《周礼·春官》中说："疏璧琮以殓尸。"郑玄的注解很明白："疏璧、琮者，通于天地。"其实这些葬玉在战国、汉代以来的墓葬中，也曾出土过，大都是出于这种目的进行随葬的。

三国两晋南北朝是中国古代玉器最衰落的时期。造成玉器发展衰落的原因，一是连年战事，二是盛行的魏晋风度强调清净淡泊的意旨，动摇了道学和儒学观念。另外，在葬玉形制上，魏曹丕下令废除了奢华的玉衣礼葬制度，使玉器的使用受到了很大程度的限制。隋朝和

五代的玉器基本上没有从魏晋南北朝的低谷中解放出来。

隋朝仅仅经历了37年，与五代一样，在玉器的制作技术和工艺上没有大的发展。目前很少有隋朝墓葬的发现，仅西安隋代李静墓出土的玉器可作隋代玉器代表。

唐代持续近300年，这个历史上著名的盛世，也是玉器制作的鼎盛时期。这个时期的玉器抛弃了商周时期的古拙之风，显得更加写实，在工艺技术上更加强调精工细作。目前所发现的唐代玉器的数量虽然有限，从出土和传世作品来看，唐代玉雕在造型和制作工艺上是无懈可击的，唐代玉器最富有时代特色的是玉带板，其次是装饰品，造型典雅而华丽，首推金镶玉嵌宝石，带有西域风情色彩。

宋代城市商业繁荣，皇室垄断制玉的体制被打破，民间制玉进入一个新的阶段，市场上有专门的"七宝社"进行玉器的交易。虽然宋代玉器目前出土比较少，但已出土的都精美巧绝。因为宋代玉器更加世俗化和生活化，迎合了百姓的心理和生活的需求。在宋代，朝廷上下以及平民百姓都很喜欢玉器。由于宋徽宗特别喜欢玉，正所谓"上之所好，下必有甚"，好玉之风气遍行全国，玉器做工的精巧甚至比得上周代和汉代，唯一不足的是装饰纹样比唐代更世俗化，雕工也不如唐代精美，但也有精品传世之作。从传世作品来看，宋代的装饰品、观赏陈设器、日用器具也美不胜收，因受当时陶瓷工艺及宋代文人画影响，许多文房用具都有所创新，出现了玉笔筒、玉砚滴、玉洗、玉镇纸、玉笔架等精美绝伦之作。

由于宋代玉器进入市场流通，当时对古玉的仿制非常盛行，许多仿古玉也由此成为传世珍品，其中以器皿为多。宋代大量仿制古玉器，礼器为数众多，主要有苍璧、黄琮、圭、璋、斗、磬等。"苍璧礼天，黄琮礼地"之类的礼仪规范，在宋代同样起到了十分重要的作用。宋代帝王所使用的苍璧多数是当时制作的物件。

两宋时期北方少数民族走向繁荣，并产生了辽朝、金朝与宋朝共存的历史局面，他们吸取了汉民族玉器文化精华，并创造了带有游牧民族风格的装饰品和实用器等，最有特色的是春水玉、秋山玉、生肖佩和带有各种植物纹样的装饰佩玉等，其造型和雕工独特而生动，但在雕琢工艺上较为简略。

在辽金之后，蒙古人入主中原，在大都建立了元朝，元朝继承了唐、宋、辽、金玉器精髓，并有所创新，皇帝十分喜爱玉器，在大都和杭州等地设玉作坊，制作出许多精美玉器，有装饰品、仿古陈设器、日用器、文房用具等作品。元代玉器带有唐宋及西亚文化风格，其中最有代表性的是"双耳礼乐杯"、"青玉火炮珠把杯"等，都是这一时期典型之作。此时的玉带扣、玉带板、玉带钩都具有元朝吸取外来文化的特点，也为明清玉器文化繁荣创造了新的审美现象。

明清时代玉器最为华美，此时玉器从选材到制作都进入了历史鼎盛时期。明清仍然保持重视玉的传统，社会上人们重视玉器的风气很流行，从事玉器制作的人很多，因此文玩玉器的数量颇为可观。此时在玉器工艺制作上有飞越的进步，最有代表性的就是严格选用上品新疆和田玉材。玉器使用范围十分广泛，已深入到生活各个方面，按用途可分为日常用品、陈设器、装饰用品、文房用具、宗教用器等。文房用具和仿古的礼器大为盛行。另外，佩玉方面也发展迅速。明朝的制玉业在北京、扬州、苏州等地，发展极其迅速，苏州的玉雕在当时的制玉界声名显赫。苏州玉器称"苏作"，与北京的"京作"遥相呼应，并驾齐驱。"苏作"玉器与"京作"玉器的区别在于，前者小巧玲珑，而后者朴实敦厚。

◎宋·白玉龙首押印

通高约7.3厘米，底边长约7厘米。
上海博物馆，古代玉器馆展藏。

　　白色玉质，局部有深褐色水沁，这是宋玉特有的形式美。正方形印座，四边较高，印座上方镂雕一立体伏卧的蛟龙。此印为宋代玉器立体镂雕、圆雕和浮雕的代表，是从周身各个方面皆可观赏的通景器。玉匠们在技法上巧妙地运用玉璞上的俏色，通过处理，使得玉器更为绚丽多姿，这是宋代玉器制作工艺的典型特征。

玉石的种类

中国出产玉石种类繁多，有辉石类玉（硬玉）、闪石类玉（软玉）、硅质类玉（石英岩玉）、蛇纹石玉类等。世界上最受欢迎的优质玉石品种是中国的新疆和田玉和缅甸的翡翠。此外，伊朗、中国的绿松石和阿富汗的青金石也久盛不衰；还有澳大利亚的绿玉髓，巴西的芙蓉石、虎睛石、玛瑙，中国的岫玉、独山玉，肯尼亚的查沃石，加拿大和新西兰的软玉，这些均是受欢迎的玉石品种。

和田玉（软玉）

和田玉开采的历史十分悠久。据历史记载，和田玉进入中原地区，最迟在商代晚期。软玉的主要产地在新疆和田，软玉仅指新疆和田玉，或者说只有新疆和田玉才称作软玉。清人陈性《玉纪》载："玉多产西方，惟西北陬之和阗、叶尔羌所出为最。玉体如凝脂，精光内蕴，质厚温润，脉理坚密，声音洪亮。产水底者名子儿玉，为上；产山上者为宝盖玉，次之。"

在河南安阳殷墟妇好墓出土的很多玉器中，大部分为软玉。其中部分属青玉，白玉较少，青白玉、黄玉、墨玉、糖玉更少，这几种玉料大体上都是新疆玉，具有很高的历史价值。软玉埋入地下，玉质千年不变，质地细腻致密，用手触摸有涩感。软玉是由粒径小于0.01毫米的纤维状透闪石和阳起石晶体交织在一起的块体，一般呈毡状、簇状、捆状交织结构。软玉光泽滋润，贴身佩戴，冬天不凉，夏天不热，不受酸碱腐蚀，没有寒感，即所谓"润泽以温"。

软玉分布广泛，世界上出产软玉的国家有中国、俄罗斯、波兰、意大利、德国、加拿大、美国、墨西哥、巴西、澳大利亚、新西兰、津巴布韦等。

中国新疆以软玉之乡而驰名全球，新疆帕米尔高原（古代称"葱岭"）、天山山脉、昆仑山以及阿尔金山，是和田玉的主要产地。昆仑山所产软玉又称"和田玉"或"和阗玉"（和田玉的古称），和田叶尔羌地区是闻名中外的玉石产地。在中国乃至全世界范围内，最好的玉石材料就是和田玉。和田玉以白玉、青白玉、青玉为主。产于天山的软玉又称"准噶尔玉"，以碧玉为主。阿尔金山的软玉在当地被称为"金山玉"。软玉的英文名称是Nephrite，有时也用Jade。现今人们对软玉有两种解释：一是把一切符合玉石质量要求、和田玉硬度比硬玉（6.5～7）低的玉石统称为"软玉"；二是把透闪石、阳起石的变种视为软玉。透闪石的化学成分为 $Ca_2(Mg,Fe)_5Si_8O_{22}(OH)_2$。和田玉折光率为1.606～1.632，点测法一般为1.62，在偏光镜中观察明亮。密度为2.90～3.19g/cm^3，在二碘甲烷中漂浮。

软玉属角闪石玉之列，其矿物成分主要是透闪石或阳起石，或二者皆有，此外还常有微量透辉石、绿泥石、蛇纹石、方解石、石墨、磁铁矿等矿物集合体。

优质的白色软玉是由透闪石组成，软玉的物理颜色取决于组成矿物的颜色。软玉的矿物组成不同，颜色也不同。不含铁的透闪石呈白色或浅灰色，含铁的透闪石呈浅绿色；阳起石为绿色、黄绿色和褐绿色；石墨呈灰黑色，磁铁矿呈黑色。其总体颜色为白、羊脂白、灰白、翠绿白、黄、黄绿、苹果绿、绿、深绿、墨绿、黑等色。

◎和田色皮籽玉石料

通高约75厘米，横长约68厘米，纵宽约75厘米。

和田籽玉，因主要产于中国新疆南部昆仑山一带的和田地区而得名，是以透闪石和阳起石为主的多矿物集合体，俗称软玉。原生矿自然风化后被冲刷搬运至河流中所形成的次生玉为籽玉，常带氧化表皮。色泽主要有白、青、青白、碧、墨、黄等几种，半透明至不透明，玻璃光泽至油脂光泽，温润柔和，坚韧细腻，是古代玉器采用的主要材质。籽玉呈卵圆形、椭球形、球形、扁球形等，磨圆度好，许多玉石表面还包裹有一层厚薄不一的风化皮壳。

中国古代玉器源流

◎唐·镶金白玉镯

外径约 8.2 厘米，内径 7.1 厘米。

　　玉料为新疆羊脂白玉，玲珑别透。每个镯子由三节等长的白玉组成，呈扁圆形。钩及环之另一端为活轴，可自由开合，由纯金采用金属制作工艺，雕琢成虎头造型，并在虎眼和前颈上嵌宝石。此玉镯是传世中典型的金镶白玉嵌宝石手镯。

◎商代晚期·白玉龙形佩

通高约 5.3 厘米，横长约 10.5 厘米，厚约 0.3 厘米。上海博物馆，古代玉器馆展藏。

　　和田白玉，玉色质纯，佩呈扁平璜形，一端为龙首，另一端为鱼尾。龙首及玉佩表面阴刻勾勒，巨字目，叶形耳，唇上卷，口部有一穿孔。周身为 S 形，头较大，尾小略窄，形象生动，颈饰鳞纹，身饰变形云纹，两面纹样相同，龙身表面光润，外形线条流畅而生动自然。

⊙ 和田玉品种及特征

□ 山玉

和田山玉为原产于非砂矿软玉矿床中的玉石，又称"宝盖玉"，俗称"碴子玉"，形状为不规则的块状，棱角分明。

□ 山流水

山流水是原产于残坡积和冰川堆积型软玉矿床中的玉石，距原生玉矿较近，表面比山玉光滑，块度大，常见棱角，无籽玉那样的鹅卵石状和良好的磨圆度。

□ 籽玉

籽玉是原产于软玉矿床或含软玉的岩体被风化剥蚀、冲刷、搬运至水系或河流中，在适宜之处堆积或沉积而成的。玉石块度大小不一，呈卵圆形、椭球形、球形、扁球形等，磨圆度好，许多玉石表面还包裹有一层厚薄不一的风化皮壳。该类玉石一般质量较好，又称"籽儿玉"、"籽玉"。

◎ 清·薄意雕山水纹籽玉佩

通高约5.5厘米，横长约4.5厘米，厚约0.5厘米。浙江慈溪许氏藏。

此玉佩为籽玉上品材质，底边有天然皮色，上刻清中期常见文人雅士所带的薄意山水画面。其特点为留皮色，也称"俏色"巧雕，在和田玉籽玉中，籽料为上品，籽料要比山料好，其次是雕工更加精细而劲健的制作工艺。

◎ 清乾隆·和田籽玉仙山楼阁山子

通高约16.4厘米，横长约21.7厘米，纵宽5.3厘米。清宫旧藏。

玉色温润，巧雕应用皮色的色彩位置比较巧妙，整器立体浮雕楼阁、松峰、泉水、波涛、秋风、云海、高山，惟妙惟肖。这件山子雕刻也是运用了"俏色"巧雕的表现手法，是清中期山籽玉雕精品之作。

⊙ 和田玉的八种颜色

□ 白玉

在和田玉诸多的品种中，和田白玉是最为名贵的一种，是软玉中的上品。白玉含少量阳起石矿物和绿帘石矿物，以透闪石为主要矿物成分。由于微量元素的差异，白玉会呈现出不同的白色。具体说来，和田白玉又有梨花白、羊脂白、象牙白、雪花白、糙米白、鱼肚白、鸡骨白等多个品种。其中以羊脂白玉为最佳，其特点是白、透、细、润，正所谓"白如割脂"，产自新疆的昆仑山北麓以及和田、墨玉两地。中国古代很多玉器珍品均为羊脂白玉所制。因此，和田羊脂白玉成为和田玉的别名。

◎ 明·和田白玉印

通高约 3 厘米，纵长约 2.6 厘米，纵宽约 2.6 厘米。
通高约 3 厘米，纵长约 2.6 厘米，纵宽约 2.4 厘米。

白色玉质，光透温润，玉色纯正。印座呈正方形，微高。印钮为立体圆雕狮钮造型，形态生动而活泼，为明中晚期玉印精品。

◎ 清乾隆·青白玉兽面纹钫

通高约 13.8 厘米，横长约 6.6 厘米，纵宽约 6.6 厘米。
清宫旧藏。

青白色玉质，白中闪浅青色，玉色光润。此钫是一件仿古青铜器的变形器，春秋战国称"壶"，为青铜酒器，发展至汉代，造型呈方形，称作"钫"。玉钫造型为长颈、有盖、长圆腹、足微高、饰兽面双耳。器盖中间饰涡纹，四角饰云纹。颈部饰回纹及蕉叶纹，腹部浅雕兽面纹，近底边饰桃形叶纹，通体阴刻回纹为锦地。

◎ 清·白玉螭钮玉印

通高约 2.8 厘米，纵长约 6.3 厘米，纵宽约 5 厘米。
上海博物馆，玺印馆展藏。

和田羊脂白玉，玉色纯正，局部有褐色沁。印座呈扁长方形，印座微高。印钮为立体镂雕螭虎造型，雕工精湛而优美。

◎明·青白玉仕女

通高约10厘米，横长约8厘米，纵宽约5厘米。
首都博物馆，古代玉器馆展藏。

　　青白玉质，玉色富于色彩变化，微光透。玉色温润，造型较为写实，是一件较小的摆件。其雕刻刀功和表现手法为明苏作玉雕精品。

◎西汉·青白玉汉印

通高约2.8厘米，横边长约2厘米，纵宽约2厘米。
陕西西安出土，上海博物馆展藏。

　　青白色玉质，玉色光透，微闪浅绿色，局部有色皮及沁色。造型呈塔形方钮，方座微高，切割碾磨光润，形制磨切规整。

□青白玉

　　青白玉属白玉的中色品种，原指灰白色或带有淡灰绿色调的白玉，其颜色介于青玉和白玉之间，通常主体色仍是白色，常被归入白玉一类。青玉灰白至青白色，古人有所谓柳青、竹叶青之称，故有人又笼统地称之为"青白玉"。青白玉又指以青白色为主的玉。

◎清代·青白玉松石亭阁纹臂搁

通高约21厘米，横长约7厘米，厚约1.2厘米。
中国国家博物馆，古代玉器馆展藏。

□ 青玉

原指青色、淡青绿色或绿带灰色的软玉，明清后期又笼统称为"青白玉"。青玉是软玉中硬度较高的一种，其透闪石含量通常在90%左右，颜色较均一，质地细腻，含阳起石和绿帘石矿物。青玉以青色为主，但也有在本色之上出现小面积糖色（棕褐色或黄色）者，这种青玉又称"糖玉"。青玉颜色不如白玉，故其价值较白玉要低一级别。

◎ 唐·方形青玉

通高约11厘米，横长约10厘米，纵宽约9.5厘米。
陕西西安出土，陕西历史博物馆展藏。

玉色为淡青色，深浅色彩富于变化，质地细腻，色泽温润微透。这件方玉与其他出土玉器的玉质差别较大，造型规整，琢磨光滑，可能是一件玉质方枕或是准备加工玉器的原料。

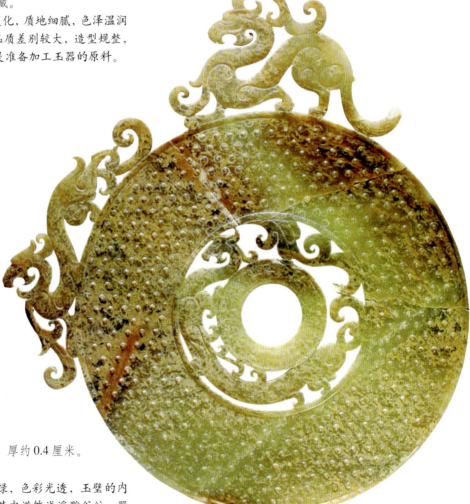

◎ 战国·和田青玉双龙谷纹璧

直径约21.7厘米，孔径约3.2厘米，厚约0.4厘米。
美国纳尔逊艺术博物馆藏。

青色玉质，质地温润，淡青微绿，色彩光透，玉璧的内外边缘各刻一周阴线形成的边廓，其内满饰浅浮雕谷纹。器身的局部有土蚀，因为受沁，显现浅黄色。谷璧的最早出土物见于春秋战国，这一纹样沿用至汉代。棕黄色在玉雕中很有巧雕审美价值，所以在汉代备受青睐。

□ 碧玉

原指绿色、深绿、墨绿、暗绿色的软玉。优质的碧玉也是名贵品种，但不如羊脂白玉。碧玉通常颜色不均匀，含明显的黑斑和白筋。碧玉中阳起石和绿帘石的含量明显增加，黑斑点多是黑色磁铁矿所致，多用于制作器皿。碧玉常见的颜色是深绿和暗绿。这两种玉色中，部分夹带着类似点状黑色的包裹物或者其他的一些杂质，但专家普遍认为，碧玉应当以色泽鲜明、质地纯正者为最佳。

◎ 和田碧玉（山玉）

通高约8.2厘米，横长约8.4厘米，纵宽约8.6厘米。上海博物馆展藏。

和田玉闪石类玉碧玉颜色特征：晶体为阳起石，呈碧绿色、黄绿色和褐绿色，玉色中带有点状墨色飘点，色泽光透者为名贵品质。

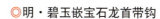

◎ 明·碧玉嵌宝石龙首带钩

通高约6.4厘米，横长约12.6厘米，纵宽约2.8厘米。北京明神宗定陵出土。

带钩是古人系腰带的挂钩，又称"鲜卑"、"犀毗"。此带钩出自神宗内，上品碧玉琢制，钩部为龙首形，嵌珍珠、宝石，造型优美，装饰华丽。

◎ 清乾隆·碧玉龙纹四管炉

通高约12厘米，横长约18厘米，纵长约12厘米。清宫旧藏。

碧玉呈绿至暗绿色，见黑色斑点，碧玉别称有：鹦哥绿、松花绿、白果绿等，以质地透光、色润如菠菜者为上乘，绿中带灰之色为下品。上好的碧玉色如翡翠，粗看易与翡翠相混，其黑色星点在灯下照耀，绿会失色，与翡翠截然不同。

□墨玉

　　墨玉常与青玉伴生，质地细腻，多呈蜡状光泽。原指灰黑色或漆黑色的软玉，也就是人们常说的黑玉。墨玉通常颜色分布较不均匀，有浸染状的黑点密布的品种，似大理石般呈云纹状；还有纯黑色的品种。人们根据这种黑色将其命名为乌云片、淡墨光、金貂须、美人唇、纯漆黑等。黑斑点多是黑色磁铁矿所致，最优质的为黑如纯漆色，非常罕见而且极其珍贵。

◎唐·墨玉山形嵌件

通高约 7.2 厘米，横长约 11.3 厘米，纵宽约 5 厘米。
北京丰台史思明墓出土，首都博物馆，古代玉器馆展藏。

　　嵌件玉质略带石性，有自然黑白纹理，正面加工成五峰山形，微有起伏，以示沟壑交纵。墨玉常常是几种颜色在一块材料上，有色带，即使是纯黑色，也总会有灰白"地张"，犹如黑幕上飘浮的缕缕白烟。黑白对比强烈者，可作巧色作品。

◎金·墨玉青白巧色"春水"饰

通高约 6.2 厘米，横长约 9.5 厘米，厚约 3 厘米。
首都博物馆，古代玉器馆展藏。

　　墨玉青白巧色"春水"指女真等北方游牧民族春季的游猎活动，表现的是鹘（鹰隼，俗称"海冬青"）攫天鹅的景象，流行于金、元时期。画面浮雕一鹘，双爪钩住天鹅后脑，啄其头颅，天鹅展翅作挣扎状，以水草衬托。整个画面简练明朗，刻画形象生动，具有浓郁的北国风情。鹘攫天鹅的题材出自辽代"春水"习俗，故将此类题材的玉雕称为"春水玉"。

◎清·墨玉四联瓶

通高约 13 厘米，口长约 3 厘米，腹宽约 7.3 厘米。
西安博物院展藏。

　　这件瓶圆唇，长颈，折肩，直腹，高圈足。口沿四角各饰一朵阴刻卷云纹，颈下部一周变形蕉叶纹，肩部饰云霞纹，上腹七条蛟龙盘绕，下腹饰变形蕉叶纹与如意云头纹。此玉色碧绿墨青，为和田墨玉上品，细腻坚硬。此瓶浑厚质朴，端庄典雅，古色古香。

□黄玉

原指淡黄色或黄色的软玉，因含氧化铁致色。黄玉就是色中带黄的玉，这种黄色大都显得浅淡，很少有浓艳的黄色。黄玉玉色分为多种，如蜜蜡黄、秋葵黄、栗色黄、黄花黄、鸡油黄、米色黄、黄杨黄、桂花黄等。其中尤以蜜蜡黄和栗色黄为上品。黄玉是软玉中的一种硬度高于白玉的玉，上品很珍贵，不透明，多淡色。由于黄玉出产较少，故黄玉的身价不在白玉之下。清人谷应泰就认为"玉以甘黄为上，羊脂次之"。

◎清中期·黄玉雕饕餮纹出戟双耳方盖瓶

通高约18.5厘米，横长约13厘米，纵宽约8.5厘米。

此瓶是秋葵色黄玉质，为上品和田黄玉，清康熙年间作品，局部有血沁状斑痕，玉质细腻圆润。为清中期仿商青铜器造型风格。盖钮如倒斗，斗形盖呈八出戟，高颈八出戟，两面锦地浅浮雕兽面纹。腹部高出斜肩，下收至底，高足，底外斜，平足口。腹足皆八出戟，四面锦地各浮雕一兽面纹，腹中间上方饰一兽面，形致为凸雕，左右西侧饰有兽形耳，此器造型规整，雕琢立体，碾磨精美，为黄玉精绝之作。

◎清乾隆·黄玉三羊双连瓶

通高约12.8厘米，横长约17.2厘米，纵宽约7厘米。
北京故宫博物院，古代玉器馆展藏。

□糖玉

指呈血红、红糖红、紫红、褐红等色的软玉，其中以血红色糖玉质量为最佳。中国新疆昆仑山出产此玉，该地的糖玉往往与白玉或青白玉呈渐变或过渡关系。糖玉多出现在白玉和青玉中，属于从属地位，不单划为玉种。因为糖色在玉雕中很有利用价值，所以向来备受青睐。

□花玉

原指两种以上的颜色存在于同一块软玉中。这种软玉常构成一定形态的花纹，如虎皮玉、花斑玉、巧色玉，新疆、青海等地均有发现。软玉原料经济价值是以颜色和质地为标准的。

◎宋·莲花荷叶玉笔洗

通高约9.4厘米，横长约18厘米，纵宽8厘米。

玉色泛紫，笔洗为糖色玉，底花托为紫檀玉。造型为秋色枯槁的荷叶状，叶面卷起，叶缘略扭曲起皱，更添写实传神之意。此玉荷叶有盛水洗笔之功能，将材质原貌巧妙地与实用功能结合起来，产生了生动自然的造型，体现出宋代玉工运用俏色自然之美的过人之处。

◎元·玉衔莲鳜鱼

通高约17厘米，通横长约27厘米，厚约7.6厘米。北京故宫博物院，古代玉器馆展藏。

玉质呈青白色，玉色纹理有墨色、褐桔、紫、黄花斑。玉色自然天成，富于变化，色彩抽象而奇美。整器呈长圆扁形，外形利用玉石巧雕，呈鱼的形状，造型极为抽象。鱼身正背浅浮雕一朵莲花及叶枝。鱼微张口，阴线浅雕，圆眼，阴线雕细密鱼鳞，双钩鳍纹，雕琢风格粗犷，具有北方游牧民族抽象写意风格。

◎ **清·和田白玉手印佛像**

通高约 26 厘米，横长约 13 厘米，纵宽 7 厘米。

浙江慈溪许氏藏。

　　和田白玉，质地纯正温润，立体圆雕，呈盘膝静坐状，身着长宽衣，肩披巾，胸部饰璎珞及飘带，衣纹潇洒飘逸，满头卷发，眼皮下垂，似闭目，手印相搭，脚心向上，坐于碧玉莲花座上，背靠碧玉佛光造型。把白玉与碧玉巧妙地结合在一起，产生佛像、莲座与佛光，只有清中晚期有。

岫岩玉

岫岩玉是辽宁省岫岩县出产的玉石，又称岫岩石、岫玉、新山玉。明宋应星在《天工开物》中说："朝鲜西北太尉山有千年璞，中藏羊脂玉，与葱岭美者无殊异。"据考证，他所谈及的就是岫岩玉。

岫玉呈半透明或不透明状态，质地细腻均匀，既软且脆，断口平坦，有的呈参差状，有油脂性光泽。岫玉的颜色主要为青绿色，这种青绿色的深浅是不一样的，有淡绿色、绿黄色、灰绿色、青绿色、油绿色、暗绿色等不同的色泽。岫岩玉掺有许多杂质，使许多颜色得以呈现，如暗红、铁红、橙红、黑灰、青白等各种杂色。在制作玉器的时候，工匠们往往"因色制宜"，根据各种颜色进行创作，匠心独运，恰到好处地呈现出岫玉自然美与艺术美相结合的和谐神韵。

岫岩玉种类很多，多以产地命名，中国早在距今约6800年的辽宁沈阳新乐文化的遗址中就出土有用岫岩玉制作的刻刀。蛇纹石属单斜晶系蛇纹石的集合体，呈致密块状，硬度为5.5~6.5，变化较大，韧性远逊于翡翠和软玉。产地不同者颜色、质地等有所差别，因而按产地可分为许多品种。

岫岩玉同时又是中国"四大名玉"之一。唐朝诗人王翰《凉州词》"葡萄美酒夜光杯，欲饮琵琶马上催，醉卧沙场君莫笑，古来征战几人回"中的"夜光杯"，用的即是甘肃祁连山产的墨绿色岫岩玉，国际玉石界称作"蛇纹石玉"。岫岩玉的产量之大和用料之多，在"四大名玉"之中均居首位。

岫岩玉的英文名称为 Serpentine，实质是由微细纤维状蛇纹石集合体构成的蛇纹岩。中国汉代、明代等朝代墓葬里亦有岫岩玉的玉器出土。新西兰的毛利人早在一千多年前就已用岫岩玉制作工具和装饰品。世界上许多国家（如墨西哥、美国、阿富汗等）也都重视并开发利用岫岩玉，生产出了大量的雕刻品、装饰品及其他艺术品。

◎ 当代·岫岩玉石料（蛇纹石）

通高约 60 厘米，横长约 80 厘米，纵宽约 36 厘米
岫岩玉博物馆藏。

古岫玉大多质地细腻，呈蜡状光泽，透明状似冻胶，上有点形的蛇纹状，纹状绿色深浅变化较深，整块玉色呈冻状，微有透明之感，玉质温润，光泽透明。岫岩玉品质高贵，一般体积比较大，巨型也很常见。

◎ 红山文化·猪龙形弦纹岫玉玦（新石器时代）

通高约 14.6 厘米，宽约 9.4 厘米，剖面厚约 3.9 厘米。
辽宁牛河梁出土。

这一兽形玉雕兽首的面相、双眼及眼周刻有多道皱纹，这种弦纹正是红山文化陶器上习见的纹饰。玉兽形玦是红山文化玉器的代表器物，兽形玦被称为猪龙形弦纹岫玉玦，是因为它像猪或龙。龙属于神化动物，古代认为龙是水神，是祈雨求丰年的祥神。

◎ 当代·岫岩玉碧绿玉石料

通高约 40 厘米，横长约 35 厘米。
通高约 30 厘米，横长约 27 厘米。
岫岩玉博物馆藏。

此玉石料为岫岩玉，玉呈碧绿色，色光半透明，呈蜡状，玉色温润，质地精细，色彩略有变化。在我国新时器时代早期，许多原始部落用岫岩玉琢制有丰富的玉器，由此开创了中国玉器文化的历史先河。

⊙岫岩玉基本特征

岫岩玉除含90%以上的蛇纹石外，还含有少量透闪石、透辉石、菱镁矿、水镁石、滑石和白云石。根据所含矿物的不同，物理性质如密度、硬度等均有变化。它的硬度为2.5~5.5，密度为2.5g/cm³左右，折光率为1.555~1.573。有时遇盐酸或硫酸会分解。

岫岩玉玉质结构十分细腻，触摸有滑感。它是由细小的纤维状和叶片状如蛇纹的晶体组成的，呈纤维交织状、网斑状结构。在均匀分布的基底上，有时可见密集堆积的不透明云朵状白色斑块。

岫岩玉的物理颜色多种多样，常见的是微带黄的浅绿色，也有豆绿色、黄绿色、白色、黄色、墨绿色等。在偏光镜中观察明亮。亮度半透明至微透明，蜡状光泽，参差状断口。

⊙岫岩玉质的识别方法

岫岩玉如不仔细测定物理参数，几乎很难判断其与类似玉石的区别。用肉眼观察岫岩玉，与淡绿色或淡黄绿色岫岩玉相似的玉石有葡萄石和水钙铝榴石。淡绿色或黄绿色、半透明、蜡状光泽是它们的共同特点。

根据色泽、质地、块度等因素，可将岫岩玉分为四个等级。这里主要讲岫岩玉（蛇纹石）特级品：深绿色，蜡状光泽、油脂光泽强，透明度高。质地致密，细腻坚韧，无裂纹和杂质，块重50千克以上。工艺上要求颜色浓艳、柔和、均匀，有美丽的巧色，呈强烈的蜡状光泽、油脂光泽，半透明至透明。

□葡萄石

由纤维状葡萄石集合体组成，呈浅绿至浅黄绿色，半透明，蜡状光泽，硬度为6~6.5，折光率约为1.63，密度约为2.88g/cm³，非均质体，放射状显微结构，有密集的白色云朵。因含少量的方解石，遇盐酸起泡。葡萄石除折光率、密度、硬度均较蛇纹石玉大以外，还有肉眼可见的特有的放射状纤维结构和用小刀刻不动的硬度。

□水钙铝榴石

浅绿至浅黄绿色，半透明，蜡状光泽，硬度约为7，折光率约为1.74，密度为3.15~3.55g/cm³，均质体，粒状结构，有较多的黑色小点。水钙铝榴石除折光率、密度、硬度均较蛇纹石大，均质体可与蛇纹石区别外，还具有肉眼可见的粒状结构和黑色小点，没有白色云朵状结构。

◎商·岫岩玉石铲

通高约6.2厘米，横长约14.6厘米，厚约0.4厘米。西安蓝田县寺坡村出土。

铲呈扁体长方形，刃部稍宽。刃略弧曲，单面磨成。为岫岩玉质，玉色深浅富于变化，主体为绿色，质地细腻温润。通体打磨光滑，刃部无损伤，穿孔无捆扎痕迹，表明此为非实用器。

◎当代·岫岩玉水钙铝榴石精品摆件

通高约90厘米，横长约58厘米，纵宽约28厘米。

这是一件当代玉雕摆件。岫岩玉质，玉质色彩富于变化，雕塑家巧妙地运用玉石外皮色彩，设计构图十分讲究，依照奇石肌理，把多种花卉，生灵组合为一动人的自然立体画卷，真可谓是巧夺天工。

独山玉（南阳玉）

独山玉主要产于河南省南阳市境内的独山，是中国四大名玉之一。据《汉书》记载，当时的南阳独山称"玉山"。独山脚下的玉街寺旧址就是汉代生产和销售玉器的地方。东汉张衡《南都赋》记载："宝利珍怪，金彩玉璞，随珠夜光"，"珍馐琅玕，充溢圆方"。独山玉具有色鲜质润的优点，历来被玉器制作者和收藏者青睐。

独山玉可以雕琢成精美的玉器，其优点主要是色彩瑰丽、玲珑剔透，许多人都把它称为南阳翡翠。独山玉呈现的颜色有较大差异，颜色较多，色调齐全，红、黄、绿、白、青、黑、紫各有千秋。主要品种有：白独玉，其中包括水白玉、白玉、乌白玉等；绿独玉，主要有绿玉、绿白玉、天蓝玉、翠玉等；青独玉，即为青玉；黄独玉，即为黄玉；红独玉，又名芙蓉玉；黑独玉，即为墨玉。其他掺杂各种颜色的独玉就是杂玉。在这些品种中，价值最高的是水白玉、天蓝玉和绿白玉。

人们常把透明度好的独玉美其名曰"独翠"，而紫玉和杂玉的等次则稍逊。无论是红、黄、绿、白、青、黑、紫哪类独玉，都有一个明显的共同点，即玉质内部有微细的小颗粒，体径都在0.06毫米以下，因此独山玉玉质细腻，密度很高，质地坚硬。

⊙独山玉基本特征

独山玉的组成矿物较多，主要矿物是白色斜长石（90%）、白色黝帘石（5%），其次为翠绿色铬云母（10%）、浅绿色透辉石（3%）、黄绿色角闪石、黑云母、深褐色榍石、褐红色金红石、绿色绿帘石、阳起石、白色沸石、葡萄石、绿色电气石、褐铁矿、绢云母等，因此，独山玉又被称为黝帘石化斜长岩。独山白玉中含大量黝帘石，分布不均匀，玉中常分布一些污点或暗色矿物的零星残余，俗称"灰星"，对玉石的美观和洁净度都有影响。有些原石中还存在一些"白筋"及"夹石"，都会影响玉石料的块度和品级。

◎当代·独山玉石料色彩

通高约36厘米，横长约54厘米，纵宽约28厘米。

北魏郦道元的《水经注》称："南阳有豫山……山出碧玉。"据不完全统计，现今独山玉矿区有开采残留老洞千余个，采坑星罗棋布，足见古代玉业之盛。南阳独山玉矿自1985年建矿开采以来，至今已开采出几千余吨玉石，此块独山玉料呈青白色，上有一块墨绿色，质地温润，微半透明，为独山玉上品玉料。

◎当代·寒梅开放（南阳独山玉）

通高约80厘米，横长约42厘米，纵宽约16.5厘米。

此玉为一块非常大的南阳独山玉石雕制而成。雕塑家依照玉石白绿两色之间的纹理，与相间中的色彩变化，随形而变，雕刻成了寒梅开放的写实风格大摆件。由于南阳地处我国中原，在古代交通不发达的情况下，南阳玉可能是我国古代玉材的主要来源之一。南阳玉的质量，主要依据颜色、透明度来决定，最好的是脂白和绿色的微透明体。

古玉收藏图鉴

◎**商代晚期·独山白玉龙形佩**

通高约 3.2 厘米，横长约 10.3 厘米，厚约 0.4 厘米。
上海博物馆，古代玉器馆展藏。

　　独山白玉，玉色温润光透，玉质纯正，龙形首，尾身似弧形，尾尖似刀形，玉佩外形切割流畅，玉表面正背为阴刻双勾云雷纹和三角纹饰，龙首有角，圆眼与系孔相交，形态传神，为商代晚期玉佩作品。

　　独山玉是一种多色玉石，主要有白、绿、青、红、黄、黑、紫、蓝等色，颜色细分则可达 20 余种，非常丰富。单色的独山玉不多，通常都是由两种以上颜色组成的多色玉。独山玉玉质致密，硬度较高，摩氏硬度为 6～7，密度为 2.90g/cm³ 左右，折光率为 1.56～1.70，呈玻璃光泽。由于独山玉内部结构及成分的差异，透明度从半透明、微透明到不透明都可以看到。独山玉质地为粒状结构，具有坚韧致密的性质，主要由粒度小于 0.01 毫米的斜长石组成，颗粒大小均匀，结构致密，分为质地细腻的透水白玉和干白玉，其中透水白玉透明度好。

　　独山玉各个品种之间在物质成分、色泽、质地等方面均存在差异。独山玉与其他类似的玉石，有时也可以根据色泽、透明度、结构的不同进行鉴别。

◎五类独山玉的识别方法

□白独玉

　　以乳白色为主，带有灰色色调和粉红色调，呈玻璃光泽、油脂光泽，半透明至透明。呈致密块状，质地细腻。块度一般为 8～10 千克，最大者达 500 千克。在全部独山玉石中约占 10%。有水折玉、干白玉、奶油白玉、乌白玉、芙蓉玉等品种。一级独玉：白色、乳白、绿色，色均匀，质地细腻，无裂纹，无白筋，块重在 20 千克以上；二级杂独玉：白、绿带杂色，色泽较艳，质地细腻，无裂纹，无杂质，块重在 50 千克以上。

◎**商·独山玉圆雕人面玉饰**

通高约 5.4 厘米，横长约 6 厘米，厚约 0.9 厘米。
美国波士顿美术馆藏。

　　独山绿玉，微半透明，玉质中有深色墨绿和浅色灰绿纹斑，玉色温润。此玉人面为扁片状，正面弧形鼓起，五官清晰可见，琢刻的刀功痕迹碾磨光润，为商早期玉饰作品。

□绿独玉

　　以绿、翠绿、蓝色为主，有绿玉、翠玉、青玉、天蓝玉等品种，颜色似翡翠，质地致密坚韧。块度大，一般为 250 千克，最大者达 2000 千克。在全部独山玉石中，约占 20%。

□紫独玉

　　呈淡紫色，在虾肉般的地子上分布着淡紫色的斑块。呈玻璃光泽，微透明，质地致密，细腻坚韧。块度一般为 100 千克，最大者达 200 千克。在全部独山玉石中，约占 10%。有紫玉、亮棕玉等品种。

□黄独玉

　　呈均匀的黄绿色或橄榄黄绿色，也称橙玉。表面呈玻璃光泽和油脂光泽，微透明至半透明。质地致密，细腻坚韧。块度小，很少单独产出，多以杂玉形式出现。

◎ 西汉·蓝田兽面纹玉铺首

通高约34.2厘米，横长约35.6厘米，厚约14.7厘米。

陕西汉墓出土。

蓝田青白色玉质，玉色质地细润，白中泛浅青色，微透。兽面纹玉铺首扁方形，是嵌在茂陵陵寝建筑物上的装饰。中央浅浮雕兽面纹，目、鼻、牙齿外露，面目狰狞。两侧雕出青龙、白虎、朱雀、玄武。背面有突出的方鼻钮和方孔。此玉铺首采用多层浮雕制作方法，琢制图案精美，为汉代玉雕绝品。

□ 杂色独玉

具有两种以上颜色的独山玉，主要有墨玉、翠白玉、菜花玉、五花玉、间彩玉、斑玉、黑花玉等品种。杂色独玉显玻璃光泽，微透明，质地致密，细腻坚韧。块度一般为150千克，最大者达2000千克。这类独山玉最多，占独山玉的30%～40%。

□ 特级杂色独山玉

色泽纯绿或纯蓝，透水白、绿白，质地细腻，无裂纹，无杂质，块重在30千克以上。独山玉各类佩件、章坯等，依据质地、颜色、大小及加工工艺等的不同，价格相差很大。

● 密县玉（密玉）

密县玉主要产地位于河南省新密（原称"密县"），断口平整，有的交错不齐，带有砂性特点。密玉的玉色变化很少，从局部结构来看，显得很均匀，比较突出的是橙红、苹果绿色，另外有灰绿色、紫灰色和绿色，颜色更为鲜艳，也更加名贵。

● 蓝田玉

蓝田玉是陕西省蓝田县出产的一种玉石，蓝田县境内的玉泉山，蕴藏量最丰富。《汉书·地理志》中就记载蓝田"产美玉"，唐代诗人李商隐写有"沧海月明珠有泪，蓝田日暖玉生烟"之句，曹雪芹的《红楼梦》中则有"神仙昨日降都门，种得蓝田玉一盆"的诗句，可见蓝田玉自古就享有盛名。

蓝田玉颜色呈现有较大差异，颜色色调各有千秋，主要色调有白、青、黑、黄、绿、红、紫。蓝田玉呈半透明或不透明的状态，质地细腻均匀，既软且脆，有油脂性光泽。汉代蓝田玉器的玉色有7种，包括青色、浅黄色、橘黄色、墨绿色、赤褐色等。汉代蓝田玉器是皇帝专用的，很少进入民间，唐时上品蓝田玉，白中泛青，半透亮，质地细润，青色中泛碧色。

◎ 春秋·密玉涡纹玉龙佩

通高约11厘米，横长约18厘米，厚约0.5厘米。美国西雅图艺术馆藏。

玉润透黄，佩呈扁体变形龙纹，镂空雕琢。变龙颔首张口，唇上卷，圆眼，头生双角，项、脊有鬣，曲体垂尾，足作伏卧状。通体隐起涡纹，鬣、尾、足上刻弧线，周边以偏斜刀向内斜削形成边郭。春秋时期，涡纹有了犹如一个弯钩的更长的尾端。

古玉收藏图鉴

◎ 当代·缅甸玻璃翡翠种绿色原石

通高约 26 厘米，横长约 46 厘米，纵宽约 17 厘米。

　　此件玉料为翡翠种原石，翡翠绿色泽艳丽、质地致密、细腻坚韧的优质硬玉岩，传统地质学和宝石学中的翡翠称为"硬玉"。

翡翠

　　"翡翠"名称的由来源于鸟名——"翡翠鸟"。章鸿钊的《石雅》说："翡翠本鸟名"，"翡赤雀，翠青雀"。颜色多样，呈色常不均匀甚至斑斓混杂，以白色和绿色常见，而以绿色为上，尤以鲜亮浓艳之翠绿色最为珍贵，血红和深艳紫色亦佳。质地以细腻润泽且清澈明亮者为优。质次者常经人工处理以改善外观品相。翡翠玉石自古便是东方民族最喜爱的玉石珍品。500 多年前，我国云南人在与缅甸的丝绸贸易往来过程中带回了缅甸的翡翠。它以美丽的色彩、光泽晶莹剔透著称，与钻石、红宝石、祖母绿并称为四大名宝。

　　翡翠于清朝初期才由缅甸运入中国，而当时中国的绿色和田玉（和阗玉）已被称为"翠玉"。

⊙ 翡翠的基本特征

　　翡翠为色泽艳丽、质地致密、细腻坚韧的优质硬玉岩，传统地质学和宝石学中的"翡翠"被称为"硬玉"。硬玉是矿物学上的称呼，它在地壳里虽有单晶体，但主要是集合体。

　　翡翠的物理颜色分布不均，一般是在底色上点缀有绿色条带或斑块。常见的底色有油青色、豆绿色、藕粉色和白色。在翡翠矿物颗粒之间沉淀有氧化铁的地方，呈现红色或褐红色。翡翠物理性质和化学成分上的差别，导致其产生差异。其所含次要成分和微量成分对颜色的产生起着决定性的作用。翡翠颜色形态质纯，无色或呈白色，含杂质者则呈翠绿或祖母绿色，以及绿、蓝、褐、红、橙、紫、灰、黑等色。通常有"红者为翡，绿者为翠"之说。其丽色产生的原因，物理的解释是与其含杂质元素的种类和性质的不同有关，如含铬、镍者呈翠绿色，含铁者呈红色，等等。

⊙ 翡翠的鉴别

　　翡翠的特征鉴定被行家称为翠性，翡翠原料只要在抛光面上仔细观察，通常可见到花斑一样的变斑晶交织结构。在翡翠块上可见到两种形态的硬玉晶体，一种是颗粒稍大的粒状斑晶，另一种是斑晶周围交织在一起的纤维状小晶体。

◎ 清中期·翠雕人物山水图山子

通高约 16.1 厘米，横长约 24.7 厘米，纵宽约 10.5 厘米。

北京故宫博物院藏。

　　翡翠飘绿、白两色，质地分明，色彩鲜艳。呈立体山形，一面巧雕利用橘红皮色，以深雕、凸雕等技法琢成山石、流水、松树、飞鹤、双鹿等纹，寓"鹤鹿同春"之意，皮色似霞光映照，古朴雅致。

寿山石

寿山石因采自福建省福州市晋安区的寿山村而得名。寿山石是中生代酸性火山岩蚀变产物，是一种隐晶质块状地开石。有的分布在水田中，也有的分布在坑口矿脉中，其中大多分布在寿山乡周围的矿山中。

⊙寿山石基本特征

早在新石器时代就出现了用寿山石制作的器具。到了南北朝时期，人们开始用寿山石制作工艺品。寿山石石质较软，颜色美丽，呈红、紫、褐、绿、黄或白色等。到元明时，人们多将它作为印章用石。清代，寿山石除做印章外，还做山子等摆件。清、近代寿山石雕的表现技法主要有圆雕、浮雕、矮雕、薄意、印钮、镂空和镶嵌等，刻艺讲究"相石取巧，因材施艺"。

寿山石质地脂润，色彩斑斓，温润如玉，晶莹剔透，为历代藏石家所珍爱。寿山石品种很多，按产地划分，主要分为田坑、水坑和山坑三大类。田坑石产于溪边水田，产量最少，石质最佳；水坑石产于溪涧水洞之中；山坑石散布于山峦溪野。田坑石又称田石，质地湿润，颜色从外到内由浓渐淡，按颜色分为"田黄"、"田红"、"田白"和"田黑"等品种。

田黄石有广义和狭义之分，广义的田黄石指田坑石，狭义的田黄石指田坑石中发黄色者。因田黄石稀有珍贵，所以福州民谚说"黄金易得，田黄难求"、"一两田黄三两金"、"田黄上两，价比黄金"。明朝开国皇帝朱元璋和清朝"十全老人"乾隆皇帝的御玺就是用寿山田黄石刻的。清朝历代皇帝在天坛祭祀的时候，都要供上福建寿山的田黄石。

⊙寿山石的鉴别

田黄石：常为浓黄色、褐红色。常有皮壳，里外颜色不同，隐晶质致密，呈块状。有"萝卜纹"和"红线"，具油脂光泽，呈半透明至半透明冻状，在阳光下常发乳白色荧光，田黄的矿物形成分为地开石和珍珠石。

水坑石：石质颇坚，色有白、黄、红、灰、蓝及黄白相间诸种，其石温润可爱、纯洁通灵，呈透明或半透明，淡者如桂花，浓者作红，有萝卜纹及红筋、裂痕等。

山坑石：质细而微松，光而通灵，在油中呈质最佳，色彩丰富，有红、黄、白、灰诸色或单一或双色相间，通体呈半透明，称高山冻石。

◎清·三羊钮寿山石印

通高8.3厘米，印面纵5厘米，横7厘米。
上海博物馆展藏。

此印选用寿山石"坑头鱼脑冻石"材质雕制而成，印钮雕有一只大羊和两只小羊，大羊头上长有羊角，造型健美可爱，两只小羊毛鬃卷曲。因寿山鱼脑冻石上有深色，玉工巧雕用色，对比色彩变化在羊头至羊身上，使得山羊更为写实活泼，造型极佳。印座上部阴刻回纹线条，下部也有刻款，为清中期文人印章雕刻精品。

◎清·薄意三友图寿山田黄石印

通高约16厘米，宽约13厘米。
上海博物馆藏。

寿山石石质较软，颜色美丽，呈红、紫、褐、绿、黄或白色。寿山石中的田黄石分为白田、红田、灰田、黑田、花田、硬田等。"薄意"是一种以刀代笔的石上绘画，取其"薄"而"意"到而名，薄意，即极浅薄的浮雕，因雕刻层薄而富有画意，故名。着重于布局造境与刀触表现为主，是寿山石印章的一种独特的表现技法。

◎明·双兽钮黄寿山印

通高约7厘米，横长约5厘米，纵宽约5厘米。
上海博物馆展藏。

◎清乾隆·田黄玉雕云印

通高约11.8厘米，横长、纵
宽约3.4厘米。
北京艺术博物馆展藏。

◎清乾隆·田黄玉雕松梅印

通高约10.9厘米，横长、纵
宽约3.6厘米。
北京艺术博物馆展藏。

◎清·寿山石罗汉（左图、右图）

通高约11.5厘米，横长、纵宽约8.8厘米。
首都博物馆展藏。

● 绿松石

绿松石又名"土耳其玉"(Turquoise)，简称"松石"。因其色泽艳丽，质地优良，故从古至今一直被用来制作首饰、玉器及其他艺术品、装饰品，为世界著名古玉之一。中国战国时期达官贵人的衣带钩上、隋朝宫廷里使用的金属器皿上，均镶有绿松石饰物。在河南郑州大河村仰韶文化（距今6500～4000年）遗址出土的文物中，就有两枚绿松石鱼形饰物。在6000年前埃及皇后木乃伊的手臂上，戴有四只绿松石包金手镯，被认为是世界上最珍贵的绿松石艺术品。在中美洲社会里，绿松石不仅是一种极为贵重的宝物，而且在宗教领域和社会生活中还有更为深刻的隐喻和意义。在古墨西哥的阿兹特克文化中，绿松石被人们视为很神圣的宝物，制品常被用作护身符。

⊙ 绿松石基本特征

松石是一种含水的铜铝磷酸盐矿物集合体，呈半油脂状或蜡状光泽，绿色松石则是一部分铜被铁置换或脱水而成。绿松石多呈绿色，其余则呈淡蓝色、绿蓝色、带蓝的苍白色、浅灰色等。绿松石晶体细小，质地十分细腻，优质品的抛光面上好似上了釉的瓷器，劣质绿松石孔多、质地粗糙。绿松石质地不很均匀，颜色深浅不一，有的甚至分布有不均匀的白色条纹、斑点或褐黑色铁线。埃及产的绿松石则在淡蓝色背景上出现小圆形蓝色斑点。绿松石的硬度分三级，"瓷松"最硬，硬度为5.3～6；硬绿松石为4.5～5.3；风化较严重的"面松"硬度在4以下。呈蜡状光泽，折光率近似值为1.62，密度为2.6～2.9g/cm³，在酸中能缓慢溶解。

按产地的不同，世界上的绿松石有湖北绿松石、陕西绿松石、河西甸子绿松石、襄阳甸子绿松石或荆州绿松石、尼沙普尔绿松石等品种之分。按颜色的不同，以及透明度、构造、质地等方面的差异，可将其分为如下

八种。

⊙ 八种绿松石形态结构

□ 透明绿松石

指透明的绿松石晶体形态结构，可用它加工刻面型宝石，重约一克拉，仅美国弗吉尼亚州产有，极罕见。

□ 致密块状绿松石

指色泽艳丽，质地致密细腻、坚韧光洁的绿松石块体形态结构，为首饰和玉器生产的主要材料，比较常见。

□ 结核状绿松石

指呈球形、椭球形、葡萄形、馒头形、豆形、枕形等形态结构的绿松石，大小悬殊，在中国湖北等地有产出。

□ 蓝缟绿松石

又称花边绿松石，指由于铁质物的存在而形成具有蜘蛛网状花纹的绿松石，在伊朗等国有产出。

□ 铁线绿松石

指表层具有纤细铁黑色花线的绿松石，在中国湖北、伊朗等国家和地区有产出。

□ 瓷松石

指呈天蓝色、质地致密坚韧、破碎后的断口像瓷器的裂口、异常光亮的绿松石。质量好，较常见。

□ 脉状绿松石

指呈脉状、保存于围岩破碎带中的绿松石，大小不一。

□ 斑点状绿松石

指因褐铁矿等物质的存在而出现斑点状、星点状构

绿松石天然玉石的鉴定特征

名 称	折光率	密度（g/cm³）	其他特征
绿松石	1.62	2.76	有铁线、白斑、筋等，硬度为5～6
合成绿松石	1.6	2.7	质纯，无铁线，在显微镜下可见到球粒结构
注塑绿松石	1.45～1.56	2～2.4	热针触及3秒，有辛辣味
染色绿松石	1.62	2.6～2.9	用氨水可以漂白
注油、注蜡绿松石	—	—	用热针靠近，油、蜡熔化成珠，渗出表面
染色玉髓	1.54	2.65	玻璃光泽，在查尔斯镜下呈浅红色
染色菱锰矿	1.6	3～3.12	玻璃光泽，在查尔斯镜下呈浅褐色，硬度低

古玉收藏图鉴

◎ 商·绿松石鸟玉饰

通高约 3.3 厘米，横长约 5.3 厘米，厚约 0.3 厘米。

　　绿松石质，不透明，浮雕片状。松石鸟呈栖息状，圆眼勾喙有一孔，头顶华冠向上卷曲，四爪着地，宽尾下垂，用阴曲线琢雕出翅和尾，两面纹样相同。

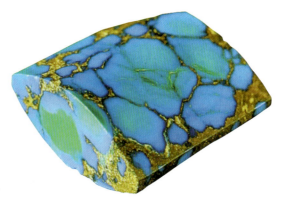

◎ 新石器时代·绿松石饰品

横长约 5 厘米，纵宽约 6 厘米，厚约 1 厘米。

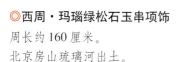

◎ 西周·玛瑙绿松石玉串项饰

周长约 160 厘米。

北京房山琉璃河出土。

◎ 商·松石管饰

周长约 18 厘米，厚约 0.6~0.9 厘米。

北京平谷刘家河出土。

　　松石是我国古老的传统玉石。早在新石器时代，它就和青玉、玛瑙等玉石一起用作装饰品。在商代中期、西周、春秋晚期、战国至汉和南北朝时期的墓葬中都有出现。我国松石的主要产地为湖北襄阳、陕西、新疆、安徽、河南等地。

◎绿松石饰品

周长约 18 厘米。

造的绿松石，一般质量较差。

⊙绿松石的鉴别

　　根据色泽、透明度、质地、块度等方面的差异，可将绿松石原石分为三个等级。最高等级为一级绿松石，呈标准的天蓝色，鲜艳、纯正、均匀，光泽强而柔和，呈半透明或微透明，极少数为透明，表面有玻璃感，质地致密细腻，坚韧光洁，无铁线、白脑、筋、糖心、炸性，块度大，原石的利用率高。但质地特别优良者，即使块度小或较小，亦为一级品。其他等级要比一级差很多，目视可看见黑铁线及白脑、炸性、质地等。绿松石在自然界分布极为稀少，大量的原石色浅，质地欠坚韧或多孔，因此多数绿松石都要经过优化处理。合成绿松石非常纯，不含铁质，而天然绿松石几乎都含有铁质。在宝石显微镜下放大 50 倍观察，合成绿松石在淡白色基质中有角状的蓝色颗粒（天然绿松石为圆形蓝色斑点），折光率为 1.6，密度为 2.7g/cm³，比天然绿松石低。仿制绿松石的折光率大多低于 1.6，天蓝色不透明的玉料应特别引起注意。

青金石

　　青金石（Lazurite）是一种古老而神圣的玉石，也是世界上最为名贵的上等玉石之一。古代东方阿拉伯人也非常喜爱青金石，尤其喜爱含有星点状黄铁矿、宛如无月夜空星光灿烂的深蓝色品种。古希腊人称青金石为 Kyanos，其含义为"蓝色晶石"。青金石的品种，按颜色可区分不同，如深蓝色青金石、浅蓝色青金石等，也可以按产地的不同来区分。其产地主要在波斯（今伊朗）和俄罗斯的贝加尔湖地区。

⊙青金石基本特征

　　青金石属方钠石族矿物。用作玉料的青金石以青金石为主，并含有少量其他矿物，如透辉石、方解石、黄铁矿的致密块状集合体等轴晶系。青金石单晶为菱形十二面体，但极为罕见。青金石呈深蓝色、紫蓝色，如含较多方解石，则呈白色条纹状，如含黄铁矿则在蓝底上呈现黄色星点，呈玻璃—蜡状光泽。硬度为 5.5～6，密度为 2.5～2.8g/cm³，折光率约为 1.5。遇酸会缓慢溶解，在长、短波紫外光下具有绿色或稍黄的绿色、红褐色荧光。

　　青金石在查尔斯滤色镜下观察，呈微透明，淡红褐色。综合矿物成分、色泽及质地等方面的差异，可将青金石玉石分为四种。

⊙四种青金石颜色成分

　　青金石：即"普通青金石"（Lazurite），其中的青金石矿物含量在 99% 以上，无黄铁矿，有"青金不带金"之称。其他的杂质矿物含量也很少，质地纯净。呈浓艳均匀的深蓝、天蓝色，为最优良的青金石玉石之一。

　　青金：此"青金"（Lapis Lazuli）中的青金石矿物含量为 90%～95%，无白斑，但含稀疏的星点状黄铁矿和少量其他杂质矿物，有"青金必带金"之称，质地相当纯净。颜色为浓艳均匀的深蓝、天蓝、翠蓝、藏蓝等色，为青金石玉石中之上品。

　　金克浪：或称"金格浪"（Scarab Stone）。其中的青金石矿物含量比上述两种大为减少，且含有较多而且密集的黄铁矿。有白斑或白花（方解石、白云石、长石、

◎白斑飘花质地青金石料

　　青金石矿物组成的玉材，常含方解石、黄铁矿、透辉石等，没有透明度和变化的光泽。玉质呈独特的蓝色，有深蓝、鲜蓝、天蓝、淡绿蓝、紫蓝等色，因含黄铁矿，故而有金色的斑点，称"金星"。

◎隋·波斯荧光青金石金项链

链通长约 42 厘米。

中国国家博物馆展藏。

青金石质。这条项链由 28 个金质球形饰组成，球饰上各嵌有 10 颗珍珠。链上镶嵌一个刻有阴纹驯鹿的深蓝色珠饰。两组金球的顶端各有一个嵌青金石的方形金饰。此青金石金项链颇有波斯艺术风格。

◎清中期·青金石观瀑图山子

通高约 14.5 厘米，横长约 19 厘米，纵宽约 8.6 厘米。

北京故宫博物院藏。

石色深蓝，带有自然铜斑及白线，整体雕作山形，近山顶处有一亭，一蹊石径自亭通于山下。山下有古松、瀑布，二老人背对瀑布而立，一人手指山上松树与另一人语，二老脚踏巨石，瀑布之水自巨石下流过，山背面雕松树、藤萝，并于中上部设一亭，结构与前面之亭相同，山顶有流云飘绕。

透辉石、金云母等），杂质显著增多。呈深蓝、天蓝、翠蓝、藏蓝、浅蓝等色，但不大浓艳均匀，质地比上述两种逊色。

催生石（Hastening Parturition Stone）：因传能帮助妇女生孩子而得名。其中的青金石矿物含量少，一般不含黄铁矿，而方解石等杂质矿物含量多，故在玉石上仅见蓝点或蓝色与白色相混杂的杂斑。其中以方解石为主要杂质者称雪花催生石，呈淡蓝色者称智利玉。此种青金石玉石质量一般较差，仅少数质优者可做玉雕材料。

⊙青金石的鉴别

青金石以微透明、斑驳深蓝色、由粗细相间的粒状结构构成的致密块状，以及在其上分布的黄铁矿星点和在查尔斯镜下呈红褐色为特有的鉴定特征。自然界中与它相似的玉石不多，仅有方钠石、染色大理石、染色碧玉等。一级青金石矿物含量在 95% 以上，呈浓艳均匀的深蓝、天蓝色，光泽强，透明度较好。质地纯净致密，细腻坚韧，没有或极少有杂质、裂纹及其他缺陷，块重在 1 千克以上。

方钠石与青金石是同族矿物，物理、化学特征基本相似。方钠石的单晶体为菱形十二面体，呈半透明至透明，集合体为粒状和致密块状。质地不如青金石细腻，呈粗晶质结构。颜色不均一，在蓝色的地子上常见白色或深蓝色斑痕，多见白色或粉红色细脉，没有黄铁矿颗粒，密度为 $2.15 \sim 2.35 g/cm^3$，明显小于青金石（$2.7 \sim 2.9 g/cm^3$）。

天然青金石与合成青金石的区别：合成青金石颜色的分布比较均匀，缺少大多数天然青金石所具有的杂色特点。合成青金石完全不透光，天然青金石边部变薄之处可呈半透明状态。合成青金石具有较多的孔隙，用静水称重时，其在水中的视重经过 15 分钟后会增加。合成青金石的密度低于 $2.45 g/cm^3$，而天然青金石的密度则高于 $2.7 g/cm^3$。根据这些特征，完全可以将合成青金石与天然青金石区分开。

玛瑙

　　玛瑙（Agate）是隐晶质玉石，呈致密块状、结核状、钟乳状、肾状、脉状、卵石或砾石状。为地壳里石英的隐晶质变种之一。与其他玉石相比，玛瑙在地壳里分布较广，其质地坚韧，色泽艳丽，纹饰美观。玛瑙是我国传统的玉石，自古以来，人们便把它和珍珠并列为珍宝一类。玛瑙颜色十分丰富，达千万种。有一种传世的说法是"千种玛瑙万种玉"。

　　玛瑙是一种隐晶质的二氧化硅质玉石，玛瑙呈玻璃光泽，半透明至微透明，极少数全透明。其硬度为 $6.5\sim7$，密度为 $2.61\sim2.65g/cm^3$，折光率为 $1.535\sim1.539$，呈贝壳状断口。具有同心环带状、层纹状、波纹状、缠丝状、草枝状等多种形态的美丽花纹是玛瑙最大的天然艺术特色。花纹的颜色多种多样，按颜色的差异，可以将玛瑙分为红玛瑙、蓝玛瑙、绿玛瑙、紫玛瑙、酱斑玛瑙、金黄玛瑙、胆青玛瑙（鬼面青）、白玛瑙、浆水玛瑙，以及五颜六色混在一起、磨光之后五彩缤纷、犹如彩虹的锦犀玛瑙等品种。

⊙玛瑙的基本特征

　　上品级玛瑙要求颜色鲜艳、纯正、明快，色层厚，表面光洁，透明度高，花纹明晰、均匀，线性程度好，无裂纹或裂纹少、短、浅，无砂心或仅有可供做巧色玉雕的砂心。空心玛瑙内含有水，且摇动时能发出响声。天然玛瑙质地细腻，块度大，重0.5千克以上，硬度为 $6.5\sim7$，密度为 $2.6\sim2.65g/cm^3$。根据色泽、透明度、质地、块度等方面的差异，可以将天然玛瑙分为四级。一级玛瑙色泽艳丽，透明度高，质地致密细腻，坚韧光洁，无杂质、砂心、裂纹及其他缺陷。空心玛瑙常含有大量的水，块重约为6千克。

◎清·内蒙古玛瑙原石

通高约21厘米，横长约23厘米，纵宽约19厘米。

　　古代的玛瑙有来自西域、印度、波斯等国的贡品，我国内地的产地主要在东北、西北、华北地区。

◎唐·白玛瑙带銙

15块銙通长约26厘米，厚约0.6厘米。

陕西历史博物馆展藏。

　　由方銙（4）、圆首矩形銙和圆首矩形铊尾（各1）、半圆形銙（9），共计15件组成，背面均未钻孔，疑为半成品。是考古发现中唯一一例用白玛瑙制作的带具。

古玉收藏图鉴

⊙玛瑙的鉴别

　　由于玛瑙的颜色极为丰富，花纹相当多变，按各自的物质成分、内部结构、颜色、花纹及其他工艺特征、物理性质（硬度、密度等），可以将玛瑙跟与其相似的玉石区分开。玛瑙属于中档饰品，但红玛瑙、蓝玛瑙、绿玛瑙、缠丝玛瑙、同心环带状或环纹状玛瑙、水胆玛瑙等常常被视为上品。绿玛瑙与绿色软玉在外观上很相似，但彼此在矿物成分和结构等方面差别很大。玉髓亦为隐晶质石英的一种，但其上没有任何花纹，据此可较容易地将它与玛瑙区分开。玛瑙具有连续花纹，而软玉的硬度为 6~6.5，密度为 2.95g/cm³，没有花纹。

◎清·红白玛瑙双鱼花插

通高约 22 厘米，横长约 14.5 厘米，纵宽 8 厘米。
北京故宫博物院藏。

◎清·玛瑙葵花式托碗

通高约 11 厘米，口径约 7.8 厘米，托直径约 10.8 厘米。
北京故宫博物院藏。

　　玛瑙因颜色和纹带形态的不同而有各色名目，如红玛瑙、白玛瑙、绿玛瑙、蓝玛瑙、巧色玛瑙、冰糖玛瑙、水草玛瑙、水胆玛瑙等。玛瑙纯者为白色，有时几种颜色会相杂或相间出现，呈透明、半透明或不透明，呈玻璃光泽至蜡状光泽。

水晶

中国是多产水晶石（Crystal）的国家，江苏、福建、广东、四川、云南、新疆以及东北等地都有出产。中国深紫色紫晶产地很少，紫晶产地主要在山西、新疆、山东，以山西的为最好。优质紫晶呈深紫色，现今国内市场上很多紫晶原料是南非、巴西的产品。

水晶的基本特征

水晶就是石英，是二氧化硅的结晶体，包括一系列同质多象变体，形成于不同的温压条件，产状及晶体形态差异很大。石英是地壳中分布最广的矿物。石英中因常含碳、锰、铁和有机质而呈不同颜色。石英属三方晶系，常有完好的棱柱状晶体。石英双晶十分普遍，常见的有道芬双晶、巴西双晶和日本双晶三种。

石英常呈晶簇状、梳状、粒状集合体，呈肾状、钟乳状的隐晶质石英称为石髓；由多色石髓组成并具有同心带状结构的晶腺称为玛瑙；呈砖红、黄褐、绿色的隐晶质致密状石英块体称为碧玉。显晶质的石英，就是透明如水的石英晶体，即水晶。

水晶常呈无色，含不同元素或固态混入物时呈多种颜色，按颜色可将石英晶体分为：水晶，无色透明，成分较纯；紫水晶，紫色，含锰和Fe^{3+}；黄水晶，金黄色或柠檬黄色，含Fe^{2+}；蔷薇石英，浅玫瑰色，含锰和钛；烟水晶，烟色；茶晶，褐色透明；墨晶，黑色透明；绿水晶，绿色，含铁。水晶多呈透明或半透明，有时不透明，有玻璃光泽。其断口呈贝壳状，油脂光泽，摩氏硬度为7，相对密度为$2.65g/cm^3$。

在当代矿物分类中水晶一般归属于宝石，也是传统玉石之一。由于它晶莹清澈，古人又称其为"水玉"、"水精"、"千年冰"、"玉晶"等。水晶的产地古今都有很多，其使用历史也很久远，早在新石器时代已被用为饰品，战国、汉代时常琢为珠、环，此后，还被制成水晶盘、杯、盂、文具、动物等。

◎当代·茶色发晶手环

手环通长约16厘米。

水晶因颜色的不同或包裹体的形状而定名，无色的称水晶；紫色的称紫晶；黄色的称黄晶；粉色的称粉水晶，或称芙蓉石、祥南；烟黄褐色的称茶晶、烟晶；黑色的称墨晶；有细如毛发之针状包裹体者称发晶。

◎清中期·水晶双鱼花插

通高约18厘米，横长约11厘米，纵宽6.3厘米。北京故宫博物院藏。

质地无色透明，立体圆雕，连体双鱼式，鱼身均雕琢鳞纹，鱼尾相搭，鱼鳍相扶，张口，腹空，底为水座。用以插花。我国水晶使用的历史很悠久，早在新石器时代就开始了。

古玉收藏图鉴

水晶的鉴别

　　水晶是透明的石英晶体,纯净者无色,棉柳自然。含杂质则颜色不同,可分为紫晶、黄晶、茶晶、烟晶和墨晶等。按内部含的包裹体又分为发晶(包裹有各种针状矿物)和水胆水晶(肉眼可见的包裹水,又称"水晶胆石")。一般以质地纯净的无色水晶、色彩纯正的紫晶和水胆水晶较为珍贵。

　　紫晶是水晶之王,主要产于花岗伟晶岩及火山岩中,色呈淡紫、浓紫或葡萄紫。紫晶以色如葡萄者为佳,一般透明块状紫晶为高档玉石材料。紫水晶可制作成人物、鸟兽等玉器,也可加工成戒面、项链等首饰镶嵌品。

◎清·水晶天鸡瓶

通高约20厘米,横长约14厘米,纵宽9厘米。北京故宫博物院藏。

◎清中期·水晶活链花篮

通高约51厘米,横长、纵宽约12.7厘米,口径约2.8厘米。北京故宫博物院藏。

　　体呈海棠花形,口外缘凸起,腹部随形琢四开光,开光内隐起梅花、水仙、海棠、竹、灵芝四季花卉纹,口沿两侧凸起冲耳,各套六个活环,上端连接横梁,梁正中套一夔龙环。

芙蓉石

芙蓉石（Rose Quartz）是一种呈玫瑰红或蔷薇红、质地艳美的石英质玉石，又称玫瑰石英、蔷薇石英、芙蓉玉、祥南玉，产自福建省芙蓉山。西汉刘向《别录》所载的"赤石英"就被认为是芙蓉石，当时主要做药用。明清以来多用作玉雕。清代芙蓉石常用来制作香炉、山子、花插、人物、动物、花鸟、器皿、串珠、项链、挂件、手镯等器物。

⊙ 芙蓉石的基本特征

芙蓉石具有与水晶相同的内部结构和物理化学特征，是具有一定结晶外形的块状石英，矿物名称为蔷薇石英。芙蓉石属三方晶系，晶体中常含有尘埃状、乳滴状、棉絮状包裹体，从而呈半透明的雾状。外观常具有玫瑰红或蔷薇红色，偶见橙黄色。长期暴露于日光之下，其色会逐渐变淡。表面显玻璃光泽和油脂光泽，呈半透明至透明，贝壳状断口，硬度约为7，密度为2.65～2.66g/cm³。有二色性，折光率为1.544～1.553。

◎ **清·芙蓉石光素盖碗**

通高9.2厘米，口径约12.3厘米，足径约6.1厘米。北京故宫博物院藏。

质地呈浅紫色，透明，内里含不规则的浅紫色丝状纹理。器圆形，有盖，撇口，圈足。

⊙ 芙蓉石的鉴别

由于芙蓉石具有水晶结构体，似玻璃，故常被仿制，但玻璃制品干净透明，没有棉绺，且多有气泡，硬度也低，只需用聚光手电观察其内部是否均一即可辨别真伪。

◎ **当代·紫芙蓉石手环**

手环通长约16厘米。

◎ **清·芙蓉石双耳三足炉**

通高约16厘米，直径约12.5厘米。北京故宫博物院藏。

孔雀石

孔雀石（Malachite）为含铜矿物氧化石所形成的表生矿物，产于铜矿上部的氧化带中。因其色艳犹如绿孔雀尾羽的翠绿色而得名。

早在公元前4000年，古埃及人就在西奈半岛的矿山开采孔雀石和蓝铜矿、硅孔雀石。他们认为孔雀石是儿童的护身符，如果在摇篮上挂一块孔雀石，就可以驱除邪恶。

古代中国也用孔雀石。在云南楚雄万家坝春秋战国时期的古墓中就出土了孔雀石和硅孔雀石艺术品；昆明东南战国末期至汉武帝以前的李家山古墓群中则出土了至少一枚孔雀石珠，说明当时人们已利用孔雀石制作装饰品。

◎清·云南孔雀石自然形态

通高约10厘米，横长约7厘米，纵宽7厘米。

⊙ 孔雀石基本特征

孔雀石的化学式为 $CuCO_3 \cdot Cu(OH)_2$，属单斜晶系，单晶体为柱状或针状，常见的为纤维状块体，还可呈钟乳状、葡萄状、肾状、皮壳状、同心环状、结核状、放射状等集合体。孔雀石作为宝石是很不耐用的，因其遇酸起泡溶解，硬度低，不能长时间保持好的光泽。硬度为3.5～4，断口为贝壳状或参差状，密度为 $3.54g～4.1g/cm^3$，折光率为1.66～1.91，双折率为0.25。

色泽艳丽、天然造型奇特、质地坚韧的孔雀石，不经人工的修饰或加工，即可用作天然艺术品，供人们观赏。孔雀石，自古以来常用来制作首饰和玉器上的装饰，如耳饰、项链、坠子、戒面、手镯、服饰、人物、动物、花卉、器皿，以及用于剑格、刀柄、扇柄等器物的装饰。由于绿色象征着春意浓郁，孔雀绿色则更昭示着青春永驻，因而孔雀石首饰及玉器就更受世人喜爱。

⊙ 孔雀石的分类

□ 宝石级孔雀石

指具有一定的晶形（如呈柱状）的孔雀石晶体，其透明度较差。用来加工刻面型宝石，重0.5克拉。因地壳产出稀少，故刻面型宝石极少见。

□ 玉石级孔雀石

通常呈致密块状或具有一定的天然艺术造型，纹饰秀丽，无裂纹、空洞及其他缺陷，可雕性良好。大小不一，质优者重1千克以上。已大量用来加工弧面型宝石及生产各种首饰、玉器等。这类玉石较为常见。

□ 猫眼孔雀石

指呈纤维状结构，质地致密、细腻坚韧，加工成弧面型宝石后能产生猫眼效应的孔雀石。这类玉石相当稀

少珍贵。

□ 青孔雀石

地壳里的孔雀石常与深蓝色的蓝铜矿共生。如果两者紧密结合，构成致密坚韧的块体，致使孔雀石与深蓝色相互映衬，相辅相成，就会形成别具特色的青孔雀石。这种青孔雀石多用作玉雕材料，亦相当稀少和名贵。

⊙ 孔雀石的鉴别

与孔雀石易混淆的绿色玉石有绿松石和绿玛瑙等。标准的孔雀石呈孔雀绿色，而标准的绿松石则呈天蓝色，因而两者其实不难区别。即使某些绿松石呈蓝绿色，或孔雀石呈普通的绿色，细心观察时亦能鉴别。另外，孔雀石往往有花纹，特别是同心环带状花纹，而绿松石则没有。绿松石因含磷，遇钼酸铵可产生黄色反应，而孔雀石遇钼酸铵则不可能产生这种反应。孔雀石与同是具有同心环带状花纹的绿玛瑙的区分，可借助于两者在硬度和比重等方面的差异来实现。另外，孔雀石遇盐酸能产生化学反应，而绿玛瑙则不能。

◎清·孔雀石山水人物插屏

通高约18厘米，横长约9厘米，纵宽1.6厘米。
北京故宫博物院藏。

孔雀石的绿色非常丰富，从浅到深，从淡到浓，可谓绿色千种。我国很早就把孔雀石作为饰物。在我国云南、西藏等铜矿产地均有丰富的出产。此件孔雀石山水人物插屏为长方形，正面为浅浮雕琢制，色彩自然天成。

◎凌家滩文化·玉人（新石器时代）

通高9.6厘米，肩宽2.3厘米，厚0.6厘米。

安徽省含山县凌家滩遗址1号墓出土，北京故宫博物院玉器馆藏。

中国是世界上用玉最早的古国，四大名玉闻名于世。新石器时代是指距今20000~10000年前的历史阶段，20世纪60年代以来，中国考古发现有了长足发展，老一辈考古学家对中国玉器考古研究和发展作出了多方面探索，在全国范围内已发现的新石器时代遗址有6000余处，在仰韶、红山、青莲岗、大汶口、龙山、大溪、河姆渡、马家浜、良渚、石峡、齐家等文化遗址中都有玉器出土，其中最具代表性的为红山文化和良渚文化。

考古学家最初把手工制作陶器、石器、玉器的出现作为新石器时代的开始。中国玉文化被考古学家公认为南北大源流，其主要代表是太湖流域良渚文化，辽河流域红山文化出土的玉器。

在新石器时代中晚期距今约7000~5500年前，在辽河流域、黄河上下游流域、长江流域，都出现了玉器文化遗址，最终形成了中国玉文化渊源。"他山之石，可以攻玉"，在《山海经》书中就记载了古人制玉的方法。当我们看到距今约7000年前，新石器时代裴李岗文化的收割农具"石镰"时，才领悟到："他山之石，可以攻玉"的真正意义。当我们看到红山文化玉龙、良渚文化玉琮、石家河文化玉人首时，就更明确了我们的祖先不仅用琢玉技术制作出农业工具，而且为美化人类生活雕琢出了更美的玉质图腾玉龙和玉饰等。在新石器时代农业生产、家畜饲养、陶器制作、玉器制作是氏族社会主要劳动技术生产力，琢玉技术已成为新石器晚期的手工艺主要成就之一，也为中国古代玉器文化的形成，奠定了美好的基础。

新石器文化玉器

◎**红山文化·岫岩玉龙（新石器时代）**

曲长约 60 厘米，直径约 2.2～2.4 厘米，厚约 1.5 厘米。内蒙古翁牛特旗三星塔拉出土。北京故宫博物院玉器馆藏。

　　玉料为岫岩软玉，黄绿色，有蛇纹石特征。玉龙圆雕加阴线琢纹而成，嘴微张，上唇略翘，梳形眉目凸起，脑后有长鬣上卷飘动，两侧有凹槽，身前曲成椭圆形，中腰处有一圆孔，可系挂。这件 C 形玉龙，简约、神秘，是目前所见同类玉龙较大者，它是史前红山人的神灵崇拜物，也是中华龙文化的起源之一。

红山文化玉器考证鉴识

红山文化出现于约公元前6000~5000年前，是中国北方地区的新石器文化，东北红山文化遗址，因1935年发现于内蒙古自治区赤峰红山而得名。主要分布在内蒙古老哈河流域、辽宁省辽西地区一带、河北北部及东北部、吉林西北部及南部的辽河流域一带等地区。红山文化的居民主要从事农业，细石器工具发达。新石器时代的玉制器具，出土的绝大多数为片状，也有筒状、管状。片状玉器中，动物形象较多，最典型的有：红山文化遗址出土的玉龙、玉龟、玉鸟、玉兽。筒状玉器，如发箍，呈马蹄形、勾云形、丫形、神人形、三孔形、三联璧等。这些都是装饰用件，这是表明玉已成为当时美化人类生活与美化自己的珍贵物品。红山文化晚期已进入文明时代。在1971年，内蒙古自治区翁牛特旗三星塔拉出土发现的玉器品种很多，其中首次发现了中国最早的龙形"玉龙"。红山文化玉雕工艺水平较高，史前玉龙当以红山文化玉龙为代表，可谓中国玉龙之鼻祖。

红山玉器工艺造型

红山文化已发现的玉器品种很多，并具有鲜明的北京原始文化地方特色。如所用玉料，绝大多数是产自辽宁省岫岩县一带的蛇纹石（又名岫岩玉），少数质坚硬者似是产自宽甸县的透闪石（俗称老岫岩玉）。其色有白、青、黄、碧四种。红山文化玉的质地密度高，硬度较强，经玉器考古学家鉴定为摩氏5.5~6.5，色泽上品的色彩均匀，其中有青白色、淡绿色、绿黄色、青绿色等。但大部分深浅不一，有的夹杂着蛇纹，有的呈现铁红、橙红、暗绿等，质地细腻、半透温润，为古代所沿用。新石器时代的玉器所用玉材并非和田玉，当时"石之美者"为玉，主要是岫岩玉和其他矿物石。红山文化玉器多使用玉材为透闪石类的玉料。

红山文化遗址出土的玉器造型，多以几何形与动物形为主体。几何形分圆曲形（如环、镯、马蹄形器等）和直方形（如方形圆孔玉璧等），动物形具体分为写实性形象和神话动物两种，有鸟、燕、龟、蝉、鱼、鹰、猪、熊等形状，风格质朴而豪放。

红山文化玉器制作工艺方法是考古学家及收藏家所研究的首要特征，红山文化玉器是经玉料的开片、穿孔、琢纹、抛光等工序制成的。有如其他新石器文化及此后各代玉器，它们也是用某种材质的工具如大小宽边砣具带动解玉砂（又名金刚砂）磨磋琢制而成的。表现手法中的圆雕、浮雕、两面雕、线刻等技法已比较成熟。其所运用的穿孔方法非常特别，多为单面锥穿孔，较大的钻孔孔壁上带有螺丝痕，是桯钻带动解玉砂旋转时留下的痕迹。

纹饰与器物造型合一是红山玉器的一大特色。红山文化玉器的纹饰工艺造型特点常见于红山玉龙头部及兽形玉片的兽身之上的刻工和凸起的弦纹。玉龙的眼部形状有圆环形，其中有的用阴线深刻，有的用极浅的凹线，线宽而浅刻厚重。纹饰主要以宽浅的直线纹和带状纹为主。红山文化玉龙，伸首曲体，颈上长鬣飘动，是目前我们见到的年代最早的"龙"。玉龙用岫岩玉琢制而成。其背部正中的穿孔，玉龙头部采用砣具深刻阴线，刻画细腻，线条流畅，抛光精细，穿孔钻痕呈喇叭形，为红山文化玉器工艺之冠。

红山玉器种类

新石器时代红山文化的玉器主要有仿实用工具、仪仗器、装饰玉等。红山文化墓葬中往往有成批的玉器出土，这些玉器一般个体较小，且有穿孔，被认为是佩饰，其中各种动物类的玉饰雕琢尤为精细，如玉龟、鱼形石坠、玉鸟、双龙首玉璜、玉猪龙等。玉猪龙肥首大耳，圆睛怒睁，眼周有皱纹，吻部前突，有多道皱纹，口微张，獠牙外露，背部蜷曲如环，是猪首龙身相结合的形态。这类玉器不应仅仅被视为佩饰，而应是代表某种等级和权力的祭祀礼器。

红山文化玉器种类繁多，从小型的装饰品到大型礼器，其种类有：用作礼仪器的玉龙、玉猪龙、玉璧、玉琮、方形璧、玉兽形玦、勾云形器、勾形器等；用作装饰器的玉串饰、马蹄形器、玉鸮、玉蝉；其他的还有三孔器、丫形器、玉神兽、双联璧与多联璧等，构成了红山文化玉器种类群的鲜明特征。

◎红山文化·碧绿玉龙（新石器时代）

通高约 26 厘米，横长约 25.3 厘米，剖面厚约 3 厘米。

内蒙古翁牛特旗三星塔拉村出土。

中国国家博物馆，中国古代历史馆展藏。

　　1971年在内蒙古自治区赤峰市翁牛特旗三星塔拉村发现的一件C形龙，最大直径达26厘米，是中国迄今发现的新石器时代最早、保存最好的玉龙，考古学家把它称作为"中华玉龙"。龙的整体似环形，身前蜷，尾部接近于头部，头部略长大，嘴前较长，鼻部前突，其颈部有较长的鬣，额顶部有阴线格状纹饰，鬣下方有一穿孔，造型巨大，工艺制作采用外形切割、碾磨、圆刻、阴刻等手法，雕琢精美，线条流畅而犀利。

三星塔拉红山玉龙文化考

三星塔拉玉龙发现于1971年，我们经多年探讨考证，初步认为这件玉龙属于红山文化，距今约5000年前。三星塔拉的玉龙，就其昂首、弯背、卷尾这一基本造型而言，与商周玉龙，特别是与妇好墓所出玉龙有所相似。三星塔拉玉龙从雕刻风格、表现手法、加工技术，尤其以圆雕工艺而论，与商文化、二里头文化、夏家店下层文化的玉器有诸多不同，表现出比较原始的特点：①商代以及二里头玉雕的表面多平面浮起，而此玉龙，尤其是鬣部，平而下凹，犹似沟槽。这种手法，在夏家店下层文化和商文化玉雕中仅偶尔见之；②以往所见的龙的纹样多勾砌而成，勾线常双道，而此玉龙首上的方格纹，只勾无砌，勾线为单道；③夏商玉器一般通体滑润，抛光度高，有的莹亮可鉴，而此玉龙的研磨抛光程度相对来说显得差些。若放大观察，可以清楚地看到此点；④夏商玉器的穿孔，已多用管钻，而此玉龙背部一孔是对穿钻而成，与新石器时代那种环形或有孔石器的穿孔并无二致。

综合以上几点可见，三星塔拉玉龙的工艺反映出较原始的文化性质与较早的时代气息。三星塔拉玉龙的出土地点是一处红山文化遗址，反映出这件玉龙与红山文化有联系。1975年我们看到赤峰市巴林右旗羊场公社出土的一件兽形玉雕，高约15厘米，我们用它和三星塔拉玉龙对比，形制均作蜷曲状，头部都有五官刻线，周身光素无纹，背部同样对穿一孔，用于系挂，悬起时头尾部向下，都用青绿色软玉雕成，我们认为三星塔拉玉龙和这种兽形玉雕的关系是密切的，尤其接近于红山文化的环形石器。

辽宁喀左东山嘴红山文化遗址的^{14}C测定年代数据为距今4895±70年，树轮校正年代为距今5485±110年。这一遗址属于红山文化晚期类型。我们据以推测三星塔拉玉龙的年代不会晚于5000年前。

——引自中国文博玉器考古名家孙守道所叙语录

◎红山文化·岫玉龙形块

通高约16厘米，横长约14厘米，厚约1.4厘米。
上海博物馆，古代玉器馆展藏。

内蒙古敖汉旗牛古吐乡五家村西出土，内蒙古敖汉旗博物馆收藏。此玉龙形块为青白色质，浅青中闪绿色，玉色温润，身体呈"C"形，吻前伸，略呈上翘，嘴紧闭，大眼、鼻间有多道阴线皱纹，形态庄重自然，憨厚可拘而富于动感。颈上有一穿孔，皆由两面对钻而成。

◎红山文化·穿孔兽形岫玉玦（新石器时代）

通高约15.4厘米，横长约10.5厘米，剖面厚约4.2厘米。
内蒙古翁牛特旗三星塔拉出土。北京故宫博物院玉器馆藏。

红山文化的玦形玉器、兽形玉雕的工艺制作为研磨、切割、钻孔、刻线等。玉器由青绿色玉料琢成，部分石皮有杂色及不规则疤痕，呈勾形蜷曲状，首尾衔接处缺而不断。头大，双耳竖立，呈圆目，吻部前突，鼻间多道皱纹，周身光素无纹，背部有一对穿孔。考古学者认为此玦造型是由某些动物演化而来的龙形，表现的是对某种神灵的崇拜。

◎新石器红山文化·卷龙

通高约4.6厘米，通横长约4.3厘米，厚约1.3厘米。
中国国家博物馆，古代玉器馆展藏。

◎红山文化·穿孔兽形岫玉玦（新石器时代）

通高约12.5厘米，横长约7.5厘米，剖面厚约4.5厘米。
北京故宫博物院展藏。

　　红山文化玉器的造型多以动物形为主体，玉器由黄绿色
玉琢成，质地纯润，色彩光透。兽首头顶双角，有专家认为
是双耳，首形微大，兽首扁圆睁大眼，双唇紧闭，鼻间有多
道阴线皱纹。兽身光素，背有一穿孔。此玉玦为新石器时代
最早的玉玦造型，考古专家认为是图腾崇拜物之一，辽宁牛
河梁出土同样造型猪龙玉玦造型大致相同。这种崇拜物属神
化动物，神态生动，是古人祈雨求拜的祥神，背上穿孔可能
是挂在室内，也可能用于服饰佩戴。

神龙何来

　　龙并不是中国人虚构出来的。它的原型，有人认
为是蛇。但是，"虎豹不可以缘木，蝮蛇不可以安足"。
画蛇添足的故事尽人皆知，古人早已有蛇无足的常
识，把蛇说成是张牙舞爪的四足动物龙的雏形，实在
是太勉强了。中国今天的珍贵动物扬子鳄，引起了学
者们的注意和遐想。在河南和湖北距今四五千年的
文化遗址出土的陶器上，塑有鳄鱼的形象，山东大汶
口还发现了84片鳄鱼鳞板，说明中原大地曾是鳄鱼
的故乡。它的名称为"鼍"和"蛟"，前者就是今天
的扬子鳄，性情比较温顺，有夜鸣习惯，所以有"鼍
更"之称，民间俗称为"猪婆龙"。蛟即湾鳄，凶猛
食人，古人又称为"鳄鱼"，认为它能带来厄运。而
鼍和蛟，实际上就是龙的雏形。中国象形文字中的
"龙"有多种写法，较早的两个反映的正是鳄形，鳄
鱼的血盆大口、成排巨齿、坚硬鳞甲、四足修尾、卵
生冬蛰、水陆两栖，都与传说中的龙相符。应该说中
国最早的"龙"并非人们的凭空想象，而是基于爬行
动物鳄的存在这一事实产生而来的。

　　　　　　　　　——引自中国文博玉器考古名家
　　　　　　　　　　　　　孙守道所叙语录

◎红山文化·岫玉龟（新石器时代）

长约9厘米，宽约8.5厘米。

辽宁牛河梁出土。

　　玉龟为岫岩玉质，玉色微光透，纹理富于变化，质地色彩丰富，器外形切割碾磨光洁，造型对称，采用了浅雕、圆雕为主的琢刻工艺，这件6000年的作品，让人难以相信是古人制作而成。这说明，中国人重视使用玉器始于原始社会（辽东半岛新石器早期遗址经碳14测定，距今7000年以上）。

◎红山文化·鹰（新石器时代）

通高约8.5厘米，横长约6.9厘米，纵宽约1.5厘米。

内蒙古敖汉旗博物馆收藏。

　　红山文化多见用玉琢成形体相似的鹰、鸟等。此鹰由岫岩黄玉琢成，器局部有铁红色斑，玉色微透光，器仅以简单的轮廓线来表现鹰的形象，头、胸、腹雕制较为细制，形象写实微夸张，形作展翅飞翔状。红山文化玉器在造型上最突出的特点就是讲求神似和对称，以熟练的线条勾勒和精湛的碾磨技艺，将动物形象表现得栩栩如生，神韵古朴。

◎ 红山文化·青玉镂雕勾云形佩（新石器时代）

通高约 7.2 厘米，横长约 14.3 厘米，厚约 0.4 厘米。

北京故宫博物院玉器馆藏。

　　玉料青绿色，一边有褐色沁斑。体片状，中部镂空，四角有卷勾，上端有二凸脊，两面磨出外轮廓相应的浅凹槽，边缘成钝刀状，上部有一穿孔，可佩系。

◎ 红山文化·玉勾云形佩（新石器时代）

竖通高约 7.4 厘米，竖横长约 14.6 厘米，厚约 0.6 厘米。

北京博物馆，古代玉器馆展藏。

　　此件玉佩玉质受侵蚀呈湖绿色，夹有白色斑点，正反两面纹饰相同。片状透雕，形似云鸟，前有头，后有尾，造型抽象，采用砣磨方法，侧斜边磨制法，薄而立体。新石器时期的玉器，主要有两类，即几何形及动物形。

◎红山文化·玉勾云形佩（新石器时代）

通高约 7.4 厘米，竖宽约 14.6 厘米，厚约 0.6 厘米。

首都博物馆，古代玉器馆展藏。

　　新石器时期的玉器，主要有两类，即几何形及动物形。此件玉佩玉质受侵蚀呈湖绿色，夹有白色斑点，正反两面纹饰相同。片状透雕、形似云鸟，前有头，后有尾，造型抽象，采用砣磨方法，侧斜边磨制法，薄而立体。红山文化玉器较多用岫岩玉来制作，玉质色泽有白、青、碧、黑或青中带黄、白中带黄诸色，黄玉极罕见，少数亦见有灰白色者。在造型上最突出的特点就是讲究神形对称，以熟练的线条和精湛的碾磨技艺，将形象表现得活灵活现、栩栩如生。

◎ 红山文化·岫岩玉勾云形玉佩（新石器时代）

通高约 20 厘米，宽约 9 厘米，厚约 0.6 厘米。

中国国家博物馆展藏。

　　勾云形器是红山文化代表性玉器之一，是为适应当时的宗教典礼需要专门制作的。勾云形器一般上下、左右对称，中部有一卷云形孔，中间厚，四周薄。在红山文化、良渚文化、商代玉器中勾云形器的镂空工艺及打磨技术都有继承和发扬。

◎ 红山文化·神面形佩（新石器时代）

通高约 13 厘米，竖宽约 4.2 厘米，厚约 0.3 厘米。

中国国家博物馆展藏。

　　此佩玉质呈青绿色，局部有深墨色沁斑，壁面较薄。两端各有鸟首形，上方左右分两对平牙，中间镂空半圆形神面，面有两孔，形似神眼，器表面砣磨成斜边，立体感凹凸明显，下有五对平牙，器边缘和中央稍薄，外边缘切割对称，制作精美，为新石器时代古人图腾崇拜之造型佩。

◎红山文化·青玉巫人

高14.6厘米，宽6厘米，厚4.7厘米。
北京故宫博物院玉器馆藏。

　　玉料成青黄色，局部有皮色沁斑，有蛇纹石特征。所用玉材同红山文化某些玉器用料类似，风格古朴。神人五官用粗而浅的阴线琢刻而出，身体局部留有线切割的痕迹。神人整体呈蹲坐式，头顶有精而长的双角，且自脑后向前弯。面部窄而凸出，下肢呈水滴形，上肢扶于膝。

◎**红山文化·方形璧（新石器时代）**

通高约9厘米，横长、纵宽约9厘米，厚约0.4厘米。
中国国家博物馆展藏。

　　此方形璧，璧面较薄，打磨光泽，质地温润，色呈浅青黄，玉色微透，局部有深褐红色沁斑，造型对称，璧内有一方圆大孔，上方有一双小圆孔。古人认为是天圆地方，所以仿天而作璧，玉璧制作从新石器时代开始就一直经久不衰，只是造型不同，随着不同时期古人对天地认识的不同，造型也产生一些不同的变化。从考古出土来看，新石器时代玉器光素无纹者较多见。

◎**新石器红山文化·神面形佩**

通高约3.6厘米，通横长约8.4厘米，厚约0.4厘米。
中国国家博物馆，古代玉器馆展藏。

　　青绿色玉质，玉色润透，佩呈长方圆扁形，外形切割对称，左右两侧雕有对称勾云形图案，下有五组出戟牙边，器表面阴刻兽面形纹饰，上钻有有三孔，右边钻有一孔。

◎红山文化·玉马蹄形器

通高约9.5厘米，上口径约9厘米，下口径6.9厘米。
北京故官博物院玉器馆藏。

　　玉质呈青绿色，外有包浆和土沁色。体扁圆柱形，内中间挖空，倒置马蹄形，内外壁打磨光润，上下边缘成圆钝状，底边有褐黑色沁色痕迹。

◎红山文化·箍形玉器（新石器时代）

通高约14厘米，厚约0.2厘米。
中国国家博物馆展藏。

　　玉质呈黄绿，有红褐色斑点，局部有灰青色，器呈马蹄形器，为老岫玉所制。一端平口，一端斜口，平口的侧壁上往往有小孔。马蹄形器的截面呈椭圆形，两端间的通孔较大，壁较薄。早年老古学家认为此种箍形玉器是发箍，在建平牛河梁四号墓中，出土的箍形玉器位于人头骨的上部，其体为发箍使用得以证实。而在凌源县三宫甸子墓出土的箍形玉器却架于人胸前，故此类玉箍的实际用途，还有待专家考证。

良渚文化玉器考证鉴识

良渚文化年代距今约5300～4200年前。良渚文化是中国长江下游地区的新石器文化，因1936年发现于浙江余杭良渚镇遗址群而得名，主要分布于整个环太湖流域地区。良渚文化遗址有浙江省的余杭县安溪乡下溪湾村瑶山，江苏省吴县张陵山、草鞋山、武进寺墩，江苏省常熟市张家桥乡，上海青浦的福泉山及常熟的罗墩等多地点。良渚出土的玉器丰富，工艺精湛，风格独特，琢玉抽象，在当时各原始文化中处于领先地位，体现了当时玉器制作工艺的最高水平。良渚出土了成组成套的玉器，玉质玉色较为相近，造型达到了精美绝伦的程度。良渚文化玉器主题图像是具有神灵崇拜含义的神人兽面像。在浙江余杭墓地、瑶山遗址和上海青浦神泉山遗址发现原始贵族专用的墓地，内有上百件玉器，造型有几何形和人物、动物形。这些玉器包括玉璧、玉璜、玉带钩、玉镯、直方形器、玉斧、玉铲、玉琮、弧刃钺、三叉形器等。玉璧和玉琮是先民们依照"天圆地方"之说刻意琢制的，被先民们认为是超脱自然、与祖先神通的宝物，反映了当时祖先崇拜已经成为重要常规仪式，在江苏省武进县和浙江余姚的良渚文化墓葬中都有相同玉器发现。在良渚文化时期，社会发生深刻变化，原始氏族制度即将瓦解并向文明时代过渡，中期以后可能已处于中国古文明的始创时期。

良渚玉器工艺造型

良渚文化玉器使用的玉材，多数为透闪石及角闪石类矿物。透闪石类矿物以青色、墨绿色、青绿色为主，色匀，其中有一种类似新疆和田玉相似玉质，白色中变化丰富，也有比较纯的白色，多为半透明。此外还有角闪石类矿物，硬度不高，不透明，有云母状亮斑，以青色、浅黄色、橘黄色、赤褐色、乳白色居多，其特点明显，以鸡骨白色玉为主。还有蛇纹石类的玉材。良渚文化玉器大多是就地取材，有个别玉器使用的玉料也较为复杂。

良渚玉器的造型较为丰富，有几何形、人物及动物形。几何形特点分圆形器、方形器、直形器和圆方结合形器，圆形器有玉璧、玉璜和玉镯等。直形器有玉斧、玉铲等。圆方结合形器有玉琮、弧刃钺、冠状器、三叉形器等。

良渚文化玉器，有的光素无纹，但也有许多琢刻纹图的。装饰纹的手法有单阴线、浅浮雕、深浮雕和镂雕钻孔等。装饰纹主要有直线弦纹、云雷纹、鸟纹、人面纹兽面纹和刻符等，装饰纹样以人面纹、兽面纹和鸟纹最为常见，还采用一些锦地纹样及二方连续纹样。人面纹分为正面人面纹与侧面人面纹两种，正面头部有明显的阔冠，冠上有的嵌羽毛装饰，人的眼部为圆环形，立体感极强，从中可以领悟出先人的智慧和审美。考古学家认为这类图案与远古巫术或权力有一定联系。人像图案有繁有简，柱形玉琮角上的人面图案，在鼻部有回纹及环形眼浅浮雕阳刻，雕刻琢制十分精细而复杂。

良渚文化玉器造型规整，厚薄均匀，周边转角端正，轮廓分明。造型加工中，已经普遍使用拉丝、管钻、锯切等多种以砂为介质的开料手段，形成独立的琢玉工艺。

至于良渚玉器纹饰是用什么工具制成的，目前有的学者和考古工作者认为是砣具，应是比玉硬且有韧性的器具，似"他山之石"或鲨鱼牙等，可以在玉器上直接琢刻而成。因该文化迄今仍未发掘过金属器具，而所刻琢之纹，凡直条划线深浅边距皆相同，似用压尺为界在尺边来回拉动刻成；而弧线似由一段段直线相接而成，且接口处往往留有刻画时的叉道。这与用金属砣具琢刻的纹饰明显不同，还有待考古学家考证。

良渚玉器多数为有孔玉器，有的较大的孔也是用实心钻钻出来的，孔形规矩。良渚玉器上较多地出现了凸起的纹饰，主要是兽面纹及人面纹，一些龙首环上的兽面也用凸起装饰。这些凸起装饰呈片状，有很浅的阴刻纹样。

良渚玉器种类

新石器良渚文化玉器具有深刻的历史文化底蕴，可分为仿实用工具礼仪器、装饰器和其他类。仿实用工具有斧形器、玉刀、玉铲、玉璇玑等，礼仪器中，有源于石制工具与兵器的，如玉璧源于瑗，瑗由兵器"环状石斧"演变而来。礼仪器有玉璧、玉琮、玉钺和玉斧；装饰器主要有玉璜、玉串饰、玉带钩、玉镯和动物佩饰等；良渚文化玉器除了礼仪器和装饰品外，还有一些器物，其他玉器有冠状器、三叉形器和锥形器等。

玉璧：璧的制作从新石器时代开始，随着不同时期人们对玉不断有新的认识，在造型与纹饰上均有所变化。良渚文化墓葬中发现的玉璧，大小不等，青灰色玉料，璧面都光素无纹。这些玉璧分别置于棺木之上及死者的头部、胸部和背部，先民们希冀这些玉璧能使死者升上天界。

◎ 良渚文化·组佩饰（新石器时代）

周长约80厘米。

上海青浦区福泉山良渚墓葬出土。

上海博物馆，古代玉器馆展藏。

　　玉色呈鸡骨白色，为角闪石玉质，局部纹理有褐红色变化和斑色。项饰由大小、形状不同的穿孔管、珠、坠共71粒串成环形，其中有多颗绿松石，最下一粒坠呈铃形。坠的两侧为管，管上浮雕双目和由"2嘴"造型组成的简化兽面纹，雕工精细，线条清晰，较为少见。从中可以感受到良渚时代琢制玉器工艺的精湛及审美理念。

《说文解字》中说"璧圆像天"，古人以为天是圆的，所以仿天而作璧。它作为氏族集合时的重要仪仗器物，反映了当时祖先崇拜已经成为压倒一切的仪式。玉璧则被认为是超脱自然、与祖先沟通及通神的宝物，能增加祭神祈福仪式的程度而惊动鬼神。

玉琮：方柱形玉器，中间有一个上下贯通的圆形管道。这是先民们依据"天圆地方"之说刻意琢制的。在原始社会晚期，巫即是王，是氏族的酋长。玉琮以神兽作为交通工具与天神沟通。"人兽复合像"就是指刻在琮上的"神人兽面纹"。"神人"即巫师。

玉璜：原始社会早期先民们视虹为神兽，认为它的出现是一种预兆，非凶即吉，因此对它产生了崇拜，这种观念延续下来，便就有了这样的玉礼器——仿天上神光彩虹而作璜。新石器时代的玉璜，有光素无纹的，也有浮雕出动物纹饰的。良渚文化玉璜上的"人兽复合像"，说明先民们把璜看作天的一部分，它的用途与玉璧应该是一致的。璜的上方两端一般都有孔。有孔就有可能被用作佩饰。璜出现在墓葬中，则又说明它还可用作丧葬。玉璜的形状，大体上可分为两类：一类"半璧曰璜"，半圆形片状，圆心处略缺；另一类"形如彩虹"。

◎良渚文化·鱼（新石器时代）

通高约5.4厘米，横长约9.5厘米，厚约0.4厘米。

浙江余杭县反山出土，浙江省文物考古研究所藏。

玉色呈鸡骨白色，为角闪石玉质，玉身两侧边渐薄，中部略厚，呈扁圆形。鱼头部微凸雕，平唇圆眼，拱背和腹部弧形，尾分两叉，阴线刻鳍纹，腹下有两对穿圆孔，为系佩。

◎良渚文化·象牙白饕餮纹玉璜（新石器时代）

通高约8.8厘米，横长约11厘米，厚约0.5厘米。

美国波士顿美术馆藏。

此玉璜呈半月形，玉质呈鸡骨白色，属透闪石种美，背面内凹，其左右两边各有一对钻隧孔，作穿缀用。正面浅雕凸起，浅雕阴线成羽冠神人兽面纹，锦地阴刻浅细纹装饰羽神人，线条较密，眼部突出，羽冠立体，面部显得十分神秘。良渚玉璜中，有较多的是带有线条图案，如阴刻、镂刻、浮雕等多种制作工艺。

◎良渚文化·神像纹梳背（新石器时代）

通高约5厘米，横长约9厘米，厚约0.5厘米。

浙江省余杭县反山出土，浙江省文物考古研究所藏。

　　玉质呈鸡骨白色，有茶褐色块斑，冠顶与上端边框在同一平面上。冠顶下方有一扁圆镂孔。正反两面以浅浮雕和阴纹细刻雕琢相同的图样。居中部位为兽面纹，上端的四角对称布列一对鸟纹，纹饰精细。良渚文化玉器大多有许多琢刻纹图。所饰纹的手法有单阴线、浅浮雕和镂雕。纹饰主要有直线弦纹、云雷纹、鸟纹、神人纹和刻符等。

◎嵩泽文化·玛瑙玉璜（新石器时代）

通高约5.8厘米，横长约9.8厘米，厚约0.3厘米。

北京故宫博物院玉器馆藏。

　　此璜光素，玛瑙呈透明形态，玉呈浅青黄色，底边有深色质地纹色，较薄，不规则的半圆形，两侧沿边钻有二孔，以供系佩挂等。璜表面光滑平整，磨制光洁，质地温润，造形简略。良渚文化出土的玉璜造型很多，主要表现有双弧式玉璜、桥式玉璜、半璧式玉璜等，在装饰上有光素无纹，也有线刻、凸雕、镂刻等多种表现方法。

◎良渚文化·角闪石三叉形玉饰
（新石器时代晚期）

通高约4.3厘米，横长约6.2厘米，厚约0.3厘米。美国沙克乐美术馆藏。

　　玉质呈褐黄色，微透，因受腐蚀，局部产生钙化，玉料有土沁，山形玉饰，外边形切割对称，表面阴刻兽形图案，线条琢刻清晰可见。山形玉饰的出土位置在死者的头部，且与成组的锥形玉饰相邻或叠压。墓的主人拥有玉钺和玉琮，是一位集军事权力和宗教权力于一身的显贵人物，他把山形玉饰戴在头上以显示他与众不同的尊贵地位。

◎新石器时代良渚文化·玉神人纹璜

长约20.8厘米，宽约8.3厘米，厚0.6厘米。
北京故宫博物院玉器馆藏。

　　玉料黄褐色，局部有经火变黑的痕迹和细裂纹。体扁平，两面沿边有一道阴刻弦纹，弦纹内满饰阴刻回旋纹锦地。正面浮雕一组兽面纹和两组鸟纹。兽面居中，琢扇叶形眼廓，两圈形大眼向上翘，呈拱桥状；鼻方，嘴微夸张。兽面和鸟纹上均阴刻回旋纹。背面亦刻阴线回旋纹锦地，当中留三小块空白，未饰兽面纹和鸟纹。两侧各有一小圆孔，可穿系。

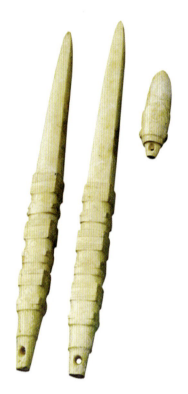

◎良渚文化·角闪石锥形玉饰
（新石器时代）

横长高约 12 厘米，纵宽约 3.3 厘米。

　　玉质呈象牙鸡骨白色，锥形，长条方柱形，前端为方锥体，后端圆钝，对钻一横孔，后半段分为三节。锥形器是良渚文化最富有特点的造型，在出土的墓葬中，常见一墓多器。锥形器大部分集中发现于头部，体形分为方锥形、圆锥形等，有的断面方正，像似玉琮，并饰有凸雕或阴刻神人兽面图案。锥形玉饰是新石器时代晚期常见的人体装饰品，原始人或把它垂挂在头发上，或把它戴在颈项上，或把它佩在腰间。

◎新石器时代良渚文化·玉锥形器

通高约 12.6 厘米，横宽约 0.8 厘米。
北京故宫博物院玉器馆藏。

◎良渚文化·神像纹锥形器

竖高约 11 厘米，横宽约 1.6 厘米。
上海市青浦区福泉山良渚墓葬出土。
上海博物馆，古代玉器馆展藏。

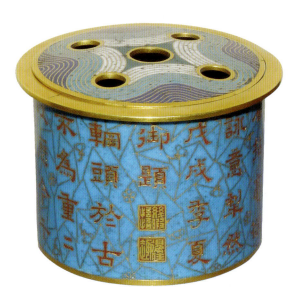

◎ 良渚文化·玉琮（新石器时代）

通高约 5.8 厘米，横长约 8.2 厘米，直径约 6.8 厘米。
北京故宫博物院玉器馆藏。

玉琮为良渚文化典型器，其意义有几种解释，如象征着天圆地方，为祭祀礼仪用器等等。周以后玉琮渐渐失去了原有的礼仪重器功能，逐渐不为人认识。清乾隆时期早已不知此为上古玉琮，将之识为车之辋头，定为汉代之物，同时将玉琮内孔重新打直，并配一珐琅铜胆，作为香熏使用。因未能识别器物的外部纹饰，这首乾隆的《题汉玉辋头瓶》诗和外部的纹饰琢刻方向相反。同时在珐琅铜胆上也写上了相同的诗句。

◎ 良渚文化·青绿透闪石玉琮（新石器时代）

通高约 65 厘米，横宽上约 8.8 厘米，下约 6.8 厘米。
中国国家博物馆，古代玉器馆展藏。

玉色碧绿微透明，玉身纹理有褐斑，器作方柱体，中为对穿圆孔。器身按纹饰分为十九节，每节上刻三道直线纹，其两侧各一圆圈为目，以转角方块为口，以直线纹为额，构成一形象简化的兽面纹，其形制与良渚文化玉琮几无区别。此种玉在良渚文化遗址中有很多出土，是当时氏族贵族首领所使用的重器，此琮为清宫传世藏品。

良渚文化玉器
与饕餮纹的演变

　　浙江反山、瑶山发掘的玉器是已发现良渚的玉器中饕餮纹最完整、复杂的形式，反山玉琮和玉钺，是这种形式的典型代表作。

　　将图像看作上下两部分的重合，上方是人形的上半部，有戴羽冠的头和双手，下方为兽面，有卵圆形的目和突出獠牙的口，并有盘屈的前爪。上下的界限相当清楚，这样看时，下部的兽很可能是当时龙的形象。很多学者都指出良渚文化玉器的饕餮纹有或繁或简的不同形式。良渚纹饰兽面上方可视为玉冠，并可简化为兽额上的突起部分。商代的纹饰多填以云雷纹或用云雷纹衬地，这也可以追溯到良渚文化玉器。

　　良渚文化玉器和商代青铜器的饕餮纹固然不是彼此直接承袭的，但有很多共同的特点，不能用偶合来解释。它们之间，显然有着较密切的关系。良渚文化玉器上的饕餮纹，看来已甚复杂，恐怕还不是这种纹饰的原始形态。它所特有的价值是，比商周青铜器更清楚地向人们展示了纹饰的神秘性质。这种纹饰确实应当有信仰、神话的意义，我们还不完全知道应该怎样去解释。

——引自中国文博名家李学勤所叙语录

◎ 良渚文化·玉琮（新石器时代）

通高约9.5厘米，孔径6.7厘米，外径8.1厘米。
浙江省余杭反山出土。

　　玉质为白色，有浅灰色结晶块。正方柱体，圆孔较大。四节，每两节复合组成简化神人兽面像，头戴变体羽冠，羽冠上刻饰连续卷云纹，全器纹饰工细，对称和谐。玉琮代表中国的"天圆地方"观念，玉琮的用途一般认为是祭祀天地神灵的法器。良渚文化出现了很多玉琮，属多样式玉器，用法也应是多种多样的，其特点为外表有分节，饰有兽面纹在边角四边。

良渚文化中的玉琮、玉璧

玉琮和玉璧是我国上古时代文物中具有重要意义的两种器物，传世数量比较多。可是玉琮、玉璧究竟是什么时代的遗物？之前人们只是从"祭天礼地"的概念和规正的造型、精湛绝伦的制作工艺出发，将其定为三代之物，即夏、商、周三代的礼器。到1973年的夏天，当玉琮、玉璧在江苏吴县草鞋山遗址良渚文化墓葬中出土时，人们才第一次真正确知，它们是良渚文化的遗物，已有近5000年的历史，远早于三代，传统的认识由此得到修正。

草鞋山良渚文化玉琮、玉璧的发现，为琮、璧的断代提供了坚实的科学基础，从此良渚文化玉琮、玉璧从传统的三代礼器中区分了出来，显现了它的历史真面目。学者们对它的认识也不再模糊不清了，对它的研究也由探索其时代、来源，深入到考察其性质、用途。根据迄今为止的考古发现，玉琮及伴出的玉璧，主要由苏南、浙北的良渚文化墓葬出土，流行于5000年前的江南太湖流域，其他地区少见或不见。到商代，玉琮只是偶有发现，西周、春秋、战国时，玉琮已凤毛麟角，罕有发现。晚至汉代，所见则是改制前代玉琮为别的器用，已失去琮的原本意义。

——引自中国文博玉器考古名家
古兵所叙语录

◎ **良渚文化·神像纹琮（新石器时代）**

通高约6.4厘米，直径约7.4厘米。

上海青浦区福泉山良渚墓葬出土。

上海博物馆，古代玉器馆展藏。

此玉琮为阳起石、琢制，呈灰绿色，玉质晶莹，有透光性，矮方柱体，内圆外方，中间圆孔经过刮磨，孔大壁薄。器表纹饰用横凹槽分为上下两节，并以四角为中线，在琮体四面分别琢出一组神人兽面纹，即良渚先民崇拜的神像，其四角有四只飞鸟，为神像的使者。玉琮是史前时期祭奠和殓葬的重要礼器。传说，兽面饕餮本是龙的一种，"好饮食，故立于鼎盖。"似人的脸部作倒梯形，羽冠的轮廓也十分特殊，正好是良渚文化流行的一种玉冠状饰的形状。

◎良渚文化·透闪石苍璧（新石器时代）

直径约 23 厘米，孔径约 5.6 厘米，厚约 1.4 厘米。

上海青浦区福泉山良渚墓葬出土。

　　璧为透闪石琢制，绿褐色，间有浅青白自然苍纹。扁平圆形，表面抛光，素面无纹，边沿内凹，形如滑轮，中间圆孔，以管钻从两面对钻而成，孔壁有清晰的对钻旋痕。璧是祭天的礼器，也用于装饰、馈赠、殓葬等。

◎良渚文化·苍玉璧（新石器时代）

直径约12厘米，孔径约3.3厘米，厚约0.4厘米。

璧为象牙白色，璧面有白色天然变化的苍纹，局部有黄褐色，间扁平圆形，表面抛光，素面无纹，形如滑轮，中间圆孔，以管钻从两面对钻而成。外形切割自然对称，制作、抛光、碾磨精美。

◎良渚文化·青玉钺（新石器时代）

通高约13厘米，横宽约6.3厘米，厚约0.6厘米。
上海市青浦区福泉山良渚墓葬出土。

玉色青绿，滋润透光。长方扁薄体。刃部弧凸外翘，钝口，无使用痕迹。上端圆孔为两面管钻而成。全器轮廓规整，是一件选料、制作都极精致的珍品。

◎良渚文化·神像纹琮形管

通高 7.8 厘米，横宽约 1.7 厘米，孔径 0.6 厘米。

上海市青浦区福泉山良渚墓葬出土。

上海博物馆，古代玉器馆展藏。

　　玉质呈鸡骨白色，局部有深褐红色斑质地，琮形管为透闪石琢制。内圆外方，长方柱体，中间圆孔，琮面纹饰分为上下，刻有神脸和兽面。

◎良渚文化·神像纹璜

通高 7.6 厘米，横长 12.1 厘米，厚 0.8 厘米。

浙江省余杭县反山出土。浙江文物考古研究所藏。

上海博物馆，古代玉器馆展藏。

　　玉色呈灰青色，有青褐斑，半璧形，上端平齐，略厚，下端弧圆，正面以浅浮雕和阴纹细刻相结合技法雕琢一完整的神人兽面像，背面上侧对称钻有一对小隧孔。

石家河文化玉器考证鉴识

石家河文化年代距今约4600～4000年前,石家河文化是中国长江中游地区的新石器文化,承袭了屈家岭文化,1955年因湖北天门石家河遗址群而得名。主要分布在湖北和湖南北部,南到洞庭湖的北岸,北至豫西以南,河南南阳等地。东到大别山,西直达汉水上游和长江西陵峡一带,其中心地区是江汉平原。在湖北天门邓家湾港遗址中发现了铜块和炼铜的原料孔雀石,在琢玉工艺方面有了创新的发展,以镂空雕刻技术常见。在湖北天门罗家柏岭、肖家屋脊、郧县青龙泉、大寺、松滋桂花村、江陵马林山枣林岗等,另有河南淅川下王岗、湖南澧县孙家岗等,出土了很多精美的玉器,主要是人物造型,动物造型较多。如玉神人、玉人首佩、玉龙、玉蝉、玉凤佩、玉钺、玉圭、玉璧等,都有出现。其特点为玉器造型精美,线条复杂而流畅,装饰美感强烈,雕工制作巧妙,为夏商周玉器文化创造了传承的基础。

石家河玉器工艺造型

商周的玉器雕刻手法和石家河文化有较深的渊源。其造型表现手法和玉质使用都有相似之处。石家河文化出土玉器,所使用玉料皆为近似岫岩玉矿物,所用玉料包括青玉、青白玉、白玉,近似南阳玉,另有玛瑙石、绿松石、大理石、萤石、滑石等。多数玉石主产自湖北、湖南与河南等周边地区,如有的玉人用的玉料十分精美,多为半透明,其他也有透闪石材质等。

石家河文化玉器的装饰纹样、形象富于变化,出现了人首形、虎面形、兽面形、蝉形、凤形等,还有连续的菱形云雷纹、卷云纹等。石家河文化玉器上多有钻孔,孔的端部较圆,加工精致。

石家河文化玉器证明当时的工匠成熟地掌握了开片技术和玉切割技术,具备了较复杂器型的纹饰雕刻技术。玉制品薄而均匀,在雕刻技法上有浅浮雕、阳线雕、浅线刻。在人与兽的面部使用圆雕刻手法,较多地运用凸线线条与阴线线条及镂空雕刻来表现图案及造型。石家河文化玉器的制造技艺高于新石器时期其他文化,雕刻手法在剔地阳纹和镂雕等方面尤为突出,对商周玉器的制作有重要的影响。如该文化的剔地阳纹琢法,是商周常用的玉器饰纹手法。从商周人首形制作手法和风格看,皆与石家河文化出土的玉器相似。

石家河玉器种类

石家河文化所出土的玉器品种有装饰品、家用工具、礼器等。装饰品种有玉璜、玉管、玉珠、玉坠、玉笄、锥形玉饰、玉镯、人面玉、玉龙形、玉鸟、玉人首、虎面像、玉蝉、玉鹰、凤形佩、龙形佩等,都属于小型玉器造型。另外还有一些礼器。如玉钺、玉圭、玉玦等。实用工具中,玉制的造型比较小一些,而石制的造型很大,可作劳动生产用具,例如钻、斧、锛、纺轮、镰等。

◎石家河文化·团身凤形佩(新石器时代)

通高约6.8厘米,横长约6.8厘米,厚约0.4厘米。
湖北天门罗家柏岭出土。
中国国家博物馆,古代玉器馆展藏。

玉佩呈象牙白色,内外形制切割造型较为复杂,有几处透雕,凤形富有动感。凤首尖嘴,凤尾卷动,玉身有浅雕勾画纹饰,表面磨光。

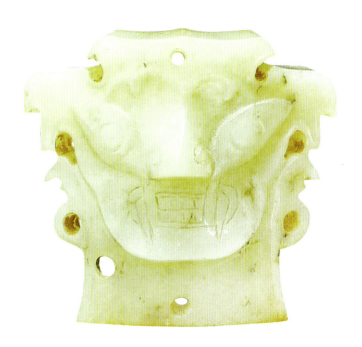

◎石家河文化·青玉人首形佩（新石器时代）

通高约3.7厘米，横长约4.2厘米，厚约1.7厘米。肖家屋脊遗址出土，北京故宫博物院展藏。

　　此玉人首玉料青色，微泛浅黄，玉色润透。整器琢刻对称，首面高浮雕，眼呈枣核形，圆眼突出，高鼻宽翼，用阴线琢出。方嘴犬齿外露，呈獠牙状，用阴刻线来表现。头上顶冠，耳垂部有孔，左右耳下，各有一孔，冠中间，颈下部左颈部各有一孔。考古专家认为此玉人为化了妆后的巫师，人耳穿孔是流行于南方少数民族地区，是古人的习俗。

◎石家河文化·龙形玉玦（新石器时代）

通高约4.5厘米，横长约4.2厘米，厚约1.2厘米。湖北天门罗家柏岭出土。

　　龙形佩呈象牙白色，为透闪石类。外开砣磨切线条流畅，玉身呈方圆形，采用琢刻、剔地、圆雕等方法，龙形雕制活泼，龙首顶双角，龙嘴微张，内有一孔。此器与红山文化玉卷形玉龙玦造型具有继承性，在商代及以后仍可看到这种传统的延续。

69

◎石家河文化·神人首（新石器时代）

通高约6.2厘米，横长约3.6厘米，厚约3厘米。

上海博物馆，古代玉器馆展藏。

　　青白色玉质，白中闪浅青色，局部有自然纹理深褐色沁。圆雕人面像，头戴华冠，方脸大耳，双耳系戴耳环，巨口獠牙，犬齿交叉，蒜头鼻，臣字形眼睛，面部狰狞且威严。长颈，颈背琢有鸟形图案，作展翅飞翔状，用阳纹凸线技法琢成。玉人首采用圆雕、镂钻、浅浮雕、阴刻等琢刻表现工艺手法，造型十分立体。

◎石家河文化·萤石玉蝉（新石器时代）

通高约 1.3 厘米，横长约 2.5 厘米，厚约 0.3 厘米。
湖北天门罗家柏岭出土。

◎石家河文化·人面形佩（新石器时代）

通高约 2.9 厘米，横长约 2 厘米，厚约 0.7 厘米。
湖北天门罗家柏岭出土。

◎石家河文化·人面形佩（新石器时代）

通高约 2.7 厘米，横长约 2 厘米，厚约 0.6 厘米。
湖北天门罗家柏岭出土。

◎石家河文化·蝉形佩（新石器时代）

通高约 4 厘米，横长约 2.6 厘米，厚约 0.7 厘米。
湖北天门罗家柏岭出土。

◎石家河文化·写实玉神人（新石器时代）

通高约9厘米，横长约3.6厘米，厚约0.9厘米。

上海博物馆，古代玉器馆展藏。

　　白色玉质，玉色光透，微泛浅青色，玉身有深褐色自然纹理沁斑，为圆雕立体人像。玉神人五官面部表情生动，拱手直立，威严庄重，整器采用高浮雕及镂空表现手法，碾磨、琢制精美，为石家河文化时期被崇拜的神人形象，整器造型十分立体，人物外形线条雕琢古拙简练，玉质透莹，具有极高的艺术欣赏价值。

◎ **石家河文化·鸟首璜形饰（新石器时代）**

横长约9厘米，器表面高约1.3厘米，厚约0.7厘米。

湖北天门罗家柏岭出土。

中国国家博物馆，古代玉器馆展藏。

此玉璜扁体，半弯圆形，残体一半，鸟首鹰嘴，头冠弯形，雕琢精细，磨光润泽，切割造形流畅。璜身玉色为牙黄，有局部深墨色杂点，璜呈弧形，扁形微厚，造型独特，具有立体感。

◎ **新石器时代石家河文化·玉人佩**

通高约8.2厘米，长约4厘米，厚约0.6厘米。

北京故宫博物院玉器馆藏。

玉料青绿色，局部有较重白色沁斑。体扁平，两面形式和纹饰相同。通体镂雕一人首兽身形饰。所饰人首，头带绳索花冠，冠上似有对称的简化双鸟，长发垂于两耳之后，枣核形眼框，棒槌形鼻，椭圆形嘴，耳下佩环。器下部为兽首，人身于兽首之上，略变形。

◎ **石家河文化·人面形佩（新石器时代）**

长约6.3厘米，宽约2.6厘米，厚约0.8厘米。

北京故宫博物院玉器馆藏。

呈白灰色玉质，表面微有白色、黄褐色斑点，片状略厚，鼻嘴凸起，阴线刻眼、唇，条形长耳，头戴冠帽，冠帽周边有绳纹装饰，颈下端有短榫。整体形象写实生动，富有神态，为立体圆雕工艺制作手法。石家河玉器制作，已经具备了很高的技术水平，能够进行复杂的器型及纹饰雕琢。

大汶口文化玉器考证鉴识

大汶口文化距今约6300~4500年前，是黄河下游地区的新石器时代文化，因1959年首先发现于山东宁阳堡头村和山东泰安大汶口遗址而得名。主要分布在泰安周围地区，鲁西南和苏北一带，东到黄海边，西至山东西部边境，北达渤海南岸，南抵淮河北岸一带。大汶口文化的许多遗址中，发现了氏族公社公共葬地，各墓之间随葬品多差别悬殊。晚期有男女合葬，据考古学家考证，这一时期已进入父系社会，生产工具以磨制石器为主，农业生产以种植粟为主。居民饲养猪、狗等家畜，也从事渔猎和采集。生产工具有石制的斧、铲、刀等。制陶业较发达，小型陶器开始用轮制法生产。大汶口文化出土的陶器如白陶、黑陶、彩陶，及石器、玉器造型十分丰富，手工制作石质玉业兴盛。从已发现的玉琮、玉环、玉牙璧等玉器来看，大汶口文化已经采用了环形砣玉制作工具。大汶口文化玉器的磨制精致，可能渊源于北辛文化，该文化居民的种族，一般认为是中国古代的东夷族。在苏北的青莲岗一带的文化也属于大汶口文化范围，也是龙山文化的前身。

大汶口玉器工艺造型

大汶口文化玉器所用材质近似辽宁岫岩玉的矿物质，但硬度略低于红山文化所用的玉石料。玉质多采用青白玉、青玉、黄玉、碧玉、绿松石及大理石等，多采自山东泰安、高密、邹县和莱阳等周边山区所出玉料，软硬度差别较大，玉质上品较少。

大汶口文化玉器的造型可分为几何形、直方圆曲综合形、人物形和动物形等。大汶口遗址所出土的玉器和黄玉铲、玉斧、玉刀是采用先琢后钻孔工艺完成的，即先在玉器需钻孔的部位用尖锐的工具反复琢刻，使玉料上形成均匀的深斜形圆穴孔，大汶口遗址所出骨雕筒采用了绿松石珠镶嵌工艺，该工艺是新石器时代最早的嵌石工艺代表。在江苏出土的玉锥形器中，有一玉锥长约35厘米，宽约1.3厘米，厚约1.2~1.3厘米，琢刻十分精美，方柱体近榫部分八节，凸横棱，横档上雕刻带冠组成人面纹，榫上套有长7厘米圆管，管孔径系对钻而成，管壁厚仅2毫米，这样的钻孔技术精确制作，已经达到了娴熟的程度。也证明大汶口文化玉制工艺琢刻精美绝伦。在出土的玉人面上看，琢刻较为粗略，砣累制作痕迹清晰可见。另有"玉串"制作有组佩，有单环、双环、四环及绿松石坠等十几件组成制点。玉镯有方圆形及其他圆形等。

大汶口玉器种类

大汶口文化玉器的主要种类有：礼器，如玉琮、玉圭、玉钺等，有的玉钺、玉斧造型比较大。装饰品，如玉璧、玉环、玉镯、玉璇玑、玉串组佩等。工具类，如玉铲、玉刀、玉斧等。

◎龙山文化·三牙璧（新石器时代）

外缘通高约11厘米，剖面厚约0.3厘米，内径约3.1厘米。中国国家博物馆，古代玉器馆展藏。

玉身呈青白色，微闪黄，局部有沁斑，为褐红色。圆形周边有三个旋转大齿轮形，玉身微扁厚内有圆孔。玉身表面磨制光润，外形富有动感。新石器时代玉璧，当时人们认为晴空万里为最美，故玉璧光素无纹。新石器时代礼器、佩饰件上纹饰的变化，既反映了雕琢工艺的发展，又体现了当时人们对自然界认识的变化。

◎大汶口文化·宽边镯（新石器时代）

通高约 4.5 厘米，直径约 10 厘米，厚约 0.5 厘米。
浙江慈溪许仪藏，浙江省博物馆展。

镯身呈较宽厚造型，玉色为岫岩玉质，纹理色彩变化丰富，这也体现了古人对质地形式美的理解，更具有新石器时代玉器文化美学的特点。玉身内外圆切割对称规整，造型丰满，可能是古人用于礼仪的用器，并非装饰用品。

◎大汶口文化·玉琮（新石器时代）

通高约 5.1 厘米，直径约 9.3 厘米，横长宽 9.8 厘米。
山东泰安地区出土。上海博物馆，古代玉器馆展藏。

玉器呈碧绿色，带有红色斑块，玉质品位上乘，透明度良好，外壁四方，内壁为圆形。龙山文化玉琮有其独特形式，多为山东地区所产玉料，玉琮多呈扁平状，器身形矬矮，四角琢成三角状，光素无纹。另有二节式的，四角三角状边有阴刻直横线，上下有间化的兽面纹，有良渚文化遗风，但雕工和纹饰与良渚玉琮有明显区别。

◎大汶口文化·玉琮（新石器时代）

通高约 48.3 厘米，横长约 6.8~7.8 厘米。
英国大英博物馆藏。

玉色碧绿，自然纹理变化色彩丰富，局部有褐斑沁色。器作方柱体，中为对穿贯通式圆孔。器身按纹饰分为 19 节，每节上刻三道直线纹，其两侧各一圆圈为目，以转角方块为口，以直线纹为额，构成一形象简化的兽面纹。其形制与良渚文化玉琮几无区别。此玉琮是已知方柱体形玉琮中最大的一件。

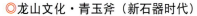

◎**龙山文化·青玉斧（新石器时代）**

通高约6.4厘米，横长约19厘米，厚约0.8厘米。

北京故宫博物院玉器馆藏。

　　斧身呈碧绿色，玉质温润，局部有皮色沁斑。玉身剔地抛光优美。上端较窄，下端转宽，刃端部弧形，下端钻有圆孔。此玉斧为龙山文化早期玉雕。

◎**龙山文化·玉兽面纹圭（新石器时代）**

竖高约13厘米，横长约3.9厘米，厚约0.4厘米。

北京故宫博物院玉器馆藏。

　　斧身玉色呈黄色，玉质温润，局部有皮色沁斑。上端较窄，下端转宽，刃端部弧形，下端钻有圆孔。玉身对称浅凸雕双线，一面玉身平面凸雕兽面纹，剔地抛光。玉斧由石斧演变而来，新石器晚期，玉兵器演变成礼仪用器，是当时权力的像征。玉兵器有玉斧、玉刀、玉铖、玉戈、玉璋等，在新石器早期，玉斧、玉刀、玉镰、玉锛等都是日常生活使用工具，在奴隶社会早期形成之前，形成了权力，这些工具也产生了不同的变化。

◎龙山文化·神面鸟纹斧（新石器时代）

竖长约 15.3 厘米，横宽约 8.2 厘米，厚约 0.4 厘米。

斧身玉色呈黄色，玉质为和田玉，局部有纹理皮的色层。造形扁平背端平直，刃部微斜，斧下平端钻有一圆孔。玉身对称浅凸雕双线，一面玉身平面凸雕神鸟纹，剔地抛光精细。玉色光透温润。

◎齐家文化·墨玉有孔玉斧

竖长约 21.8 厘米，横宽约 5.5 厘米，厚约 1 厘米。
北京故宫博物院玉器馆藏。

玉斧为墨玉色，上端较窄，下端转宽，刃端部弧形，下端有钻直孔。对称，整器切割对称，抛光磨制精细，中间部双线浅浮雕，凸起琢刻双线纹、三角连续纹、云雷纹、前后对称，另一面刻有兽面纹，为龙山文化玉特有表现方法，为礼器精品。

◎ **新石器时代·玉牙璋**

通高约 5.9 厘米，通长约 28 厘米，厚约 0.7 厘米。

北京故宫博物院玉器馆藏。

青色玉质，呈长方扁形，长璋表面正背造型对称，器身前至两端刃部外呈弧形，器表面中间突起，两边微薄，呈斜角形，有刃边。柄部两侧有栏牙，中间有一圆孔，造型较大，玉身素雅，这是龙山文化玉器玉璋独特造型，而是当时的礼器，也是周礼玉璋的前身。璋是祭南方的礼器，也做符节，有聘女、起军旅、治兵守等作用，流行于先秦时期。

◎ **龙山文化·青玉璋（新石器时代）**

竖长约 29 厘米，横宽约 4.2 厘米，厚约 0.4 厘米。

北京博物馆古玉珍品馆藏。

青色玉质，呈长方扁形，长器身，造型对称，前至两端刃部外呈弧形，器表面中间斜角突起，刃边两边微薄，柄部两侧有栏牙，柄上端中间有一圆孔，造型较大。古代祭祀等活动中，用玉作为礼器，玉礼器主要包括：璧、琮、圭、璋、琥、璜，《周礼·大宗伯》记载："以赤璋礼南方"。古人认为璋为瑞玉。此件玉璋玉质灰白中微呈湖绿色，光亮度好。

◎龙山文化·黄透闪石素纹玉璧
（新石器时代）

直径约 12.8 厘米，厚约 0.4 厘米，孔径约 5.98 厘米。
美国哈佛大学艺术馆藏。

　　玉色为象牙白色，局部有深褐色沁，玉质表面有自然天
成的深色纹理。璧呈扁平圆形，内外圆切割，钻孔对称，碾
磨光润。新石器时代的玉器在制作规模和技术工艺方面，有
了很大程度的提升，达到了较高的水平。它们都是有代表性
的礼器。在之后的夏、商、周礼器、玉璧中都有龙山玉璧的
影子。玉璧的用途广泛，进行祭祀、赏赐、朝贡和聘请人等重
要的活动，都使用玉璧。后来，礼器在《周礼》中得到了详细
体现。《周礼》成书于战国时期，对君臣使用"六瑞"的规格作
了具体的规定，如尺寸最大的镇圭为天子所用，公用桓圭，侯
用信圭，伯用躬圭，子和男用谷璧和蒲璧。

◎龙山文化·透闪石玉璧（新石器时代）

直径约 11.7 厘米，孔径约 5 厘米，厚约 0.7 厘米。
中国国家博物馆展藏。

　　玉质为青色，玉璧呈扁平圆形，但取圆不甚规整。中心孔单面管钻而成，一端大一端小，孔的上下两端口沿均有钻孔时留下的崩茬。璧的一面有一道直粗坡线，显得一边高、一边低。通体素面无纹，边缘残损较重。表面抛光精细，平滑光亮。玉材含杂质较多，质较粗，局部青白透光，大部分呈灰褐色。整体上表现出明显的原始特征。

　　六瑞中除了圭之外，还有琮、璜、璧等。璧、琮、圭、璋、琥、璜合称六器。"以苍璧礼天，以黄琮礼地，以青圭礼东方，以赤璋礼南方，以白琥礼西方，以玄璜礼北方"，六瑞和六器，是礼仪用玉的主体，当作礼器使用。另外，还有一些玉兵器，一直是被当作仪仗礼器使用的。随着历史的发展，玉礼器的使用越来越规范，礼仪用玉的讲究也越来越复杂，它在《周礼》、《仪礼》两书中得到了比较全面的体现和表述。

◎龙山文化·绿玉环形饰（新石器时代）

通高约 12 厘米，横长约 10 厘米，剖面厚约 0.3 厘米，
内径约 7.3 厘米。
山东五莲丹土出土，中国国家博物馆展藏。

　　环身玉质为岫岩青绿玉色，玉色光透，温润细腻。扁圆
形微厚，环外边上有系蝶结的造型，造型巧妙，玉面切割对
称，内圆边缘磨制成斜边，抛光精细，形致优美。

◎龙山文化·环形饰（新石器时代）

通高约 10 厘米，厚约 0.4 厘米，内径约 8 厘米。
山东五莲丹土出土，中国国家博物馆展藏。

　　玉环玉质呈青白色，局部有沁色，造型独特，外形有三
组山形凸牙，玉身内外边沿磨制抛光精细，造型简洁大方。装
饰玉器在新石器时代占有相当高的地位，新石器装饰品种类
在出土的玉器中，可归纳为玉环、玉瑗、玉镯、玉串饰、玉
组饰、玉人及各种动物等。在良渚文化中，"玉龙首镯"是一
个特别的造型，外壁有四组浮雕龙首造型，并有阴线刻纹饰，
此种玉器古称蚩龙环，早于龙山环形饰。

◎ **龙山文化·兽面纹琮（新石器时代）**

通高约4厘米，横宽约8厘米，内径约6.3厘米。

　　白色玉质，玉色光透，局部有褐色沁，外有出土包浆色。方柱形致，玉琮四周呈斜边三角形状，角边处有凸雕四组牙边饰，上阴刻两圆形，并刻有横线数条以做装饰，整体看上去形成了兽面纹，这样是纹饰是由良渚文化兽面纹演变而来。中间挖空到底，上下有凸起圆沿边口，制作精美。

◎ **大汶口文化·兽面纹琮（新石器时代）**

通高约4.5厘米，横宽约8.1厘米，内径约6.5厘米。

　　青白色玉质，局部有褐色沁，并有出土时的自然包浆。方柱形致，中间挖空致底，上下缘边凸起。四角呈斜三角形，出戟凸雕六组组对称牙边饰，四角对称，四面中间两侧阴刻两圆图形，形成兽面纹眼，六组凸起牙上阴刻数条细线。此琮略高，兽面纹简结，并有良渚文化特征。

◎ 齐家文化·岫玉玉璜

直径约 8.3 厘米，厚约 1.3 厘米。
甘肃齐家文化出土。

　　此玉璜为齐家文化玉，玉色浅青，有铁红杂色，为岫岩玉特征，质地半透明，质地细腻均匀。

◎ 齐家文化·三色蛇纹石玉琮（新石器时代）

通高约 6.5 厘米，直径约 9 厘米，宽约 12 厘米。

◎ 齐家文化·青玉有孔玉铖

横长约 16 厘米，纵宽约 7.2 厘米，厚约 0.6 厘米。

　　玉色青绿，滋润细腻，铖体长方扁薄，刃部有斜边，并略为外翘。铖上端有三孔，整器轮廓规整，给人以刚劲有力的感觉。器表经高度抛光，光洁明亮，是一件选料和制作都极精的玉器，其造型在后来的夏商周文化中都有不同的造型演变，成为礼器必备之物。

◎ 商代晚期 · 嵌绿松石铜玉戈

横长约 27.8 厘米，宽约 7 厘米，厚约 0.6 厘米。

河南安阳殷墟妇好墓出土。

　　夏朝是中国第一个奴隶制王朝，产生了阶级社会。夏代的玉器风格，继承了红山文化、良渚文化、龙山文化、石家河文化的形态，向着殷商玉器发展，走向西周玉文化的周礼时代。

　　据史书记载，夏人的主要活动地域在河南西部和山西南部，以河南偃师二里头文化遗址命名的"二里头文化"为主要代表。当时经济活动以农业为主，有为数不多的青铜礼器、兵器和生产工具。这时的玉器也相当精致，并出现了铜嵌玉的新工艺。在二里头出土的玉器中有玉璋、玉圭、玉戈、玉刀、玉戚等。其中雕刻复杂的人面纹柄形器，琢制十分精细，造型上出现了双勾一面坡阴刻线纹。并饰有花瓣纹、兽面纹等，从中可以看出夏人继承了龙山文化及良渚文化的特点，并加以发展成夏代风格。

　　商王朝，以玄鸟为图腾，汤灭夏后建立了奴隶社会，特别是创造了甲骨文字，为古代中国进一步的发展奠定了基础。商代早期玉器发展并不丰富，到了中晚期，玉器文化走向了相当高度，我们从安阳殷墟妇好墓出土的大量玉器中，看到了三千多年前大量使用和田玉雕琢的玉器。在此前朝多为就地取材。从妇好墓玉器来看，有其他国贡品中的玉材，如独山玉、岫岩玉、大理石、新疆和田玉、白玉、青白玉、黄玉、碧玉等。这些高品质的玉，雕琢出的各种玉器，真实反映了商代光辉灿烂的玉文化。

　　商朝末年，周人生活在陕西武功到岐山一带，武王定都于镐京，灭殷纣王后，建立西周。周公建立了分封制与宗法制，并编纂了一部礼仪法规——《周礼》，规定了不同等级玉器的品质、形制和规格，使用玉器成为等级制度的标志。在《周礼·考工记》中，就记载了王室设玉作坊的记载，王室怎样管理制作玉器的工匠，也就是"玉人"。自西周晚期到东周时期，王室和各地诸侯国在玉器工艺和品种上都有了创造性发展，在那遥远的年代，也为春秋战国玉器的繁荣奠定了良好的基础，使中国古代玉器文化又迎来了新的高峰。

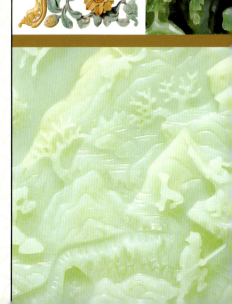

夏商周玉器

夏代玉器考证鉴识

夏朝(公元前2070～前1600年)是中国历史上第一个奴隶制王朝,产生了阶级社会,建都阳城(河南登封以东)、安邑(山西夏县西北)、斟鄩都(河南偃师)等地,传到夏桀时期,被商汤所灭,共传十四代、十七王。夏族原是生活在黄河中游的一个部落,禹是他们的首领。因为受封于夏,所以他的部落就称为夏。从现在考古发现的玉器来看,属于夏代的玉器极少。夏代青铜器工艺的兴旺,带动了一系列手工艺制品制作工艺的发展,玉雕工艺展现出早、中、晚三个时期的不同形式内容与风格。夏代玉器主要以河南省偃师二里头出土的玉琮、玉璜、玉圭、玉钺、玉刀、玉柄形器、玉龟等为代表,距今约4000年。夏代文化遗存主要是河南偃师二里头文化遗址、郑州地区的洛达庙、洛阳东干沟有文化遗址。在陕西七里铺、河南临汝煤山、山西夏县东下冯等地区也都有考古遗址,发掘出夏代玉圭、玉璧、玉饰等。

● 夏代玉器工艺造型

夏代青铜器的出现带来了生产力的发展,夏代礼器如珪、璋、戈、钺等,演变为仪仗用器、礼器。礼器则伴随奴隶制国家的产生而形成。

夏代的玉器使用玉料,主要是新疆的和田白玉、青白玉、青玉(墨玉)和绿松石制作,以河南南阳的独山玉为材料的也有一些。相比起来,绿松石的用量多一些,多用于铜镶嵌绿松石片,如玉饰、玉刀等。夏代玉器的色泽除了青白、青灰色,还有夹杂灰黄、灰白和黄色等杂色的绿色,但这些相对较少,还是以绿色为多。

夏代玉器器物多为较大、长、薄,以片状和长条状的几何形体居为主要器物。礼器造型外内边沿纹饰对称、有出齿,多为网状纹、菱形纹、直线纹、弦形纹,还有雕刻精细的兽面纹、云雷纹、卷云纹等。夏代玉器首次出现"臣"字形目(即当时象形文字中的"臣"字表示人或兽鸟的眼目),这对商代晚期及西周玉器用此纹饰起到重要的影响。夏代玉器中最为常见的阴刻技术更为成熟,已经使用砣轮式工具。制作复杂及简练的器物都有,还没有形成较明显的风格特点。

在夏代前期的玉器中,有很大一部分是作为仪仗的兵器和实用性的工具,也有相当数量的大型装饰品。其中装饰纹样不是特别丰富,有一些带有锯齿状扉棱起于玉器背沿的造型器,如玉璋、玉戚、玉戈、玉圭、三牙璧等,大多用双线一面坡琢刻方法勾勒装饰纹饰。

夏代晚期已出现俏色玉,强化了作品形象的生动性与艺术感染力,包括有云纹、雷纹、饕餮纹、涡纹、鳞纹、谷纹等。在雕琢技法上采用弯形线条双勾纹雕刻阴线勾槽表面产生的侧斜立面,也叫撤法、双勾,更为立体,这是夏代玉器琢刻特点之一。这为商周玉雕的发展延续和完善打下了良好的基础。

◎ 新石器时代晚期～夏·独山玉虎人面璜

通高约6.4厘米,横长约13.3厘米,厚约0.3厘米。
美国旧金山亚洲艺术馆藏。

青白玉质、玉色光透,局部有褐色沁。玉璜呈扁长弧形,玉虎长耳、圆眼口张獠牙、短鼻、方下额、长身卷尾,身下伏卧双足,玉面有阴刻装饰纹饰,玉璜正背外形切割对称,碾磨抛光精美,是一件不可多得的传世玉璜。著名考古名家那志良先生认为,璜之形,是模仿彩虹之造型。璜的造型一般两端各雕成兽头,多为龙头、虎头,也有一端为头,一端为尾的形制,也有龙形和鱼形等,到了商周之后,造型演变得更为丰富多彩。

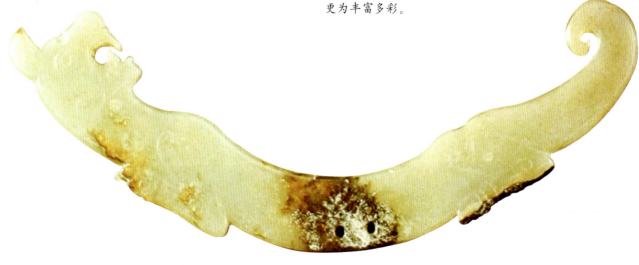

夏代玉器种类

　　夏代玉器按功能可分为礼仪器、装饰品和实用器等种类。礼仪器有玉璧、三牙璧、玉圭、玉戈、玉钺、玉牙璋、玉刀、玉柄形器等。装饰品有绿松石饰、嵌绿松石兽面纹铜饰牌、玉管、玉珠、玉镯形器等。

　　从偃师二里头文化出土情况看最为丰富，夏代玉器有刀、戈、戚(牙璋)、斧(圭)、镞、锥、镯(琮)、矛、柄形器、管等。其中首次发现的是在陕西神木县石峁地区龙山文化已有并延至此处的刀、戈、戚和玉柄形器等。这些玉器长且宽大，但较薄并有刃，是夏代仿制武器或工具，但不能使用，只是统治者权力的象征和神圣的仪仗用具。

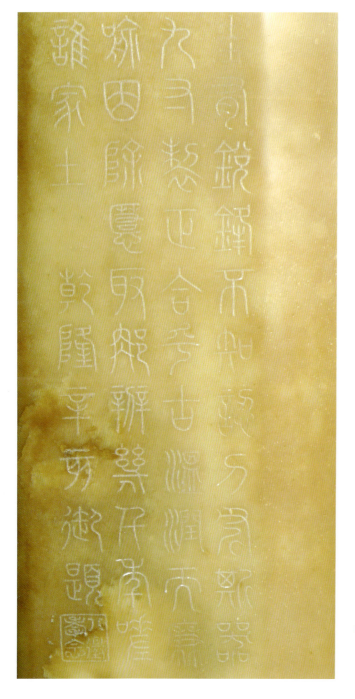

◎ 夏代初期·玉刀

通高约 12 厘米，横长约 3 厘米，厚约 0.4 厘米。北京故宫博物院玉器馆藏。

◎ 新石器时代晚期～夏·独山玉人首像（上）

通高约4厘米，横长约4.4厘米，厚约0.6厘米。
美国旧金山亚洲艺术馆藏。

　　青白色玉质，玉色温润、人面部造型呈突弧形状。这件玉人首像与北京故宫博物院收藏肖家屋脊遗址的玉首十分相似，头顶冠帽、大臣字眼、眼边琢刻二层立面、大鼻嘴呈长方形、外露犬牙，采用阴刻方法，平下额，耳垂部上下有一对称小孔，耳环下也有一对称小孔。在颈部左边有一钻孔。

◎ 夏·独山玉人像（下）

通高约4.6厘米，横长约4.1厘米，厚约0.8厘米。
美国弗利尔艺术陈列馆藏。

　　玉人为青黄色玉质，人面部呈突弧造型状，面部为浅浮雕琢刻手法，与石家河文化玉神人相比，琢刻更为真实，技巧更加娴熟，砣轮雕制工艺精细。圆眼凸起，边刻立体浅两层浮雕，大鼻、大眉、大口平牙、平下额，头带头冠，方脸大耳、下系耳环，造型立体，更有层次感。

◎**夏晚期·玉人像**

通高约 12 厘米，横长约 3.5 厘米，厚约 0.7 厘米。

美国哈佛大学艺术馆藏。

　　玉质为青白灰色，外造型呈弧形扁片状。为单面浅浮雕，玉人浓眉大眼、大嘴、大耳、头顶发饰，四体强壮。自石家河和良渚文化，存在的獠牙式神鬼头像至商代仍继续出现。此时期与神人有关的形象，多作侧身和侧脸形，由跪地抚膝形转变为蹲踞式，并于身体的各部位加饰长舌龙或以龙代替手和足，给人以更为神奇之感。

商代玉器考证鉴识

公元前 1600 年，汤王灭夏，建立了商王朝(公元前 1600~前 1046 年)。商部落原居黄河下游，以玄鸟为图腾。此后商的势力由黄河下游的易水流域发展到黄河中游。商代盘庚时定都于殷(河南省安阳)，至商纣亡，前后历时 554 年。商朝建立了强大的奴隶制国家，共历 9 世 19 王。商周已经出现了比较完善的文字体系，创造了灿烂的青铜文明，兴起了一批城市。通过对商周遗址的考古研究，明确了商文化序列和西周、东周文化分期。商代中期玉器文化遗址主要有河南郑州二里岗郑州商城、偃师商城等，其中玉器有礼器、仪仗、工具、装饰等。在商代晚期玉器文化遗址中，最主要的是殷墟王都遗址(河南安阳北郊，洹河由西向东流全境)，在这殷代圣地上 1976 年发现了妇好墓，从中发掘出几百件玉器，其中玉器有礼器、仪仗器、工具、用具、装饰、艺术品、杂品等。在殷墟以外地区的商代晚期遗址中，有代表的是湖北黄陂盘龙城、河北藁城台西、山东济南大辛庄、江西樟树吴城、山西垣曲商城等多处遗址等。江西新干商墓、四川广汉三星堆和成都金沙这些遗址属于中晚期。以郑州二里岗遗址为代表的商代早期玉器文化并未超越二里头文化范围，礼器多造型较大，装饰简练。到了中晚期，在造型和纹饰上有了明显变化，出现了许多创新造型和纹饰，在工艺上都超过了以前制作水平，迎来了商朝玉器新的高峰期。

商代玉器工艺造型

在商代，制作玉器选用的是比较名贵的玉料，比如新疆的和田玉以及河南的南阳玉和辽宁的岫岩玉等。这标志着殷王室对新疆和田玉已有不同于前人的崭新认识和较高的价值观。

商代南阳玉大多用于制作玉礼器，和田玉则用于制作佩饰，尤其是做工更为精细、造型更为独特的佩饰要使用质地更好的和田玉。如出土的商代玉器多用新疆的和田白玉、青白玉、墨玉、碧玉、黄玉等。在殷墟出土的有刃玉石器中的玉器，质料多是南阳玉，少数玉戈被认为是独山玉。殷墟妇好墓出土的玉器多数为和田玉，少数与岫岩玉及南阳玉接近。商代所用玉料质地的颜色，以白玉、青白玉居多，较少用碧玉、黄玉等。可见商王朝对玉文化的敬仰已经达到了相当高的美学高度。

商周的玉器制作技术已相当成熟，能制作出各种色

◎商·神人兽面纹玉饰

通高约 16.2 厘米，横长约 7 厘米，厚约 0.4 厘米。

牙白色玉质，玉料泛黄，浮雕扁平，呈长条形，浮雕神人兽面像，一面坡双勾琢刻法，这是商代砣磨浅雕工艺特有表现的方法。圆形眼，外眼角上挑成内钩形，大圆眼边两道卷云眉，其间由两条竖直线构成粗宽的鼻梁，鼻线过眉脊，左右外展为额。圆形鼻头，脸面两侧有向上卷曲的角状扉棱作装饰，嘴为八颗方牙，头顶上为高耸左右卷角的羽冠，耳部下有圆孔，造型像耳环。商代人面纹有正面的和侧面的，正面人面纹是比较完整的人面纹，戴着介字形的阔冠，有羽毛纹饰于冠之上，体现原始宗教和巫术的神奇性，而侧面的人面纹形象，有一半是正面人面纹，亦有羽毛纹饰其上。

泽和用途的精美装饰品和器具,特别是利用原料天然色泽的变化而制成的俏色玉器,更是反映了工匠们的才智和玉器工艺的成就。商代与西周的玉器均为软玉,东周时期已用硬玉,并将玉器与金银器工艺结合起来,生产出包金镶银的精美玉制品,在出土的玉器中都有此类珍品。商代用玉标准相对比较一致,礼器类多用南阳玉,佩饰多用新疆和田玉,造型、雕琢、镂切较精。在工艺美学上,具有明显的时代特征,其传达了商周时代人们对玉文化的信仰及精神物质体现。

商代玉器的部分纹饰仿青铜器的几何形纹,它以点、线、圆线、方形、三角形、鳞形为基本要素,构成弦纹、云雷纹、涡纹、同心圆弧纹、菱形纹、云纹、龙纹、鸟形纹、兽面纹等。一般都琢刻在玉器上,如装饰品、实用器、礼器等。商代青铜器的进步带来了生产力的发展,带动了一系列文化制作工艺的发展。商周器物造型可分为几何类型的圆曲形、直方形、人物及动物造型。

在商代早期,不管是平雕的还是圆雕的肖生玉器,往往都用两端内卷的云纹表现耳朵。到了晚期,肖生动物形玉器则用"减地砣刻"的形式表现出中间凹轮廓凸的效果,富有立体感。而一些禽鸟类造型的玉器,其身上则装饰有羽毛纹,那是一种卷曲云纹,在当时显得相当的规范。在商代玉器纹饰的雕刻上,"一面坡"砣刻方式在晚期时才得到充分的利用,这种方式的特点就是以一面倾斜,另一面垂直的阴刻线来表现龙角、尾巴以及兽角之类的细节。这在早期商代玉器上用得很少,但是晚期的"一面坡"手法,直接影响到西周的玉器纹饰。

商代继承了史前时期的饕餮纹,这不仅是沿用了一种艺术传统,而且还传承了信仰和神话,在中国古代文化史的研究上无疑是很重要的。商朝玉器的装饰有了很大发展,在玉鸟、玉钺、玉戚、璇玑玉器等几何形体器物上,装饰纹样多为直线纹或折线纹,也有弧线纹,线条有单阴刻线。玉器上出现了"凹"形凸齿装饰。商代玉器纹样来源于动物的纹样,如鸟纹、兽面纹、兽纹等。玉料剖切,有的用坚硬石质的片形刀具,也有的用青铜圆砣具进行旋切的开切具。

商代玉器种类

商代各处遗址中,如殷墟的肖生类玉器,由数十种减至十余种,其中玉虎、玉鹿和玉鱼三种相对较多,而玉圭则首次出现,并被大量使用。玉佩的最大变化是出现了成组串饰。从二里头文化开始的玉柄形器,在此期达到顶峰,数量之多、制作之精都是空前的。

商代的玉器开创了浅线阴刻与剪影式裁割相结合的玉雕艺术领域,涌现出一大批与当时人类生活比较接近的动物形象的装饰玉器片雕。这些装饰肖生玉中有飞禽走兽、鱼鸟昆虫,如牛、羊、马、猴、鸡、鸭、鹰、雁,乃至熊、象、虎、鹿、螳螂、蚕、蛙等。

商代的雕刻艺术很有特色,当时的品种有玉石雕、象牙雕、骨雕和木雕,一般采用线刻、浮雕和立体圆雕等手法。制品多表现人物和鸟兽鱼虫的形象,无论玉人正面、侧面,坐姿、卧姿,造型都非常准确、优美,表现生动。

商代玉雕工艺展现出早、中、晚三个时期的不同内容与风格。早期以河南省偃师二里头出土的琮、璜、圭、玉钺、玉刀、玉柄形器、玉龟为代表。

商代玉器分为礼仪器、装饰品和日用器具。

礼仪器有玉璧、玉琮、玉圭、柄形器、玉牙璋、玉环、玉钺、玉戚、玉刀、玉矛、玉戈、玉簋、玉斧等。

装饰品有玉环、玉玦、玉璜、玉管、玉珠、玉镯、玉坠饰、玉串饰、玉扳指、玉笄、玉人、玉璐、玉觿、凤冠玉人等,以及大量的动物形装饰品。

日用器工具有玉斧、玉凿、玉调色盘、玉梳、玉盒等。

商代玉器走兽类动物装饰品有玉虎、玉象、玉熊、玉鹿、玉马、玉牛、玉羊、玉狗、玉兔等;禽类有玉鸟、玉雁、玉鸽、玉燕、玉鹅、玉鸭、玉鸬鹚、玉鹤、玉鹰、玉鹦鹉等;水族类有玉鱼、玉龟、玉蛙等;昆虫类有玉螳螂、玉蚱蜢、玉蝉、玉蚕等;神禽神兽类有玉龙、玉凤、玉饕餮、玉兽面、鱼龙、龙凤合体等。

◎ **商朝·玉凸唇环**

通高约2.1厘米,外径约8.9厘米,内径约5.3厘米。
北京故宫博物院玉器馆藏。

古代砣机技术的发明

砣机的发明是琢玉工艺史上的一次技术革命，以仰韶文化和龙山文化为代表的新石器时代中、晚两期的制石工艺确已达到了较高水平。从选料、审形到截断、打击、琢磨、钻孔等工艺，都积累了丰富的经验，制造了形制规正、琢磨光洁、便于使用、效率较高的各种石器，所用工具有砥、锤、钻、磨石、石英砂、实心钻、空心钻等。

加工和田角闪石玉器的工具与工艺问题，笔者在长期观察、摩挲和田角闪石玉器的过程中，参考20世纪50年代水凳的结构与原理，认为制和田角闪石玉是用制石的工具与技法，制造器形单纯、表面光素或作钻孔、镂空的玉器，而不能制造器形复杂、纹饰繁密的玉器。其次是用砣机碾砣器形、装饰均复杂繁密的和田玉器，这是因为和田角闪石玉的硬度为6～6.5，所以加工的工具硬度不能低于6.5～7，使用砣机碾磨玉材方可成器，别无其他办法。目前，考古界、文博界、工艺界对妇好墓出土的和田玉器的制造工艺和工具的认识是一致的，都承认是用旋转的砣具带动蘸水的金刚砂磨玉成器，其细纹装饰也毫无例外的是用砣具碾磨的，而不是雕刻或镂刻的。这标志着殷代玉工艺已彻底脱离制石工艺，成为完全独立的砣玉手工业。从妇好墓出土的精美的和田玉器判断，玉器工艺成为独立手工业的起点，当远远早于殷武丁时代。

——引自中国文博玉器考古名家
杨伯达所叙语录

◎ **商代后期·玉人**

通高约7厘米，横长约3.8厘米，纵宽约6.5厘米。
1976年河南省安阳市殷墟妇好墓出土。

青黄玉质、玉质表面色彩变化较大，造型写实，立体圆雕。呈踞坐双手抚膝，长形脸，尖下颌。细长眉，巨形圆眼、大鼻、小嘴、长耳。头带圆形菇形冠，后有束发，头顶边露发丝。冠前卷筒上有装饰纹，左右有一长孔，身穿长袖衣，腰束宽带，腰左侧佩有一卷云形柄，身着衣服阴线双勾云角纹，形制像商代贵族。

古玉收藏图鉴

◎ 商武丁时期 · 双性玉人

通高约 12.5 厘米，通横长约 4.5 厘米，厚约 0.5 厘米。

河南安阳殷墟妇好墓出土。

中国国家博物馆，古代玉器馆展藏。

青白色玉质，玉色微透，局部有土色包浆及褐色沁。玉人呈裸形，作站立状，为扁片形，外形镂雕，玉身为浅浮雕及阴线雕来表现雕制工艺。一面为男性，椭圆脸，双目微笑，宽长眉，嘴略张，大耳，头上梳两个角状发髻，耸肩，两臂略内屈，双手放胯间，膝部刻阴线纹，表示其人体的部位。另一面为女性，形象与男性近似，唯眉较弯，双手置腹部。两面人像均雕出手指和脚趾，并用不同线条勾勒出人体不同部位的肌肉。面部表情生动，四肢动作呆板。在其脚下，凸雕有一短榫，考古专家考证认为可以插嵌在漆木器上，此件形似男女儿童，可能含有某种巫术意义。

95

◎ **商·青玉璧琮**

通高约 5 厘米，直径约 6.7 厘米，壁厚约 0.8 厘米。
西安霸桥区老牛坡商代遗址出土。

　　琮为直筒状，玉色呈青绿色，为角闪石玉，色泽微透，琮的圆孔采用管钻法加砂钻透而成，孔壁较薄。琮面采用减地法凸出三个方弧座，座面光素无纹，琮面和射孔内壁均经研磨抛光，表面平滑温润。细察此琮，上下短射，均一边略高一边略低。在河北新郑县出土的商中期墓葬中，有与西安霸桥出土的商代玉琮有相同的造型，玉质并不讲究，而在河北偃师二里头出土的商代早期墓葬出土的玉琮，造型更为简练，更无任何装饰纹样。

◎ **商·青白玉龙纹玉璜**

通高约 6.6 厘米，横长约 9.5 厘米，厚约 0.3 厘米。

　　此玉璜为青白玉色，边沿部有深褐红色斑点。璜呈半圆形制，右面琢刻龙首，左面为龙尾，尾有一孔。龙头鼻部有一孔，耳部有一孔。整器曲线活泼带有动感。器面微薄，纹样双勾纹线，云纹曲线纹，流动感强，砣磨浅地光滑，曲线切割流畅，为商代玉璜精品。龙纹玉也叫"珑"，《说文解字》记载："珑，祷旱之玉。"纹饰都像蟠龙的样子，其形如璧，有的有缺口，有的没有缺口。玉料泛青黄色，局部有褐色沁点，片状，弧形，似璜式，两面雕，一端雕龙首圆眼，尾纹卷起云龙纹，上鼻孔前端一钻孔，可系佩戴。雕琢磨光精湛，玉质为上品，佩的表面遗有朱砂。

◎商·透闪石扉齿素面玉钺

外径约 16 厘米，孔径约 6.7 厘米，厚约 0.25 厘米。故宫旧藏。

　　黄灰色玉质透闪石，局部有沁，呈灰白色。玉钺为圆形，左右对称，有一对扉齿，中部有大孔，素面无纹。此玉钺切割对称磨制光滑，外圆和内圆边沿碾磨有斜边，形致标准，为商代玉钺上品。在殷商妇好墓出土的玉器中有这样相同的造型，上部有一系小孔，形致比这件长一些，底部有较薄的刃，用玉品质要比这块好，造型尺寸只是这件的三分之一。

◎商代晚期·弦纹环

通高约 3.9 厘米，外径约 7.7 厘米，壁厚约 0.5 厘米。

　　青灰色玉质，局部有深青色沁，玉色润泽，不光透。体圆似箍，两端外侈，端口沿外切割饰阳线弦形，中腰稍内收，并有向外凸出的宽而薄的圆环形边一周，环身展平，壁面较薄，为宽壁面，下呈沿边与上对称，造型规整，琢制精美，整器表面乌黑光亮，碾磨润滑。

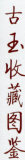

古玉收藏图鉴

◎殷商·青白色玉兽面纹戈

竖长约 14.9 厘米，横宽约 5.1 厘米，厚约 0.4 厘米。
北京故宫博物院玉器馆藏。

　　青白玉质，局部有钙化灰色和褐色沁。戈呈长扁形，上窄下宽，长援三角形锋，锋尖犀利，中脊上高出，左右边刃微薄，戈下牙部有长方形扁短柄，柄底半圆豁口上有一穿孔，在玉戈底援上部表面浅雕凸刻一兽面纹，臣字大眼，獠牙大口，有双耳双角，雕工双勾一面坡表现完美。

◎商代·嵌绿松石铜玉戈

通长约 28 厘米，通高约 5.8 厘米，厚约 0.7 厘米。
北京故宫博物院玉器馆藏。

　　此玉戈柄手铜内上镶嵌有绿松石组成的兽面，因时代久远而有剥落，从这里也能看到镶嵌工艺的真实一面，这件玉戈制作极为精致，是贵族举行典礼时用的礼器。玉戈玉质呈灰黄色，为和田白玉，长条三角形，有上下刃和中脊，前锋尖锐，末端插入铜柄中，造型较宽大。

98

◎商朝·玉兽面纹戈

通高约11厘米，横长约6.2～2.6厘米，厚约0.35厘米。北京故宫博物院玉器馆藏。

　　在殷墟妇好墓发掘中，有百余件不同大小的玉戈，长者在40厘米以上，一般在20～40厘米，短的仅3.3厘米。多数琢制精细，形制典雅，无使用痕迹，一些大形玉戈，边刃极薄，并非实际杀伐的兵器，应是殷王室和贵族在举行礼仪或祭祀活动时作仪仗之用。

◎商代·玉戈

通高约36厘米，通横长约6.2厘米，厚约0.4厘米。北京博物馆古玉珍品馆藏。

　　商代玉戈作为兵器，只在仪仗时使用，实际是礼器。此玉戈材质坚硬，玉质自然纹理深浅赋予变化，这也是商代人对玉自然审美的理解。玉戈较为长大，略宽并有前锋尖刃，下炳执前有牙边后有多个牙边，并有阴线条装饰，炳执中间有一对站圆孔。

◎ 商中晚期·玉牙璋

横长约 36.8 厘米，宽约 11.6 厘米，厚约 0.6 厘米。

牙璋玉料呈青灰色，有白苍色纹斑，通体磨制光亮，长方形璋前端有一尖成叉状；中间开弧刃，柄部长方，上有一孔，孔前端有两组突出齿状扉棱，亦称之为牙璋。据专家考证，把圭的上端斜着削去一道斜边，剩下的便是璋的形状，所以在《说文解字》中称"半圭为璋"，璋在《周礼》中记载有赤璋、大璋、中璋、边璋、牙璋等五种形式。

◎ 新石器时代晚期～商·玉刀

通高约 18.6 厘米，横长约 37.5 厘米，厚约 0.9 厘米。
美国佛利尔艺术陈列馆藏。

此玉刀较宽大，用透闪石琢制而成，玉色富于自然纹理变化之美，似大理石色彩，刀底边斜侧锋锐尖见刃，刀头部呈大斜角，有一组板牙。柄部板牙上部一组图形，牙上表面饰有一变形人头，头带冠帽、长耳、扁眼、大鼻、平下额，人头后有一似犀牛造型，象似攻斗动作，身脊背上有凸起的尖甲，十分像恐龙或犀牛，卷尾、长蹄。此图案是阴线单勾琢刻，线条清渐。刀背对称，直圆三孔，为商代一种仪仗礼器用具。

◎ **商代·玉刀**

通高约 9.8 厘米，横长约 2.2 厘米，
厚约 0.5 厘米。河南安阳殷墟妇好墓出土。
北京故宫博物院玉器馆藏。

　　碧绿色玉质，局部有深黑绿色纹理并有褐斑，
有受土沁痕迹。刀身窄长、凹背凸刃，尖略上翘，刃
由两面磨成，稍残。刀背上雕出锯齿状薄棱。短柄
较薄。刀身后端有一圆穿，系管钻所制。刀
身靠背处两面均雕精细的龙纹，龙头朝
向柄端，张口，上唇略翘，目字形眼，
细长眉，钝角向后，长身尖尾，直
通刀尖。身、尾饰菱形纹兼小三
角形纹。整器上的纹饰均为阴
线雕琢，线条清晰流畅而典
雅。此刀是商代一种仪仗
用器。

◎ **商代·玉璋**

通高约 7.2 厘米，通横长约 39 厘米，厚约 0.5 厘米。
四川广汉三星堆出土。
中国国家博物馆，古代玉器馆展藏。

◎ **商武丁时期·玉刀**

竖长约28厘米，横宽约4.3～1.8厘米，厚约0.6厘米。

河南安阳殷墟妇好墓出土。

中国国家博物馆，古代玉器馆展藏。

◎ **商代·玉兽面纹戚**

通高约9厘米，直径约3厘米，厚约0.4厘米。

北京故宫博物院玉器馆藏。

◎ **商代晚期·玉戚**

竖高约16.6厘米，横宽约8.3厘米，厚约0.4厘米。

◎ **商代晚期·鱼形佩**

横长约6.3厘米，高约4.1厘米，厚约0.3厘米。

上海博物馆，古代玉器馆展藏。

青黄色玉质，扁片形，鱼体肥，呈弯形，外形切割对称，正背纹饰相同。尾下弯作游动状，阴刻线条为一面坡琢刻方法，圆眼，口微张，鳃、鳞、背鳍、胸、腹鳍和尾鳍雕琢得都很形象，纹饰精细，两面纹样相同，口部有一小孔，佩的表面遗有朱砂。

◎ **商代晚期·螳螂形佩**

横长约8厘米，高约5厘米，厚约0.3厘米。

上海博物馆，古代玉器馆展藏。

玉质青黄色，扁片形，两面浅雕，为一面坡琢刻手法，正背对称，圆眼，勾形腿上钻有一系小圆孔，前肢有芒刺，腹部饰勾云纹，有羽翅，有长尾，造型简约，形象逼真，佩的表面遗有朱砂。

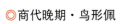

◎ **商代晚期·鸟形佩**

横长约8厘米，高约7厘米，厚约0.3厘米。

上海博物馆，古代玉器馆展藏。

青黄色玉质，扁片形，大雏鸟造型，鹰勾嘴，圆眼，头顶长翎冠，卷云纹形双翅，鹰爪，头下有一穿孔。商代的肖生动物形玉器，在足部和爪部的纹饰刻画上，用几条短阴线加以表现，刻画出龙、虎、鸟之类不同的爪趾形态。这种表现方式在仿制品中所见不多。

◎ **商二里头文化·玉钺**

竖高约 12 厘米，横长约 6.8 厘米，厚约 0.5 厘米。

河南偃师二里头出土。

中国国家博物馆，古代玉器馆展藏。

　　青色玉质，玉色中有自然灰白色片纹，并飘有褐墨色小斑点，长方扁形前端有弧形双面锋刃，侧近顶处各有齿牙形突起四组，上中间有一钻孔。玉钺作为礼器，是权力的象征。汉字中的"王"即是由"钺"的象形演化而来。

◎ **商中晚期·玉铲**

横长约 41.9 厘米，宽约 16 厘米，厚约 0.5 厘米。

美国佛利尔艺术博物馆藏。

　　玉铲呈长方形，玉色白润，顶边有刃呈斜角形，连接铲面的是青铜柄首，柄首前装饰云纹，并通体镶绿松石，松石片按原设计部位面镶松石，排列匀称而紧密，工艺精细，柄首由两范合铸，两侧范线明显。玉铲在商代时期属日用器具，有铲、锛、凿、锯、镰等。商代玉铲有长方形、方形，从开料到磨制都十分精细，光泽晶莹，用玉讲究，在柄首上多为青铜铸制，上饰绿松石。

◎商武丁时期·蟠龙形玦（上）

外径约 4 厘米，内径约 1.6 厘米，厚约 0.4 厘米。
河南安阳殷墟妇好墓出土。
中国国家博物馆，古代玉器馆展藏。

　　白色玉质，玉色光润，微光透，局部有沁色。蟠龙首尾相对，龙首顶独角，菱形臣字眼，上唇下卷，露齿。玉身正背对称，一面坡雕琢手法，阴刻勾云纹，圆背出脊齿牙，尖卷尾，是殷墟形龙纹代表作。

◎商代晚期·白玉卧琥（下）

通高约 3.5 厘米，横长约 12.6 厘米，厚约 3.2 厘米。

　　琥是形状像虎的玉器。古人用白琥礼祭西方。虎猛，象征秋天，白色则象征西方。白玉玉色质纯，光透洁白，呈糙米色，色泽温润，为立体浮雕，俯卧状，嘴、眼、耳琢雕清晰，四肢屈伏，尾向下卷，作觅食状，体小而生动。尾部阴刻若干平行线。背形成较厚弧形，尾部卷曲，腹部有四只龙爪。周身脊背用双勾阴刻方法，造型活泼可爱，为商代晚期玉饰精品。

◎商武丁时期·玉凤

通高约 6.8 厘米，通横长约 5.5 厘米，厚约 0.35 厘米。
河南安阳殷墟妇好墓出土。
中国国家博物馆，古代玉器馆展藏。

　　黄色玉质，局部有褐色沁。器呈扁片形，外形切割线条
流畅，局部有镂空形致。玉凤左侧身回首状、喙、冠如鸡，冠
镂空，圆眼，胸部外突，短翅长尾，尾翎分开。胸下有两个
小镂空，背、尾的相应部位各有一和两个长条形镂空。腰间
有一突起的圆钮，上有小孔，可佩戴。翅上琢雕数条阳线浅
浮雕翎纹，线条舒展，雕琢精湛。此凤的形象、风格与石家
河文化的玉凤的风格、雕琢手法相近，考家认为受石家河文
化琢玉工艺的影响，带有新石器晚期遗风。

◎商武丁时期·玉龙（上）

通高约5.6厘米，通横长约9.2厘米，通宽约2.9厘米。
河南安阳殷墟妇好墓出土。
中国国家博物馆，古代玉器馆展藏。

　　碧绿色玉质，有墨绿色纹理，一面微呈褐色，为立体圆雕。长方形头，微昂首，张口露齿，鼻微突，目字形圆眼，眉细而弯，两钝角后伏。曲弯形中脊雕成扉棱状，身蟠卷右侧，两短足前屈，下有四爪。下颌正中有一个对钻的小孔。身、尾饰菱形纹和三角形纹，均为双线浅雕阴刻。左足外侧琢云纹。身、足着地部分有磨损痕迹。此龙质优形美，凝重端庄，是商代肖生玉雕品中最具代表性作品。

◎商武丁时期·玉虎（下）

通高约3厘米，通横长约13厘米，通宽约1.5厘米。
河南安阳殷墟妇好墓出土。
中国国家博物馆，古代玉器馆展藏。

　　碧绿色玉质，局部有褐斑，带有出土时的包浆痕迹。圆雕形致，较为立体，作行走状。体宽硕，长方形头，张口露锐齿，目字形大眼，双耳竖起，背略凹，臀部隆起，四肢前屈卧式，足上雕出利爪，尾下垂，长尾尖上卷。身双线阴刻饰云纹，背部阴线刻蛇形纹，尾部为节状纹，玉身整体纹饰均为阴线双钩。玉虎形象生动，富有生气，可能是当时的一种摆件。

107

◎商代晚期·高冠鹦鹉形璜佩

通高约5.3厘米，横长约3厘米，厚约0.3厘米。
上海博物馆，古代玉器馆展藏。

　　玉料泛黄色，局部有褐浸点，玉色质纯，局部有杂质。冠部阴刻很多直线，正面和背面都刻了回纹。璜呈扁体弧形，双面对称琢刻鸟纹。鸟呈站立姿，圆眼、勾喙、短尾，冠、翅和羽毛以各种形状的卷云纹表示。

◎商代·玉高冠鸟柄形器

通高约10厘米，通长约2.6厘米，厚约1.5厘米。
北京故宫博物院玉器馆藏。

　　在殷墟妇好墓发掘中，有很多鸟形佩，如鹤、鹰、鸮、鹦鹉、雁、鸽、燕、鸬、鹕、鹅、鸭等，其中鹦鹉造型较多，多站立状，高冠钩缘，或直肢、屈肢，个别的雕成双鹦鹉及后尾相连。

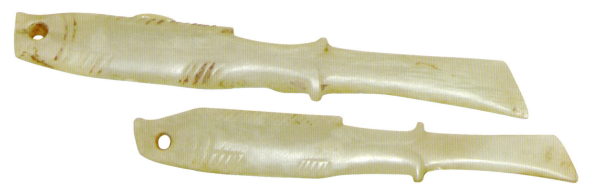

◎ **商武丁时期·鱼形玉刻刀**

通高约 1.4 厘米，通横长约 8.9～8.2 厘米，厚约 0.35 厘米。

河南安阳殷墟妇好墓出土。

中国国家博物馆，古代玉器馆展藏。

◎ **商代晚期·青玉虎**

长约 12 厘米，高约 5.5 厘米，厚约 0.3 厘米。

上海博物馆，古代玉器馆展藏。

　　玉色呈青绿色，为南阳玉质，色泽局部有钙化灰白色，片形浮雕，虎尾卷一孔，虎头较大，张口獠牙，口镂空，圆眼钻有一孔，大耳、足雕四爪，形象凶猛而可爱。身双线琢刻变形云纹。外形呈弧形，此造型在夏代玉璜中有相似造型，正背造型纹饰对称。

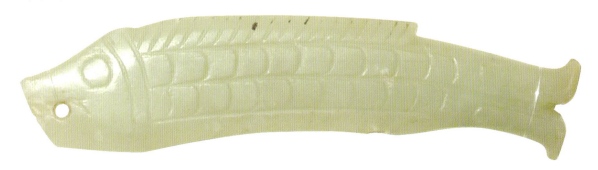

◎ **商王武丁时期·鱼**

通高约 1.6 厘米，通横长约 5.6 厘米，厚约 0.3 厘米。

河南安阳殷墟妇好墓出土。

中国国家博物馆，古代玉器馆展藏。

◎商武丁时期·玉鸮

通高约 11 厘米，通横长约 5.2 厘米，通宽约 5.2 厘米。河南安阳殷墟妇好墓出土。

中国国家博物馆，古代玉器馆展藏。

◎商武丁时期·玉熊

通高约 6 厘米，通横长约 3.4 厘米，通宽约 3 厘米。河南安阳殷墟妇好墓出土。

中国国家博物馆，古代玉器馆展藏。

◎**商代·高冠凤鸟佩**

通高约 6.2 厘米，通横长约 3.2 厘米，厚约 0.3 厘米。

河南安阳殷墟妇好墓出土。

中国国家博物馆，古代玉器馆展藏。

　　墓主人妇好是商代第 23 王武丁的配偶，拥有较高的军权，主持祭祀活动。该墓出土随葬器物近 2000 件，其中玉器达 755 件。这些玉器除祭祀、仪仗使用器外，主要是供玩赏的小型动物玉雕和装饰品，多为和田玉，也有少许岫岩玉和独山玉。玉雕显示了当时对玉料的选择、开料和琢磨技术已具相当水平，是商代玉器的代表。

◎ 商代晚期·白玉兽面纹饰

外径约 7 厘米，内径约 5.3 厘米，厚约 0.6 厘米。
上海博物馆，古代玉器馆展藏。

  白色玉质，玉色润泽，呈扁片方形。玉饰表面浅雕兽面纹，上下两组，图案较为对称，雕琢工艺技巧精美，其特点外形线条清晰，剔地光润，四角条钻一孔，为佩饰所用。

◎ 商代晚期·白玉凤鸟纹饰

外径约 5 厘米，内径约 0.6 厘米，厚约 0.6 厘米。
上海博物馆，古代玉器馆展藏。

  和田白色，玉质润透，玉饰扁圆，正面弧形，玉面抛光润洁，外圆切割碾磨对称，背面底有一金扣。玉面阴线刻一组凤鸟形纹，构图错落有致，雕琢精细。这件玉饰可能是墓主人生前衣服上的一件饰扣。在商代各地出土的玉饰中，很多精品十分典雅，是殷代之前所未见，琢玉水平十分精湛，从中反映出商代中晚期服装及装饰审美的变化与实用。

◎ 商王武丁时期·鹅

通高约 8 厘米，通横长约 4 厘米，厚约 0.3 厘米。
河南安阳殷墟妇好墓出土。
中国国家博物馆，古代玉器馆展藏。

  白色玉质，玉色光透，并有出土时的包浆色，局部有细小杂斑点。玉鹅呈扁片立状，长形头，额顶前圆弯形致，双线圆眼，长扁勾形嘴，颈向后伸弓形，头下弯于胸前，宽翅与身并拢，腿粗短，下有趾，趾上有一长榫。器外形切割线条流畅，玉身表面采用一面坡双勾琢雕方法，颈部饰羽毛纹，翅饰翎纹两面纹饰相同。

◎商代·组玉佩

通高约43厘米，通横长约19.5厘米。

山西运城绛县毕姬古墓出土。

中国国家博物馆，古代玉器馆展藏。

此串组佩由三件玉璜、一件玉饰和串珠组成。上方有一圆角方形玉饰，呈扁形，玉色温润，白中闪浅青黄色，玉面饰阴刻与形纹饰，下面由三件玉璜佩组成，玉璜大中小三块，正背对称，玉面饰阴刻鸟形纹饰，双勾线雕，采用一面坡琢雕工艺方法。三件玉色温润面光透，弧形玉璜左右钻有一系孔。器由绿松石管、枣核形黄玛瑙、红玉髓圆珠、透闪石管、黄玛瑙管串连成为组合玉佩，造型博大，组合优美，为商代组合玉佩华丽之典范。

◎商代·玉弦纹柄形器

通竖长约10.1厘米，横宽约1.5×1.5厘米。
北京博物馆古玉珍品馆藏。

　　白色玉质，局部有赭红色沁斑。通体纹饰分为五节，雕琢对称，造型如同几何形体，体积感极强，这是商代人对造型的解释，也体现了殷商时代较高的美学水平。在商代晚期妇好墓出土的玉器中，有羊脂白玉柄形饰，有造型简练的，也有装饰纹样复杂的，但在整体外形上基本差不多，略有变化，用玉基本以和田白玉为主。

◎商·玉面纹柄形器

横长约17.1厘米，宽约1.8厘米，厚约1.8厘米。
河南偃师二里头文化三期遗址出土。

　　此柄形器为二里头文化玉器典范，玉质呈青白色，白中闪青，为和田青白玉上品，器呈扁长方形，通体分十节，顶端为斜尖形。端饰凸雕弦纹，顶端三面各钻一小孔，三孔相连。器腰间有凹槽，凸槽有两结有凸起弦纹。有两结凸起处双阴线，饰半部面纹。柄端用琢刻线凸起，柄手线条流畅，柄顶边有钻孔。

◎商王武丁时期·凤鸟纹石磬

通高约 28 厘米，通横长约 9 厘米，厚约 1 厘米。

河南安阳殷墟妇好墓出土。

中国家国博物馆，古代玉器馆展藏。

　　黑色玉质，玉色纯正，造型略宽大，呈一鸟形，外形切割对称，线条流畅。其正背两面阴刻鸟形纹饰，臣字圆眼，头顶鸟冠，饰有大翅膀，长尾卷云形，雕工粗阔，为商代乐器石磬。

◎商·白玉柄形器

横长约 13.5 厘米，宽约 2 厘米，厚约 0.8 厘米。

上海博物馆，古代玉器馆展藏。

　　此柄白色玉质，白中闪微黄，为和田玉。整器外边线造型为弧形，器呈短剑形，柄部束腰，末端断面呈长方形，有圆形銎孔，中部饰五道凸起宽带，线刻兽目纹，侧面线刻钺形图案，前部亦略束腰，饰两道凸棱，前端较尖。

　　柄形器考古学家有很多说法，原名已无从考证，多数学考认为是礼器。礼玉是各种礼制活动中的仪仗品、代表图腾的标志物、象征权力和等级的玉器。但也有学考认为只是头冠的装饰发笄，或"琴拔子"，因在出土墓葬中多在墓主腰部或腹部，就是一种佩戴物，带短榫的可能有不知明的使用功能。

周代玉器考证鉴识

周武王灭商，建立西周王朝（公元前1046～前771年）。西周发迹于陕西岐山附近地区，镐京为都城，周平王迁都于洛邑（河南洛阳地区）后，进入东周时代。西周是继商代之后中国青铜时代全盛时期，西周统治阶级建立了一套完整的宗法等级制、工商官制和礼制，西周经济进一步繁荣，因此玉文化更加得到了发展。西周王朝前后三四百年，玉器不仅成了礼器中的贵重物品，而且走向平民阶层。在已发现的西周遗址中，除青铜器陶瓷外，出土了很多玉器，玉质优良，品种齐备。其中陕西省周代遗址墓葬最为繁多，如陕西长安张家坡、扶风、岐山、宝鸡等。其他遗址还有北京琉璃河、山东济阳刘台子、甘肃灵台白草坡、河南三门峡虢国墓、湖北黄陂鲁台山、山西曲沃北赵晋侯墓葬遗址等，也有数量较大的玉器，多为和田玉、南阳玉、密玉、岫玉质的雕工精美的礼器、仪仗器、装饰品、日用器具、殓葬器等。其品种造型纹样取材广泛新颖，造型十分丰富，继承了商代制作传统，在琢刻技术上有了很大进步，以圆雕、透雕为主，浮雕、阴刻、剔地相结合。从中可证明西周后期至东周玉器的演变，制作工艺，造型和纹样的发展，都受当时青铜文化及原始青瓷文化的影响。

西周玉器工艺造型

西周玉器是殷商玉器的延续，西周玉器材质丰富多样，材质有着很明显的特征，玉材多使用透闪石软玉，其中包括新疆的和田玉以及河南的南阳玉和辽宁的岫岩玉等。其中还有少量的玛瑙、绿松石、水晶、滑石等。其色彩有青白色、灰青色、青色、黄青色、青绿色、淡绿色、墨绿色、茶褐色等。

西周早期的玉器纹饰较多地延续了商代玉器的特点，西周中晚期的玉器纹饰从，青铜纹饰图案中吸收了大量鸟纹图案，从而推动鸟形图案化的方向发展，使鸟纹图案成为西周流行题材和风格。

西周时期玉器在工艺上既继承传统又有创新。玉器上还较多地使用了勾连线条进行装饰，线条主要为阴线，有单线、双线及一面坡粗阴线，表现为弧线勾连、环线勾连等，刻画线条刚劲，形象生动。

西周玉器多为扁平状，善于采用细阴线和一面坡粗线双勾法来刻画主题，花纹图案的结构也很严谨。在表现动物纹样时，善于夸大局部特征，具有生动活泼的艺术效果，这体现了西周人对玉料刻画工艺的熟练掌握。此外，他们在复合材料的工艺方法上也有创新，河南三门峡虢国墓出土的青玉管柄铁剑，是在承袭商代玉铜多种工艺基础上的新发展。玉与铜铁的结合，开东周铁器工艺之先河。

西周玉器种类

西周时期的装饰品数量较多，玉串饰在西周普遍流行，其主要部件是各种玉石质的管、珠，间或配置璜、戈、玉人及其他动物形玉雕，多作颈饰用，个别用作腕饰。装饰品品种有玉璧、玉环、玉瑗、玉璇玑、玉玦、玉觽、柄

形器、玉管、玉珠、玉璜、玉牌饰以及大型结构复杂的组佩。动物玉佩玉饰有玉牛、玉鹿、玉虎、玉兔、玉熊、玉马、玉羊、玉鱼、玉鸽、玉鸟、玉鹰、玉蚕、玉龟、玉蝉、玉贝、玉龙、玉凤、龙凤合体、兽面和饕餮等。人物形有玉人、人龙合体等。

西周时期玉器的种类新出现了玉覆面等葬玉；装饰品中，几何形与动物形玉器并重，人物形玉器较少，出现了以玉璧、玉璜、玉珠、玉管等玉件组成的玉组佩；生产出了玉质容器等新器型。这一时期的礼仪器品种有玉璧、玉琮、玉圭、玉戈、玉璋、玉戚、玉覆面、玉握、柄形器等。

西周的日用器具主要有玉匜、玉罍、樽等，这类玉器的器型和纹饰均模仿同时代的青铜器。工具类有玉刀、玉凿、玉铲、玉调色器等。西周社会用玉丰富多彩，周代崇尚礼仪，是一种非常重要的文化表现，周王朝封侯拜爵时，都要给受封贵族一个爵位证明，那时还未发明印玺，所给的便是一件玉制器物，《周礼》中称此器物为"瑞"。六瑞为"璧、琮、圭、璋、琥、璜"六器。每适朝会或祭礼，诸侯们执自己的"瑞"朝见天子，天子也拿出他的"瑞"以示之。至于天子、诸侯百官下达命令，当时主要是以符节器为凭证。符合二而成的征信之物。朝廷派官员驻军外地，就交与符的一半，若有命令，就派人持另一半符作为凭信去传达。周朝具有符信质的玉器主要是环、玦，《周礼》曰："逐臣待命于境，赐环则返，赐玦则绝"，"大臣俟放于郊，三年，得环乃返，得玦乃去"。朝廷派人外出抚恤危难、召回在外供职的官员，或者遣使出访邻国，都是以节为证的，西周以及春秋战国时期，"节"有以玉制成的，主要种类有"珍圭"、"牙璋"、"谷圭"、"琬圭"和"琰圭"，这些玉节形制不同，用途也不一样。

◎西周晚期·绿松石、红玛瑙、玉石串饰

通高约8.5厘米，通横长约11.9厘米。
河南三门峡上村岭虢国墓地出土。
中国国家博物馆，古代玉器馆展藏。

◎西周中期·龙纹管

通高约11厘米，直径约2.3厘米。
上海博物馆，古代玉器馆展藏。

　　玉质微黄，圆柱形，器四周琢阴线龙纹，龙身较短，方折S形，双线勾边，玉身采用浮雕剔地法，并有细线与龙身相连，造型立体纹饰流畅。

◎西周·黄玉柄形器

通高约14.1厘米，宽约3.4厘米，厚约0.4厘米。
北京故宫博物院展藏。

　　青黄玉质，玉料泛黄，局部有钙化浅灰色，器呈扁长条形，下有一小孔系，双面琢阴线，为一面坡琢雕方法，神人和鸟图案抽象。神人似兽似鸟，相互缠绕，风格奇特，线条流畅，为典型西周工艺风格。

◎西周·玉人

通高约7.9厘米，通横长约2.6厘米，厚约0.9厘米。
河南洛阳东郊出土。中国国家博物馆，古代玉器馆展藏。

　　青黄玉质，玉料泛黄，局部有钙化浅灰色。器呈扁柱形，长圆脸，头上两侧有发饰，浓眉大眼，宽鼻嘴，表情庄重，立身站式，手扶胸前，衣饰盔甲，下穿长裙，此玉人具有很高的考古价值，让我们能看见三千多年前人物服装及服饰的造型。

◎西周·鸟纹玉璜

通高约 6.8 厘米，横长约 1.5 厘米，宽约 4 厘米。
美国哈佛大学艺术馆藏。

　　碧色玉质，色彩富于变化、微有局部墨点状，玉色光透温润，玉璜呈弧形，玉璜表面用小砣具雕琢一面坡阴线，雕工娴熟。西周玉器多为双阴线纹，琢成一面坡线。因受这一时期青铜器纹饰的影响，玉器纹饰图案中吸收了大量鸟纹图案，使鸟纹图案成了西周流行的题材。璜是一种弧形片状玉器。《说文解字》中称："半璧为璜。"璜是"六器"之一。《周礼·春官·大宗伯》载："以玄璜礼北方。"但在考古发掘中，璜多发现于人的胸腹部，是挂系的一种佩饰，并往往是组玉佩饰中的佩件。各个时代的玉璜除了具有圆弧形的特征外，其形制的变化非常大，只有少数是规整的半璧形。

◎西周早期·鸟纹玉饰（上）

通高约 7.2 厘米，通横长约 4.3 厘米，
厚约 0.4 厘米。陕西长安张家坡出土。
中国国家博物馆，古代玉器馆展藏。

　　青色玉质，局部有褐墨色沁斑。此玉饰造型简练，呈斧形，上宽下窄，正背图案对称，玉表面饰一组凤鸟图案，凤鸟造型线条流畅，长勾嘴，圆头，圆眼，短凤身，长翅，长尾，上下缠绕。表面采用小砣具雕琢一面坡阴线，双勾线条、一条粗一条细，线条雕琢优美，为西周神鸟典型代表作。

◎西周·青白玉龙纹璜（下）

通高约 4.6 厘米，通横长约 9.6 厘米，厚约 0.35 厘米。
北京故宫博物院玉器馆藏。

　　青白色玉质，玉色润泽，局部有黄色沁斑。器呈片状，弧形，两端出勾形榫，一面榫残破，钻有三孔系，另一面钻有一孔。两面龙纹相同，龙首于两端，臣字形圆眼。璜身表面用小砣具雕琢一面坡阴线，双勾龙形纹饰，两龙身相互缠绕。在山西曲沃西周晋侯墓出土中，有玉璜数十件与其相同。

◎ 西周·青白玉矮方琮

通高约 5.4 厘米，横长宽约 6.8 厘米，内径约 5.8 厘米。
西安长安县新旺村出土。

　　玉身呈青白玉色，质地细腻，微光透，上边有沁色斑呈褐红色。琮体较矮，外方内圆，两端有短射，光素无纹。射孔中部明显内鼓，表明射孔是由两面对钻而成，后对内表进行了研磨，去掉了台痕，最后又做了抛光处理。

◎ 周·青玉琮

通高约 9 厘米，横长宽约 5.4 厘米，孔径约 5.厘米。
北京故宫博物院展藏。

　　青白色玉质，质地细腻，局部有褐色沁斑纹。玉琮略高，四面呈方形，上下凸雕沿边口，中间挖空至底，上下有肩，呈斜三条形。此玉琮光素无纹，内外形切割碾磨光润，造型简洁。商中期玉琮多饰勾云形式神鸟形图案，多为阴线雕琢。此玉琮光素，造型带有商早期特点。

商周琮和瑑琮

　　琮是一种礼器，有的琮外形是八角形，中间孔为圆形。八方象征地，黄色是土地的颜色，所以用黄琮来礼祭地。大琮长约 40 厘米，琮肩宽约 13.3 厘米，厚约 3.3 厘米，称为内镇琮，是帝王宫廷中王后使用的器物，就像君王有镇圭一样。

　　早期玉琮有很规整的造型，有线条很流畅的图案和纹饰，呈对称的形态，在构图笔法上显得很严谨。后期的玉琮形制，在纹饰方面又变得简明，只在每一节的转角处两侧雕刻一两个圆圈而已，但有着很强的象征意义。琮的形体也演变成下细上粗的方长形。总之，玉琮形体从圆柱形转变成外方内圆，其装饰图案也从简单转向繁杂，又回归到简单。

　　商周玉琮上下粗细一样，转角处有弯度，较大的钝角棱变成直角棱，但不是完全方形的切割。玉琮的形体比以前变矮了，中心上下对穿圆柱，与方筒具有更加明显的界线。玉琮发展到西周，常见的是多节玉琮，这种玉琮制作非常规整，由于器身矮短，上下宽度一样，所以看起来很稳定。其中的兽面纹还是沿袭了商代的风格。玉琮发展到春秋时期，以很多的素面纹为标志。在纹饰上，则以云纹、重圈纹以及谷纹为代表。至于汉代的玉琮，是很少见的，大多以素面为主。这个时期，玉琮的使命基本上已经完成，考古专家对汉墓中出土的玉琮进行分析，认为它们都是改造的旧玉琮，因为玉的礼器功能在汉代早已丧失了，玉琮充其量就是摆设品或者装饰品。

◎ 西周·青白玉琮

通高约 8.3 厘米，横长宽约 6 厘米，内径约 4.5 厘米。
中国国家博物馆，古代玉器馆展藏。

　　青玉色，质地光透，有沁色斑呈褐红色。玉器外方内圆，两端有短射，光素无纹。玉琮在西周分为大、中、小三种，形状比较规整，均为内圆外方，有的在外方玉身上琢刻双钩鸟纹，也有的光素无纹，用玉多为和田玉、岫岩玉、南阳玉等。有的造形变化十分精美。

◎**西周中期·龙纹玉璧（上）**

外径约 24.4 厘米，内径约 6 厘米，厚约 3 厘米。
美国哈佛大学艺术馆藏。

　　玉料青绿色，局部有深绿色及褐色沁，并带有出土的包
浆色。圆形体扁，中间琢有一圆孔，玉身表面装饰龙纹，龙
纹用小砣具雕琢由双勾、单勾线条，为一面坡表现手法，琢
刻痕迹微深，并带有商代双勾阴刻线表现手法的遗风，玉璧
正背对称，纹饰相同。

◎**西周早期·玉戚（下）**

竖高约 11.6 厘米，横长约 6.5 厘米，厚约 0.4 厘米。
陕西长安张家坡出土。
中国国家博物馆，古代玉器馆展藏。

　　玉色呈黄青色，表面呈大理石纹理，通体碾磨光润，外
形为扁长方梯形，顶端弧形锋刃较薄，两侧下方琢出齿牙状
扉棱，下边近处钻有一圆孔。

◎西周·龙凤纹青白玉形牙璧

直径约 11.4 厘米，内径约 8.2 厘米，厚约 0.25 厘米。
美国沙可乐美术馆藏。

　　此件玉环为青白玉色，玉身有局部深褐红色变化，色泽
温润，扁状，外形圆边的凹形致，内圆对称。玉身表面龙凤
纹用小砣具雕琢一面坡阴线，阴线有双勾和单勾线条，雕工
痕迹微深。西周时期玉器制作继承了商代的透雕工艺，但是
这种工艺依然停滞不前，西周玉器吸收了殷商玉器的双线勾
勒工艺特征，在一些鸟形玉环、玉刀以及兽面纹玉饰上，已
经充分展示出"一面坡"刻线和镂刻细阴线的精美特征，已
经形成严谨的结构和华丽的风格。

◎西周中期·龙凤纹玉璧（上）

外径约10厘米，内径约4厘米，厚约0.28厘米。

上海博物馆，古代玉器馆展藏。

　　玉料青绿色，圆形体扁，玉璧用小砣具双勾阴线刻纹，阴线风格琢成一面坡线，两面雕，两面纹饰相同，龙在左，凤在右，以西周成熟的琢刻工艺阴雕双勾法将龙凤身躯连为一圆形体。周礼中记载六瑞，其中玉璧排在第一位，做为主要的礼玉，六器有璧、琮、圭、璋、琥、璜，其各自颜色并非一种，就形制而言，它们也还有其他用途，新时器时代玉璧多光素，少数有纹饰，商雕玉璧造型大小变化多样，装饰纹饰有随着时代而演变。

◎西周中期·青白玉龙纹环形戚（下）

直径约10.2厘米，内径约8厘米，厚约0.5厘米。

上海博物馆，古代玉器馆展藏。

　　青白色玉质，玉色温润，微透。器外形切割对称而规整，器表面琢刻娴熟，采用剔地阴线阳纹技法，既有一面坡线雕法，又有剔地琢刻方法。龙口微张，环形戚体部饰卷云纹，线条流畅，将龙身躯连为一形体，左右对称，有扉齿，利用龙首造型进行巧刻，使之更加优美。中部有大孔，两面雕纹饰相同。这是一种龙纹环形走入装饰化、世俗化的写照。

◎ 西周·兽面纹玉瑁

左：通高 5 厘米，横长约 4.5 厘米，厚约 0.5 厘米。

右：通高约 5 厘米，横长约 4.5 厘米，厚约 0.8 厘米。

　　该器有着青白色玉质地，为兽面造型，眼睛是椭圆形的，鼻梁是竹节纹的，鼻头是云纹，有六个龙凤纹雕饰于五官之外，玉身采用剔地阴阳纹拔法，体现出浓郁的西周纹饰风格特征。玉瑁是天子所执的玉器。诸侯执圭朝见天子，天子就用瑁作回复。因瑁在诸侯用圭之上，所以又叫瑁圭。瑁的形状四寸见方，古代天子颁赐玉圭给诸侯，让他们世代保存作为传家宝物。诸侯执圭来朝见天子，天子则执瑁接见。帝王所用的瑁与诸侯的圭必须吻合，可以作为凭证。所以天子的玉瑁要精刻下端，诸侯的瑞圭要精刻上端，上下相合，犹如今日的合符。《书经》记载，天子执瑁上朝，诸侯见了就用瑞圭作回复，取"君恩覆盖，臣乃敢进"的意思，又取"君王之德覆盖天下"的意思。

◎ 商代·青玉三牙璧

通长约 8.5 厘米，直径约 3.8 厘米，厚约 0.35 厘米。

北京故宫博物院玉器馆藏。

◎ 西周中期·青玉云纹玦

外径约 7 厘米，内径约 1.8 厘米，厚约 0.25 厘米。

首都博物馆，古代玉器馆展藏。

　　青绿色透闪石玉，器表用双勾线斜刀琢刻变形连云纹，玦的表面遗有朱砂。玉玦起源于新石器时代，长江流域的为圆形，有一缺口。西周玉玦同红山文化玉玦在形式上有明显的传承关系。商代玉玦的用途尚不十分明了，有学者认为可能是当时最为流行的耳饰，与西周玉玦相比显得形制朴素单一。春秋时的玉玦是一种直径较小的圆形佩饰，一侧有口，是由薄玉片制成的，一面琢纹饰。目前考古发现春秋玉玦纹饰有多种，一种是由简化了的小兽面纹组成的勾连纹，一种是以弧线为主的简化龙形纹。

◎**西周·玉凤纹刀**

竖高约10.2厘米，宽约4.3厘米，厚约0.3厘米。
北京房山琉璃河出土。首都博物馆，古代玉器馆展藏。

　　玉质为岫岩玉，灰绿色中泛墨绿，玉刀两面纹饰都以双勾阴刻线作凤纹，凤昂首直立，高冠，长鹰勾嘴，大圆眼，长尾上卷，短身长腿鹰爪，画面线条富于变化。雕工特点为砣具琢刻刀工较深入，线条犀利，刀工娴熟，为商周玉雕典型工艺特点。

◎**西周中期·青白玉凤鸟纹刀**

竖高约12厘米，横长约2.8厘米，厚约0.3厘米。
首都博物馆，古代玉器馆展藏。

　　玉料青绿色，局部质地有深浅变化，有灰色钙化质地。体扁，长条形，顶和两侧有对称出戟齿牙，下端呈弧形，两面斜磨成刀刃，两面饰纹相同，皆以双勾"一面坡"琢刻方法，玉身上方表面琢刻一只直立鸟纹，高冠，圆目，钩嘴，卷长尾，玉刀饰纹精致清晰。此件玉刀外形切割流畅，造型精巧，在西周出土的玉刀中，如此美的造型没有几件，为无价珍品。

◎商代·青玉四牙璧（上）

直径约 13.5 厘米，内径约 7.2 厘米，厚约 4 厘米。
美国哈佛大学艺术馆藏。

　　青白色玉质，玉色润泽，局部有玉色纹理及色皮深色。牙璧呈扁圆形，外形有四个对称旋转轮形齿，在大齿背上凸起小齿，中间钻有一大圆孔，玉身外形切割规整，表面碾磨光润，此造型多在龙山文化中出现。

◎西周·青白玉人龙纹璧（下）

外径约 9.5 厘米，内径约 4 厘米，厚约 0.3 厘米。
中国国家博物馆，古代玉器馆展藏。

　　青绿色玉质，局部有深褐色沁。扁片圆形，外圆有残破，中间钻有一孔，玉两面对称阴刻变形人龙纹饰，阴刻表现手法为一面坡技巧，有单线勾和双线勾，为西周玉璧雕琢技巧基本表现形式。

◎西周中期·青白玉龙纹璜

通高约 7.5 厘米，横长约 12.6 厘米，厚约 0.35 厘米。

上海博物馆，古代玉器馆展藏。

　　璜呈白色玉质，白中闪青，局部有褐红深色沁色。外形切割对称流畅，呈片状。弧形、用勾云纹刻画龙首，龙首左右各有一孔。线条刻画刚劲有力，疏密有致。商、西周时期，玉璜仍普遍地使用。从现今考古发掘的实际情况看，此时绝大多数的玉璜，仍是作为典型的装饰品使用，关于璜的礼器用途，还有待于今后的研究。

◎西周中期·青白玉蛟龙纹璜

通高约 9 厘米，横长约 14 厘米，厚约 0.3 厘米。

上海博物馆，古代玉器馆展藏。

　　此璜青色，玉质温润。半弦形，玉璜两端各有一龙首，玉身两面采用剔地阳纹技法琢成对称龙首，双阴线琢成一面坡风格，龙口微张，长卷鼻，首有云形双角，凤形眼，体部饰卷云纹，下有云形龙爪，两面纹饰相同，玉璜两端各有一小穿孔，雕琢工艺精细，线条流畅。两面纹饰，以阴雕双勾法，将龙身躯连为整体。

◎西周中期·白玉蛟龙纹璜

通高约8.5厘米，横长约16厘米，厚约0.35厘米。

　　白色玉质，玉色光润，微透，质地纯正。此璜呈半弧形，一端为龙首形，另一端为龙首形尾，正背对称，呈片状，外形切割流畅，两端各钻有斜边圆孔。龙首表情夸张，首顶独角，云形耳，凤形臣字眼，鼓长鼻，口微张，獠牙齿，玉身表面凸雕线饰图案，有鸟纹翅形，凤眼形等变形图案，凸线剔地精美，碾磨光滑，工艺精湛。

◎西周·白玉鸟

通高约7.2厘米，横长约7.3厘米，厚约0.3厘米。

浙江省博物馆展藏。

　　鸟呈白色质地，白中闪微黄，光透，局部有深桔黄褐色沁色。片状，外形切割娴熟，头和下底部各有一小孔和大孔系，体身用半级及双线勾画线形图案，阴刻表现方法，鸟为圆眼，造型活泼。西周早期的玉器纹饰较多地保留了商代玉器的风格，其常见的纹饰有鸟纹、兽纹，主要为阴刻线琢出，或为单阴线纹，或为双阴线纹。

◎西周·人龙纹璜

通高约 2厘米，横长约 10厘米，厚约 0.35厘米。

中国国家博物馆，古代玉器馆展藏。

◎西周·人纹璜

通高约 1.6厘米，横长约 6.3厘米，厚约 0.3厘米。

中国国家博物馆，古代玉器馆展藏。

◎西周·青玉兽面人龙纹牌饰

通高约 6.2厘米，横长约 5.3厘米，厚约 0.5厘米。

中国国家博物馆，古代玉器馆展藏。

商周神人兽面纹

饕餮纹、神人兽面纹最早出现在良渚文化玉器上，一些玉器上存在着"神徽纹"，如戴羽冠人、怀抱兽面，在玉斧和玉琮上体现得多一些。还有一些兽面纹是隐起的、平凸的、阴勾的雕饰形式，有明显的良渚文化特征。这一饰纹在龙山文化玉器以及商周时期玉器中经常见到。有一种兽面纹是饕餮纹。饕餮是传说中的一种贪食的恶兽。《吕氏春秋·先识》云："周鼎著饕餮，有首无身，食人未咽，害其及身。"它是见不到身体的，只有一个大头和一张大嘴，就是吃个不停，只进不出，最后撑破肚子死去，象征着贪欲。

最早的饕餮纹出现在良渚文化玉器上，在二里头夏代文化遗址出土的玉器上也有所发现。它的中线是鼻梁，以此为中心对称分布。除了玉器，在青铜器上也经常用到饕餮纹。在商周时期，饕餮纹有的像龙虎，有的像牛羊，有的像人，因此也称为"神人兽面纹"。在西周时期，饕餮纹也就是变形的兽面纹。

神人兽面纹带着明显的图腾崇拜的痕迹。《山海经》中记载的神基本上都是半人半兽的结合物。神人兽面纹大量地存在于良渚文化玉琮上，有着浮雕的羽冠、四肢俱全的神人形象与兽面，阴线细刻结合非常和谐。神人的眼、鼻、口明显，精心雕制。眼睛是用小圆圈表现，嘴巴和鼻子是用凸起的小横条来表示，显得很简约。龙山文化介于良渚文化与商代文化之间，也有一些神人兽面纹玉器出土。商周时期的神人兽面纹，由片形向立体形发展。这些立雕神人兽面饰，有明显的"臣"字形或橄榄形眼睛，鼻子宽，外露出门齿，獠牙突出，装饰有高冠或者平冠。但是自商周以后，这种纹饰便渐渐没落了。人纹在古代玉器中也是经常用到的，最早出现于新石器时期。除了玉器，也有一些人纹被用到陶器和青铜器上。

◎西周·白玉人头

长 4.3 厘米，宽 3.4 厘米，厚 1 厘米。

青白色玉质，玉色光润，局部有包浆色及沁色。人头为弧形突面，中间钻有一孔，头发后梳，人物形态特征及发式皆以阴线表示。臣字形眼睛、蒜头鼻都是商代晚期动物和人面纹玉器上典型的纹饰，为典型西周工艺风格。

◎西周·人形玉佩

竖长约 7 厘米，横长约 1.8 厘米，厚约 0.4 厘米。

青白玉质，玉料泛黄，有褐色沁白斑。器形呈片状长形，外形切割流畅，内形局部镂空。双面琢变体人物像及鸟兽纹，上部为人头，头发后梳，人物形态特征及发式皆以双勾琢刻，阴线表示。工艺精细，线条流畅，为典型西周工艺风格。

◎**西周·黄玉人像**

通高约 6.3 厘米，横长约 2.5 厘米，厚约 0.6 厘米。英国大英博物馆藏。

　　玉人为黄玉，和田玉上品，色纯微透。人物形象较为写实，看上去是一个文官，头带文官帽，顶边有线刻三角纹饰，浓眉大眼、圆鼻、小嘴。身穿高领长袖衣衫，高履。玉人姿态平静祥和。此玉人像为单面浅浮雕，表面碾磨精美，人物造型多采用精线阴刻一面坡琢刻工艺表现技法，雕工娴熟，线条刚劲而生动。

◎**西周晚期·白玉龙凤饰**

通高约 11.6 厘米，横长约 3.1 厘米，厚约 0.3 厘米。上海博物馆，古代玉器馆展藏。

　　玉色白中闪青黄，色泽温润，局部有褐红色沁色斑点，器成片状。造形由龙凤纹组成，外边形磨切流畅，局部有圆砣旋切镂空形致。龙首活泼，有龙角上钻一孔，整器造型由龙首下行变形人面及鸟兽纹组成，有卷云纹凤尾，双面纹饰对称，用小砣琢单勾阴线，线条琢刻深浅不一，形成斜刀痕迹，为西周晚期流行制作风格，艺术价值极高。

我国古代玉材与和田玉

在中国大地上埋藏着十分丰富的人类化石和旧石器时代遗物，现已查明其遗址遍布我国东北、华北、华中、西南、青藏与台湾。用以制造旧石器的石材是石英、砂岩、安山岩、石英岩、水晶、燧石、玉髓、脉石英、玛瑙、岩浆岩、玄武岩、凝灰岩、流纹岩、闪长岩、蛇纹石、玉石、火山岩、角页岩、石灰岩、硅质岩、硅质灰岩、火成岩、脉岩、细砂岩、片麻岩、花岗岩和透闪石等多种岩石。其中的水晶、玉髓、玛瑙、玉石、透闪石、蛇纹石等美石，今人认为可列为广义的玉器。"因材施艺"，研究古今工艺美术时，首先要了解材料的性能、特征、产量、价格及运输等材料学因素，然后方能研究工具、工艺、技术、艺术以及产销等问题。

我国玉材品种名目繁多，而又各有千秋，唯和田玉最为珍贵，但它并未完全取代其他各种玉石，而是与其他玉石长期共存。玉石来源还不断扩大，经常从国外输入翡翠、青金石等玉材，以碾琢器物。这种情况沿袭至今。我们的原始先民对玉的认识经历了摸索过程，经过对众多玉材的筛选，终于找到了和田角闪石玉。和田玉东移早于距今6000年以前。和田玉在原始社会向东已沿着罗布庄、罗布淖尔和库车等南北两路经河西走廊进入关中地区，此后又向东南推进到殷都，距今3300余年的武丁妇好墓出土了大量的和田玉玉器则是有力的证明。

商殷、西周时期，和田玉本质美已经取代了地方玉的礼制、祭礼、等级、聘礼、会盟、殓尸等社会功能。

——引自中国文博玉器考古名家杨伯达所叙语录

◎西周晚期·蚕形白玉饰佩

通高约2.4厘米，横长约1.6厘米，厚约0.5厘米。
河南三门峡上村岭虢国墓地出土。
中国国家博物馆，古代玉器馆展藏。

◎西周早期·玉兔

通高约2.7厘米，横长约4.2厘米，厚约0.6厘米。
陕西长安张家坡出土。
中国国家博物馆，古代玉器馆展藏。

◎商武丁时期·玉鸽

通高约3.6厘米，横长约3.4厘米，厚约1.5厘米。
河南安阳殷墟妇好墓出土。
中国国家博物馆，古代玉器馆展藏。

◎商武丁时期·玉鹰

通高约3.6厘米，横长约4.6厘米，厚约0.3厘米。
河南安阳殷墟妇好墓出土。
中国国家博物馆，古代玉器馆展藏。

◎西周晚期·幎目缀玉（一组）

通高约60厘米，横长约60厘米，厚约0.7厘米。
上海博物馆，古代玉器馆展藏。

　　青白色玉质，局部有褐沁及出土时的氧化斑和土沁。幎目缀玉是流行于两周的葬玉，将玉缝缀于缁巾幎目之上，再覆于死者脸部，为汉代玉衣的先河。玉质丧葬面具，又叫"玉覆面"、"掩"，有缀玉面罩和整玉面具两种，流行于中国西周至汉代和古代玛雅。

　　据《仪礼·士丧礼》记载，在先秦的丧葬仪式中，要用丝织品制成的"幎目"。缀玉面罩较常见，大都由碎玉或废玉加工制成，中国早在西周时就有缀玉面罩，后来汉代又有玉衣。古人曾认为玉可以防止灵魂出窍，可以保证尸体不腐烂，正是缘于这种说法，西周时期把这作为一种特殊的丧葬用玉。

◎西周晚期·玉石串饰

玉串周长约38厘米。

河南三门峡上村岭虢国墓地出土。

中国国家博物馆，古代玉器馆展藏。

◎西周·夔龙纹璜

通高约1.8厘米，横长约7.5厘米，厚约0.3厘米。

中国国家博物馆，古代玉器馆展藏。

◎西周早期·玉佩饰

玉串周长约68厘米。

山西曲沃县曲镇出土。

　　此玉组佩由多件珠、管、璜、片饰穿成，整件较大，形式复杂，其质地有玛瑙、绿松石等。佩饰用玉石琢成的小鱼首、蚕和璜以及玛瑙、滑石、松石等制成的小管穿缀而成。其中白玉璜两面均刻出鹦鹉纹，构思巧妙，刀法遒劲，风格奇特。玉器上的兽纹也有几种典型样式。玉璜条状玉上的侧面图案为兽头。

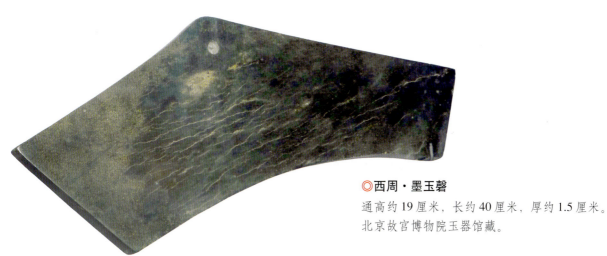

◎ 西周·墨玉磬

通高约 19 厘米，长约 40 厘米，厚约 1.5 厘米。
北京故宫博物院玉器馆藏。

◎ 西周·青白玉鸟纹璜

长 9.1 厘米，宽 3.0 厘米，厚 0.4 厘米。

　　青黄色玉质，局部有褐色沁斑，带有出土时包浆色。璜呈扁体弧形，双面琢刻立姿鸟纹。鸟的头顶和身前出脊，表示喙、冠、羽毛。身上以阴刻细线和单彻刀法琢刻多种形状的云雷纹，表示鸟的垂冠、翅膀、尾和爪。鸟身前后经斜磨去掉了边棱，冠的边沿则棱角分明，近冠顶山上部和勾喙处钻有系孔。

◎ 商中期·青玉凤形佩

高约 13 厘米，宽约 8.6 厘米，厚约 0.4 厘米。
首都博物馆，古代玉器馆展藏。

　　青色岫岩玉料制成，玉料呈青白色，玉佩经侵蚀局部泛黄褐色晕斑，细阴线刻纹，两面纹饰相同，佩面钻有两个小系孔，其中有三个比小孔大的圆孔。整器采用镂空琢刻表现方法，造型边沿切割精细。

135

◎战国·青玉谷纹璧

直径约12厘米，内径5.2厘米，厚约0.4厘米。

中国国家博物馆，古代玉器馆展藏。

　　玉料呈青灰色，玉质较为粗略，局部有深青色斑。外壁切割规整，内有一较大圆孔。壁面扁薄，饰纹两面对称，壁面凸雕谷纹，运用砣具碾琢痕迹非常明显，雕工较为粗犷，刀法劲健有力，有一气呵成的锐利之感。

4

公元前770年，周平王迁都洛邑（今河南洛阳），至此西周结束，进入东周时代。周东迁后，周天子的号召力大为削弱，全国日益处于各诸侯国分裂割据的状态。各国间为了争夺霸主地位，争战不断，因此这段时期也被称为"春秋战国"。直到公元前221年秦统一六国，才结束了这种诸侯争霸的混战状态。在这种背景下，社会生产力仍然取得了很大发展，手工业中的青铜器、陶器、青铜、金属货币、铁器、纺织、漆器等，都取得了极大进步。因周礼仪制度已成为各诸侯国完善的制度，统治阶级对于审美也开始发生了变化，也就是精神和物质审美性，礼仪玉器、装饰玉器、实用玉器成为贵族和平民所需求的时代流行物品。春秋时代"玉"已成为君子身份的代表。

春秋战国是中国奴隶社会逐渐转向封建社会的时期，各国纷纷进行政治改革，社会生产力大幅度提高，财富极大丰富。在这种经济情况下，战国文化出现了百花齐放、百家争鸣的新格局。由于工艺美术、技术和经济的繁荣，人们的生活习惯和审美态度发生了改变，铸铜、漆木、建筑都出现了前所未有的创新，玉器工艺技术也得到创新发展。春秋玉器的总体装饰风格精美细腻，由于周礼仪制度的完备，战国时期玉雕之精致、考究，不亚于春秋，尤其在琢工雕制方面，各诸侯国相互辉映，各放异彩。玉料的选择、纹饰的精雕、线条的圆融和谐，以至动物造型的栩栩如生，都形成了典型的战国时代风格。春秋时期以人为中心的诸子学说对玉器文化的深刻影响，更值得重视。这不光表现在当时的玉佩饰造型丰富，开始为婀娜流畅的曲线和繁丽的镂雕花纹所替代，更重要的是人物造型形式进入了玉器领域。从某种意义上说，这个时期的人形玉饰恰恰成为从奴隶社会向封建社会急速转变过程中人文意识崛起的重要物证，具有相当高的艺术价值和人文历史价值。

春秋战国玉器

春秋玉器考证鉴识

　　春秋时期指公元前770年至前476年这段时期。公元前770年，周平王即位，并把都城从镐京迁至洛邑，东周建立。这一时期的年代因与孔子所著编年史《春秋》所记载的年代一致而得名。西周末年，社会动荡，王朝分裂成诸侯小国，而为争夺土地，开始出现兼并战争，小国被吞并。春秋时期先后称霸出现五个诸侯，其中有齐桓公、宋襄公、晋文公、秦穆公、楚庄王（另一说是指齐桓公、晋文公、楚庄王，吴王阖闾、越王勾践）。在春秋中期，各诸侯国大兴筑城，在城邑中开设官府手工业作坊，集中生产兵器、青铜器、丝绸、陶器等生活用品。其中玉器制作，继西周之后又出现了一个新高峰时期。当时的社会生产力得到了革新，百姓生活得到改善，私塾学堂兴起，百家讲学之风日益旺盛，在文化艺术上出现了繁荣局面，涌现出很多文化艺术巨匠。此时，各种玉器和玉佩也成为达官贵族、文人雅士、王室成员身份的象征。在出土的春秋墓葬玉器品中来看，当时春秋五霸各诸侯国的玉器十分丰富，琢玉手工业继周代之后有了强劲的发展，多种玉料被使用。近代我国考古学家，在春秋古城故地发现了许多春秋文化遗址，主要有在洛阳西关春秋墓几十座，分早期、中期、晚期，这些玉器的材料有各种玉质，使用最多的为和田白玉、玉髓、玛瑙、绿松石等。在三门峡上村岭虢国墓中，发掘了几十座古墓，其中有玉璧、玉玦、玉璜、龙形饰、蚕形饰、兽形饰、玉琀等。另在河南新郑县、新郑、郑韩故城的遗址和在新郑附近发现了三百余座春秋墓，都出土了玉璧、玉璜、玉珠等。在山西太原金胜村西地古墓群里、以及赵氏都晋阳故城，有多座大墓出土，其中出土的有青铜器、金器、陶器、玉器等，最具有代表性的玉器造型有圭、璧、璜、璋、瑷、环、珠、玉尺、玦、玉刀、玉片、玛瑙环、水晶环等。这些春秋墓葬出土的玉器，它可以证实春秋玉器文化的辉煌成就。

◎ **春秋晚期·龙凤饰**

通高约7.6厘米，横长约11.3厘米，厚约0.35厘米。
上海博物馆，古代玉器馆展藏。

　　青白色玉质，局部有褐色沁斑，并有氧化的灰色。玉饰呈扁片状，造型为装饰龙凤形致，玉表面砣雕阴线，有云雷纹和绳纹，内外形为镂雕。饰表面碾磨光润，并有对称6个系孔，为战国玉饰风格造型之一。

春秋玉器工艺造型

春秋战国时代"君子无故，玉不去身"已成为上层社会和知识阶层崇尚的一种风气，连平民阶层也普遍佩挂玉饰，甚至兵器上也镶嵌了玉饰。春秋战国时期的玉器，所用玉石基本上也是角闪石软玉，玉石的硬度6～6.5度。春秋时期所使用的和田玉主要有白玉、青玉、黄玉、墨玉、碧玉等，还使用了陕西蓝田玉、河南南阳玉与密玉、甘肃酒泉玉，还有一些是岫岩玉等。另外，还有一些用绿松石、玛瑙等制作，有着丰富的颜色，从白到乳白、青白、灰白，从绿到墨绿、黄绿、碧绿，从牙黄到黄灰、黑，这些颜色无不体现出当时玉器的品质特征。另外，还选用了其他的材质，如玉髓、玛瑙、水晶、绿松石、孔雀石、珍珠、鸡血石等。其中较硬的材质有大理石、滑石、透闪石类等。这些说明当时玉料采选地域较广。

春秋玉器造型分人物形、动物形和几何形。纹饰以阴线龙首纹最为多见，龙纹、凤纹、谷纹、勾云纹、蟠螭纹、龙鳞纹、蟠虺纹等也间或出现。春秋初期玉器的纹饰造型密集规整，精雕细刻，线条圆融和谐，动物造型栩栩如生，造型对称形式优美。

春秋时期的玉器造型是在继承西周玉器发展的基础上，又有了一些创新，其表现在装饰品玉器的切割开料、纹饰的雕刻，技法所用工具均为直径很小而且很薄的金属圆砣。纹饰的刻法以单阴线和双阴线一面坡，凸雕、凹雕等，工艺技巧娴熟。此时因铜、铁冶金技术的发展，创造性地使用极硬的金刚石钻，雕刻精细，巧用新的工艺方法，如割切、平雕、阴刻、剔地、透雕、透镂、碾磨、钻孔等多种工艺为一体，创造了许多绝世精品。

春秋玉器种类

春秋时期的玉器，从中国玉文化发展史的角度去看，玉礼器相对减少，而玉佩饰大量增加，并且出现了成套的剑饰、带钩以及人身佩玉，玉器的制作进入了实用领域。春秋时期的玉器可分为礼仪器、装饰品和日用器具等类。

春秋玉器从出土的墓葬来看，多数为装饰玉，少数是仪仗玉、礼器玉、葬玉这几种表现形式。装饰玉有玉璧、玉环、玉璜、玉玦、玉瑞、玉觿、玉簪、玉带钩、玉斧形饰、玉贝形饰、玉璇玑、竹节形饰、玉梳、玉襟钩、玉串饰、玉笄、玉管、玉珠、玉剑首、多种组形佩等；礼器玉品种有玉璧、玉琮、玉圭、玉戈、玉璋等；葬玉有玉瞑目、琀、塞、踏等。其他还有动物形玉佩，有玉龙、玉虎、玉鸭首、玉鱼、玉蚕、玉蝉、玉兽形佩、玉兽面形饰、玉龙鳞形饰和玉龙虎合体佩，以及人首形佩等。

◎春秋晚期·白玉象首纹剑珌

通高约5厘米，横长约4.6厘米，厚约3.8厘米。
上海博物馆，古代玉器馆展藏。

◎春秋·碧玉梯形云纹剑珌

通高约5厘米，横长约3.8厘米，厚约3.8厘米。
上海博物馆，古代玉器馆展藏。

玉质呈青色，质地温润，有光泽，为立体长方宽扁形较厚，一端宽，一端窄。两侧各有三道凹槽，凹槽所夹的凸面皆雕琢蟠虺纹，上下两端呈梯形，其装置剑柄的一端表面中部凿有鋬眼，用于纳入剑柄，另一端的表面凿有三道凹槽，形成四个凸面，器身雕琢有卷云纹，为阴刻表现手法，可见琢刻痕迹，此玉器为春秋战国玉剑上用的装饰之一。

◎春秋晚期·龙首纹饰

竖高约 13 厘米，横长约 4.9 厘米，厚约 0.35 厘米。
上海博物馆，古代玉器馆展藏。

◎春秋晚期·白玉龙饰

竖高约 11.7 厘米，横宽约 2.7 厘米，厚约 0.5 厘米。
美国哈佛大学艺术馆藏。

　　玉质为上品和田象牙白玉色，器呈长扁体，上宽下窄，器
表面由多组龙形图案勾连成续造型。玉面图案采用阴刻粗线
砣刻而成，砣具碾琢入刀深，中间粗直，刀法转折而劲健，龙
身局部用细线阴刻而成，因剔地较深，粗线与细线结合，造
型较为立体，器外形脊牙对称，线条切割流畅。碾磨光度好，
玉石表面刻画自然，琢刻线条线条流畅。整器造型富于变化，
局部有出土时带有的朱砂红色。

古代玉器的制作过程

做工辨伪就是鉴别玉器是否合乎尺度，先从玉器的制作过程说起。

中国传统玉器的制作过程，主要分四道工序，即："议"、"绘"、"琢"、"光"。简而言之，第一步是议料，主要针对玉石原料进行分析，决定制作成合适的玉器。观皮看色是议料的第一环节，玉料外皮厚薄如何，是否有利用价值。仔细地观察玉料外皮的颜色，其丰富与否，这种颜色是不是渗透到玉质里去，这些颜色的位置和色泽是否可以在玉器的成品中体现其艺术美，这些都值得考虑。依此进行设计和构思，让这些"俏色"恰如其分地融合到玉器的成品当中。议料的第二环节就是看性，分析玉料的性质是硬性还是软性，是冻性还是干性。在构思设计上就要考虑到顺性制作，这样才能避免在制作时损毁玉料的现象发生。第三个环节要看出玉料中的杂质，其行话就是"看脏"，也要分辨出"绺"。所谓的"绺"就是玉料中深浅不同、长短不一的断裂纹路。在制作玉器的时候，必须想方设法将"脏"和"绺"剔除掉。即使无法剔除，也要尽量把它掩盖住。然后依材制作，这块玉料适合做什么式样的玉器，在设色和雕镂方面，怎样将玉料的本质和本色与技艺的精巧结合起来，达到最好的境界，这就需要玉工的匠心独运。

经过议料，对玉器的构思也完成了，然后就是绘画。将设计好的图样画在玉料上，先完成大的轮廓和造型，再完成细节上的描绘。一件好的玉器，比较突出的就是线条，必须雕琢得流畅自然，在转笔处要圆润，不能有生硬、断续的地方，笔法要一气呵成，干脆利落。另外，要注意玉器的形体比例适当。在雕琢的时候，技艺必须娴熟，自然顺畅。一些玉器，特别是素活、平面、兽头、环子、链子，对其做工的要求更为严格，需要更加精细的制作。

琢玉是玉器制作中最重要的步骤。同石料相比，玉料更加坚硬，再加上玉性因玉石的品种不同而各有差异，因此，在琢玉的时候应当采用比玉料更坚硬的磨料。用天然的石榴石也可，金刚砂也可，对玉料进行研磨或者切割。不能用凿子敲打，否则容易造成玉料的崩裂。琢玉是很花心思的活儿，《三字经》中说"玉不琢，不成器"，指的就是琢玉的重要性。琢玉的时候，可以先将璞玉的外皮切削掉，行话就叫做"去皮"。在去皮的时候，如果发觉一些玉皮的颜色对所制成的玉器有画龙点睛的作用，就应当保留。有些玉料，皮很薄，颜色与玉质无差别，在制作白玉玉器的时候，就可以省略这个环节。然后开料，就是将玉料断开。有些玉器带有链子，就采用"活链"这种方法。在开始大件轮廓琢磨前，可以根据设计图样，先将链子取出来另行制作。在琢玉时也使用"鹘外壳"的方式，就是将大件轮廓之外的玉料先剔除出去，将玉器的大致造型琢出来。接下来就是"冲"，有专门的"冲砣"和"磨砣"工具，冲磨掉大件轮廓中坑坑洼洼的地方，力求平整，再进行局部的绘制和琢制。

由于中国古代玉器的制作，基本采用锎砣、轧砣、勾砣以及弯子、管子、丝子、铤子等工具，不像使用平直的刀、铲那样方便而有效。在雕琢玉器的时候，做工的好坏能决定玉器的品质高下。所以说玉器不是用刀刻的，也不是用凿子錾成的。因为玉器制作是用砣机碾磨完成的，我们不能用刀凿雕刻的要求来对玉器加以评价。至于"轧"，则是完成"錾"后，将那些麻岔轧平整。紧接着就是打钻，通过这道工序，将玉器轮廓内多余的玉肉除去。还有一道串膛工序，将钻芯取出，研磨出符合要求的膛体。琢制玉环这道工序就是活环。母子口也就是在器盖或器身上面琢下盖子的子口和母口。完成了以上各项工序和步骤，琢的过程也就基本上结束了。如果要琢制玉器上的花纹和图饰，那就需要再进行上花、琢制圆雕、浮雕、阴刻或镂空雕的花纹等，这些工序完成后，就轮到"光"了。其目的就是将琢好的玉器进行抛光，使之显得更加艳丽精美，具有玉料特有的光泽。以上各道工序，要用心细致、专一，精益求精，一件玉器才能真正诞生。

◎春秋晚期·白玉云纹韘

通高约3.7厘米，横长约2.8厘米，厚约0.6厘米，中国国家博物馆，古代玉器馆展藏。

韘本为戴在拇指上扣弦射箭保护手指不被擦伤的工具，后渐成男子佩饰。

◎春秋晚期·白玉云纹韘

通高约5厘米，横长约3.3厘米，厚约0.6厘米，中国国家博物馆，古代玉器馆展藏。

◎春秋·白玉龙

通高约7厘米，横长约8厘米，厚约4厘米。

上海博物馆，古代玉器馆展藏。

　　和田籽玉，玉色纯正而温润，玉质光透，局部有深褐色沁，并带有色皮桔黄色纹理。玉龙呈扁弯形致，造型优美，光透感极强。玉龙外形砣具磨切线条流畅，两面造型对称，饰纹雕琢相同。玉龙长鼻上弯，额头突起，圆眼，张嘴露牙，头顶龙角，宽身弯形，尾尖下弯。玉身表面凸起宽条，龙身用小砣具阴刻三角形龙鳞纹线，线条精细，与龙身剔地相对比更显装饰之美。

◎春秋·白玉三角形饰件

通高约4.6厘米，通横长约3.5厘米，厚约0.4厘米。中国国家博物馆，古代玉器馆展藏。

◎春秋早期·白玉勾云纹饰件

通高约3.2厘米，通横长约2.6厘米，厚约0.4厘米。中国国家博物馆，古代玉器馆展藏。

◎春秋·青白玉龙首纹牌饰

通高约3.3厘米，横长约2.9厘米，厚约0.3厘米。中国国家博物馆，古代玉器馆展藏。

◎ 春秋·白玉龙首钩

通高约3厘米，横长约1.6厘米，厚约0.4厘米。中国国家博物馆，古代玉器馆展藏。

◎春秋·白玉兽面纹饰件

通高约3.7厘米，通横长约5.2厘米，厚约0.5厘米。中国国家博物馆，古代玉器馆展藏。

◎春秋晚期·和田白玉蛙纹饰

周长约4.5厘米，横宽约4.5厘米，厚0.5厘米。

上海博物馆，古代玉器馆展藏。

　　白色玉质，白中闪微青，玉色温润，局部有深褐色沁斑。玉身呈长圆片龟背形两端突起一凸扣，造型独特，具有实用佩带功能。背面琢刻蛙形浅地浮雕，纹饰凸起并剔地，蛙形图案张条优美清晰，玉面碾磨光润，外边砣割切对称，制作精美，为战国玉器饰精品。

◎春秋晚期·白玉勾连云纹韘

通高约5.3厘米，横长约4.2厘米，厚约0.9厘米。

上海博物馆，古代玉器馆展藏。

　　白色玉质，玉色润泽，白中闪浅青色，微光透，局部有深褐色沁斑，并带有土色包浆。器呈长圆形，略厚，中间上部挖空圆形，下方呈心形，璧表面浅雕勾连云纹，连云由阴线勾连，特点明显。上方饰有一支可爱生动的小羊，扁圆形头、圆眼、头顶羊角，长身有尾。左侧镂雕一变形鸟云纹，右侧出一卷纹，中间钻有一孔。整器采用大小砣并用工艺，外形镂切线条精湛，玉面砣雕刀法深入而劲健，为战国玉雕精品。

◎ **春秋晚期·云雷纹白玉龙形饰**

通高约 4.9 厘米，横宽约 10 厘米，厚约 0.3 厘米。
上海博物馆，古代玉器馆展藏。

　　白色玉质，玉色纯正而光透，局部有沁色，扁体长条弧形，双面外形纹饰对称，有西周玉璜遗风。玉饰前端有一变形龙首，圆眼短鼻，口嘴微张，下有长须，弧形背上饰有一小回头凤鸟，鹰勾嘴，头飘凤冠，勾嘴下巧雕一圆系孔。弧背中间上部钻有三系孔，长尾上卷，下有卷云纹形龙爪，玉身表面浅刻、凸雕云雷纹，纹饰突起，纹饰表面转弯外用极细阴刻线雕，小回头凤鸟、眼、嘴、凤、冠都为阴线刻。整器外形切割精细，线条优美流畅。

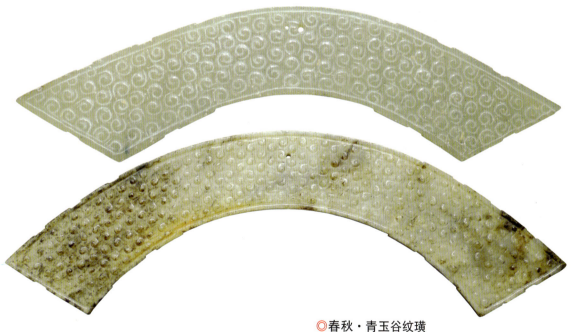

◎ **春秋·青玉谷纹璜**

通高约 3.8 厘米，横长约 12 厘米，厚约 0.35 厘米。
上海博物馆，古代玉器馆展藏。

　　上块璜为青白色玉质，玉色润泽，外形呈弧形，两侧外边出凸脊，两面对称，是间上方钻有一孔。玉身表面砣琢略大的谷纹，刀法强劲，线条粗犷，剔地碾磨精阔。而下一块玉身表面砣琢十分精美，为小谷纹饰，突雕造型立体，剔地光润，璜外边沿线凸起较为明显。两璜对比，做工和构图及表现手法各具风格特点。

◎春秋·青白玉人像（上）

竖高约5.7厘米，横长约3.5厘米，
纵宽约3厘米。

美国哈佛大学艺术馆藏。

　　青白玉质，玉色闪浅青色，光透润泽，局部有褐色土沁。玉人呈站立状，大圆脸、头顶发冠、大耳、圆眼、宽鼻。身首长袖挂，下穿方履。首衣饰有云雷纹样，玉人表情自然，带自信满足的笑容。整器采用圆雕、浅雕、剔地、阴刻等雕刻工艺技法，造型立体，从这战国玉人生动的表情上，反映出了那个时代君子的精神面貌，是一件很有艺术价值的玉雕精品。

◎春秋·黄玉琮（下）

通高约4.2厘米，横长约7.2厘米，内径约5.8厘米。
美国沙可乐陈列馆藏。

　　黄色玉质，玉色纯正，局部有皮色及褐色沁，并带有出土时珠红包浆色。玉琮略高，呈方柱形，中间挖空圆形，方形上下砣具琢形凸起，圆形边口，上下对称，圆边口缘外阴线砣刻绳纹。方柱形四角呈三角形，上面浅雕云雷纹及绳纹并组成兽面抽象图案。四角中间壁面浅雕云雷纹图案，四面图案略为对称。图案砣刻入刀较深，线条清晰而立体，带有云雷纹的玉琮是战国礼品的基本特点，此商周时期玉琮的制作工艺更为精美，但在出土的战国玉琮中，此种装饰造型较为罕见。

◎**春秋·齿边形龙纹玉刀**

竖高约 19 厘米，横长约 8 厘米，厚约 0.4 厘米。

美国佛利尔艺术陈列馆藏。

　　玉色为桔黄色，局部有深色纹理变化，似同大理石的一种，局部也有深褐色沁。此玉刀造型很有特点，下宽下窄，竖顶端有一斜刃面，一侧刃面为下方，一侧为刀背面。整器外形受玉表面装饰图案影响，形成齿边形致。玉刀表面前端和下端边口处凸雕多组变形龙纹连续图案，造型独特，刀背中间处阴线刻二条栏线。器表面并有多处钻孔，大孔在执炳后部。此玉刀造型宽大，构图抽象，多为凸雕和凹雕，刀法平直，剔地光润，为战国玉刀精品之作。

◎春秋晚期·青白玉龙形饰

通高约3.3厘米，横长约6.3厘米，厚约0.4厘米。

河南三门峡上村岭虢国墓地出土。

中国国家博物馆，古代玉器馆藏。

　　白色玉质，玉色局部有糖色，微光透。镂雕弓形连体形虹龙。龙首有长角，张口，鼻唇上卷，弓形身龙爪呈卧形，长尾下弯，玉身表面阴刻流形线条来装饰，内外形为镂雕砣切割而成，造型对称而流畅。

◎春秋早期·青白玉龙形饰

通高约3厘米，通横长约3厘米，厚约0.3厘米。

河南三门峡上村岭虢国墓地出土。

中国国家博物馆，古代玉器馆展藏。

◎春秋晚期·青白玉双龙首玉瑗

通高约7.8厘米，横长约9.6厘米，厚约0.4厘米。

上海博物馆，古代玉器馆展藏。

　　玉料呈青白色，微闪黄、半透明、光润。玉瑗呈圆形，微扁，玉身微半圆鼓起，上左右饰有双龙首，下有龙尾。瑗表面阴刻勾云纹，纹饰用剔地方法凸起纹饰更为立体，外形切割精致，造型独特。在春秋时期，瑗主要用于请召，是作为信物使用的。在古代，帝王想请别人来，就派人拿着这种"瑗"去。还有一个作用，就是帝王上朝的时候，一只手拿在瑗的一边，其另一边则由导引者牵，以防跌倒。所以，这时的瑗也就成了引导之物，但根据后来对发掘出土的瑗进行分析，发现瑗也大多用于系绳带的枢纽，或者发挥佩饰的主要功能。瑗的形状类似璧，只是孔特别大。

古玉收藏图鉴

◎春秋·白玉齿边形龙纹饰

通高约 2.2厘米，通横长约 8.3 厘米，厚约 0.4 厘米。
河南三门峡上村岭虢国墓出土
中国国家博物馆，古代玉器馆展藏。

　　白色玉质，玉色白中闪微黄色，带有土色包浆。玉饰呈带齿边刀形状。其特点是由玉表面图案形成外边齿形状。玉表面图案是由多条变形云雷纹、蟠虺纹组成装饰画面纹饰，采用阴线深雕方法，图案较为清晰。

◎春秋·白玉夔纹角佩

通高约8.8厘米，通横长约2.3～0.5厘米，厚约0.4厘米。
北京故宫博物院玉器馆藏。

　　白色玉质，玉色润泽，并带有出土的包浆珠红色，局部有沁色。呈牛角形致，外形砣切线条流畅，玉表面阴线雕夔纹及变形回云纹，纹饰精细，双面相同。

◎春秋·青玉龙纹玦

直径约 3.3 厘米，内径约 1.3 厘米，厚约 0.4 厘米。
河南三门峡上村岭虢国墓出土。
中国国家博物馆，古代玉器馆展藏。

◎春秋·青白玉龙纹玦

直径约3.3厘米，内径约1.5厘米，纵宽约1.2厘米。
河南三门峡上村岭虢国墓出土。
中国国家博物馆，古代玉器馆展藏。

　　玉色为浅黄色，微闪浅青，光透润泽。高扁体圆形，一侧有一缺口，表面光滑，玉身正背和立面饰有钩云纹，装饰纹采用阴刻一面坡琢刻方法，线条粗阔，纹饰清晰。玉玦外形切割立体而对称，碾磨润洁，为春秋玉玦中，造型典雅而又华贵的精品之作。

战国玉器考证鉴识

　　战国时期指公元前475年至前221年这一时期。经春秋长期争霸战争，形成了战国七雄的局面。这七个诸侯国是：齐国（今山东齐鲁地区）、楚国（今江淮地区）、燕国（今河北燕山及北京地区）、韩国（今山西长治、河南新郑地区）、赵国（今河北邯郸地区）、魏国（今河南和山西周边地区）、秦国（今陕西地区）。最终战国六大强国先后被秦国所灭，秦实现了对全国的大一统。

　　在战国时代，玉被认为能赋予人以美德，西周的"礼制玉"制度是战国王室和贵族社会生活中不可缺少的东西。王室有管理制作玉器的"玉官"，制作玉器的为"玉人"。儒家把玉的美德与君子的美德相提并论，"玉"被人格化为"德"，渲染玉有七德，《荀子·法行》中记载："孔子曰：夫玉者，君子比德焉。温润而泽，仁也。栗而理，知也。坚刚而不屈，义也。廉而不刿，行也。折而不挠，勇也。瑕适并见，情也。扣之，其声清扬而远闻，其止辍然，辞也。故虽有珉之雕雕，不若玉之章章。"这其中体现了儒家礼、义、忠、信的思想哲理。玉也成了代表贵族威严和君子风貌的象征物。

　　战国时代因文化思想得到繁荣和发展，新兴的地主阶级和商人也在这条件下推动了玉器文化的发展。此时许多绝世之作纷纷出现，在战国墓考古中，具有代表性的是河南辉县固围村一号墓出土的"云兽双龙双虎蚕纹玉璜"，造型设计独具匠心，三片玉璜，由铜饰鎏金扣连接，玉璜雕琢工艺精美绝伦，从中可看到战国工匠的高超技术。该玉璜把玉材和鎏金镶嵌工艺结合完美，堪称战国玉器佳作。在战国出土的墓葬中，其他大墓考古遗址有：洛阳小屯东北古墓群，山西长治分水岭战国时代韩国古墓群，河南郑州的岗杜、二里岗，陕县后川李家窑、辉县琉璃阁、褚邱等区域。河北邯郸赵王城大城南、永年县等，发掘了战国赵国的古墓群。另有河北平山灵寿故城遗址发掘出土了战国早期古墓。最为有名的是湖北随县擂鼓墩一号曾侯乙墓，出土的玉石器有500余件。上述各地战国墓出土的玉器最多的为装饰玉器，其他还有礼器玉器，仪仗用玉器、生活用器、葬玉器等。这些出土的丰富玉器，充分反映了战国手工制玉技术工艺的精雕细琢及审美水平，在玉料品质上，大部分用新疆羊脂玉、和田籽玉及青白玉等。在运用工艺方面把美玉与金、银、铜、铁、金镶玉、玉嵌金、金玉嵌宝石等材料和工艺方法有机结合，把一块块美玉，雕琢成了高雅而华丽的艺术品，为中华玉器文化的发展开创了美好未来。

◎ 战国中期·白玉双龙形佩

通高约5.6厘米，横长约14.2厘米，厚约0.35厘米。
河南信阳长台关一号墓出土。
中国国家博物馆，古代玉器馆展藏。

　　玉色玉质，玉色带有出土的包浆，玉色泛浅青黄色，玉色温润。玉佩呈长扁片形。造型为一对称的双龙，内外形均有镂空雕琢，内外形砣具切割规整，两面纹饰基本相同。龙首顶云形独角，长鼻嘴上卷，下颌有长须、圆眼、扁耳，云形长尾，身下有双爪。龙身表面内形沿边采用一面坡砣雕方法，较为立体，中间的结构均为阴刻细线，用云纹和绳纹来表现。整器内外形较为复杂，构图严谨，为战国玉佩上品。

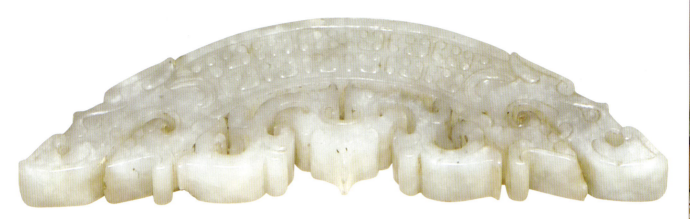

◎战国·白玉双龙首珩

通高约3.4厘米，横长约11.6厘米，厚约0.45厘米。
中国国家博物馆，古代玉器馆展藏。

白色玉质，玉色中有浅青色纹理变化，局部有深青色斑。半圆弧形，两侧饰有兽形首，形似犀牛，张口、突眼、有独角和耳部，形象生动而威猛，珩身浅雕蚕纹，蚕纹下用小砣具阴线细雕勾连形连续图案。珩身下镂雕卷云纹并形成抽象图案。珩为相同两件，是用一块玉雕制而成，这是战国玉珩特点。一般在出土的玉璜中，多为两件，玉璜在战国也称珩。其特点图案较为复杂，玉璧较厚，用玉和雕工都十分讲究，与玉璜有明显区别。

战国玉器工艺造型

战国时代玉器所用玉料，从所出土的多种玉器看，很多使用来自新疆的和田籽玉和羊脂玉等，玉色有光透、细致润泽，如白玉、青玉、墨玉、碧玉、黄玉等。也有南阳玉、岫岩玉、酒泉玉等。南阳玉及岫岩玉玉色主要有青绿、黄绿、黄、白、青白、青灰白、褐红色等。其他玉石类材质有绿松石、玛瑙、鸡血石、石髓、水晶、紫晶、滑石等。

战国玉器装饰品多以扁片形为主，其他也有圆柱形、长方形等，厚度均匀，边缘光润。礼仪器玉璧、玉圭造型较大。日用装饰器具常见造型有龙首带钩、耳杯、玉灯、镜架、玉剑饰、大型组玉佩等。

战国时期的玉料多数是自殷商开始出现的昆仑山系玉料，其质地较硬，因以铁为钻琢工具，所以钻孔时有的地方会被解玉砂磨损一点，但并不太明显。许多学者称自战国初期，玉器上的钻穿孔再不是此前所见到的喇叭形孔，而是上下直径相近的形状。而春秋及以前的玉器均是青铜钻具带动解玉砂去穿孔，所以战国镂空雕磨玉器的活环套链玉制作技术有了空前提高。从战国时期的玉器雕刻艺术看，春秋时期以人为中心的诸子学说对玉器文化有深刻影响，这一点值得重视，意义深远。

战国玉器的最突出变化，莫过于玉器上的纹饰。以往常出现的动物器官的纹饰，转变为单独出现的几何式饰纹。如形式为目、眉、口、耳等器官的纹饰，则成了排列连续和极富装饰美的图形，如谷纹(又名乳丁纹)、卧蚕纹(又名涡纹)、蒲纹、云纹、勾连云纹、竹节式纹、网状纹、绳索纹(又名扭丝纹)等。战国玉器纹样的特点是满而密，器物表面雕满纹饰，除少数兽鸟纹饰外，造型用纹饰布满器身，光素的不常见。

战国时期制玉工艺在琢玉工具上有较大的发展，穿孔和利用金属薄壁管钻刻精细，在镶嵌、镂雕等技艺上大为提高，抛光技术精湛，镂雕处布局繁密，图形多样，装饰线条琢刻犀利，富于变化，凸雕、凹雕世艺精湛，边缘切割碾磨规整，是战国玉器工艺的一大特色。许多玉器的抛光度达到粲然生辉的艺术效果，完美地表现了玉材的品质色彩与光泽度。

战国玉器种类

春秋战国时期的玉器，从战国玉文化发展角度去看，玉礼器逐渐减少，而玉佩饰大量增加，并且出现了成套的剑饰、带钩以及人身佩玉，玉器的制作进入了实用领域。战国时期的玉器可分为礼仪器、装饰品和日用器具等类。传统礼仪器品种有玉璧、玉琮、玉圭、玉璋等，其他葬玉器还有玉覆面、玉玲、玉鼻塞、玉俑、玉册、玉虎、玉马、玉龙、玉龙凤、玉鸟、玉蝉、玉兽面、玉龟壳等。其中最特殊的是组玉饰、组合造型等。日用装饰玉器有玉杯、玉耳杯。装饰品有玉环、玉璜、玉管、玉珠、玉佩饰、玉镯、玉串饰、玉组佩、玉剑饰、玉龙形佩、玉玦、玉觿、玉牒、玉人、玉蟠螭纹饰板、玉龙首带钩、玉笄及多种组玉佩，其特点有和田白玉、绿松石、玛瑙、鸡血石、水晶等规格大小不等的串连组合成，造型对称而美妙。

◎战国·白玉人像

竖高约 10 厘米，横长约 5 厘米，厚约 0.8 厘米。

美国沙可乐美术馆藏。

　　白色玉质，温润纯正，这是一位两千多年前的君子造型，脸形为长圆，浓眉大眼，宽鼻小嘴，大耳宽上额，头顶发冠，玉人五官表情忠厚而生动自然，其身着长衣衫，长衣袖，衣衫上用阴线砣雕衣纹及衣服上的装饰图案，线条流畅而娴熟。此玉人象造型呈长扁形致，采用浅浮雕及圆雕表现手法，碾磨光润，人物神态传神，为战国玉饰人像艺术精品，具有很高的历史价值和艺术价值。

◎**战国中期·青白玉人骑兽佩**

竖高约 3.6厘米，横长约 1.6 厘米，纵宽约 2 厘米。

河南洛阳小屯村一号墓出土。

中国国家博物馆，古代玉器馆展藏。

　　青白色玉质，白中闪浅青，局部有灰青色及飘有深青色散点斑，为战国古玉，和田青白玉的特别品种。玉童头梳双髻，短发梳向脑背后呈环状，圆脸尖颌，鼻梁隆起，杏仁眼大耳廓，小口微张，表情自然，模样清秀。双手前伸抓执兽耳，兽首似伏虎，头首宽大，表情生动。虎头眼、耳、鼻等由卷云纹组成。身后雕有下卷云虎尾，身下呈弓形卧状。腹下和尾部阴线刻变形云纹，线条精细。玉人头顶至腹钻穿有一细孔，可以佩戴。整器采用圆雕、浅浮雕、阴刻、碾磨等工艺技法来雕琢，造型立体，小巧玲珑，为战国中期玉雕杰作。从这件玉人佩来看，战国玉器雕刻工具十分精湛，砣机的使用以及金属雕琢钻头的微小，是现代人所不能想象的。

◎战国·青白玉坐人

通高约6厘米，宽约4.5厘米。

上海博物馆，古代玉器馆展藏。

　　青白色玉质，玉色沉稳，局部有土沁痕迹，玉人呈坐式，为立体浮雕，身中间两边各钻有系孔。玉人面部表情庄重，大鼻小眼、小嘴、宽脸、头带围帽、大耳。宽身盘腿，下腿饰成方座，大手搭在腿上，玉人上身穿宽衣，饰三角形连续图案，为阴线刻，腿上饰裹脚带纹。玉人雕琢较为粗略，造型立体。

◎战国中期·青玉圭

竖高约12厘米，横长约5厘米，厚约0.6厘米。

河南辉县固围村出土。

中国国家博物馆，古代玉器馆展藏。

　　青色玉质，玉色呈深青灰色，玉质中带有纹理及深浅不一的玉点。玉圭外形呈扁片长形，上端有三角形突尖，两面对称。在战国出土的玉圭中，此块玉是较为精略的，其它各地出土的玉圭中多青白玉、白玉等，制作工艺多光素无纹。

◎**战国·勾连云纹青白玉耳杯**

通高约4.4厘米，横长约13.3厘米，纵宽约8.4厘米，厚约0.35厘米。美国佛利尔艺术陈列馆藏。

　　玉色青黄，玉色富于变化，局部有深色褐沁及氧化斑点。耳杯呈长圆形，杯内壁略下深，外口沿突起一宽沿边，并饰有一执耳，口沿弧形斜收致底，长圆圈底，直边沿微高。整器造型砣具雕琢精美对称，执耳部挖空成云纹图案来装饰。宽口下边阴线雕成一圆圈，并凸雕谷纹。外壁浅浮雕勾连云纹，砣雕线条清晰，纹饰精致，为战国生活实用器皿。

◎**战国·云纹青白玉耳杯**

通高约6.8厘米，横长约13.5厘米，纵宽约9.6厘米，厚约0.33厘米。美国哈佛大学艺术馆藏。

　　青白色玉质，玉色泛浅灰黄色，玉质中带有出土的包浆，局部有深褐色沁斑，并有氧化的灰色斑点。杯呈长圆形，杯底略深，深底为弧形微平滑，底上面阴刻云绣纹。双耳较宽，上面镂空成对称云纹，杯壁光素，长圆圈底，略高。整器外形砣切造型规整，耳沿碾磨精细，杯口内挖空较深，碾磨精湛。此造型在汉代为宫廷实用器皿，有专家考证认为是文房用具。

春秋战国玉礼器的演变

中国古代玉器诞生在石器时代，前身是石器。到了青铜器时代，玉器才得以兴起，玩赏的意义也就明显了，演变成"货宝"，变成佩玉。一些帝王出于爱"货宝"的考虑，就开始对级别不同的人做了使用上的限制，于是"货宝"就成了"瑞玉"。爱"货宝"而祭鬼神，就成了"祭玉"；由服食美玉而求长生，于是成了"葬玉"。礼乐玉器在殷商时期显得非常尊贵，"上古用玉，珍重而不敢亵"。玉的礼器作用，与玉石所体现的精神是密切相关的。

在古代，玉器最初是帝王用来祭祀的。《周礼·大宗伯》中就有"以玉制六器，以礼天地四方，以苍璧礼天，以黄琮礼地"的记载，但《周礼·典瑞》中则说"疏璧琮，以殓尸"，其实这种礼玉在一定程度上演变成了葬玉。对于礼器的用法，也有讲究，《考工记·玉人》中说："璧琮九寸，诸侯以享天子"，"驵琮七寸，鼻寸有半寸，天子以为权"。《仪礼·聘礼》中说"聘于夫人用璋，享用琮"，而《春秋公羊传》则记载人们将琮作为发兵征讨的符节。总之，玉器在古代，既可以作为礼器，也可以当做权力等级的象征。礼玉中的六器，史书上有各自的表述。在琮、圭、璜、琥、璧、璋中，琮是一种粗管形的器物，外方内圆，具有代表性的是江浙古代良渚文化遗址出土的玉琮。到了汉朝，玉琮的使命也完成了，人们不再把它用于礼仪，而是将其当作一种陈设摆件。琮和圭、璜、璧、璋等，同样在帝王和诸侯祭祀、丧葬、朝聘等仪礼上被使用。

在古代，一些玉兵器其实也是礼器。璋的性质与圭差不多，形制也相似，上边只有一道镶边；表示瑞信的一般用通身饰纹的大璋，祭礼大山川时用十分之七饰纹的中璋，祭祀山川时一半饰纹的边璋（小璋），发兵征讨时就用牙璋。牙璋既是一种礼器，也是一种玉兵器，它的形制如同玉戈。《周礼》中说"牙璋以起军旅，以治兵守"，所以，人们就推断牙璋是用来表示发兵的礼器。最先对牙璋形制定名的是清末的吴大澂。无论如何，它有仪仗礼器的性质。在玉兵器中，尚有玉戚、玉钺、玉戚璧。中国古代神话中，有刑天舞干戚之说，干为戈，戚为斧。玉戚、玉钺、玉戚璧等，都属于斧的种类，它们的前身就是石斧。在古兵器中，钺是兵器或刑具，主要的作用就是砍，就像后来的大斧一样。钺的正面有点接近于梯形，两面刃在底端，其背平直，装饰有一个或数个圆孔，没有扉棱。至于戚，其形状则呈多平面的梯形，其背较平，有扉棱，钝刃。而戚璧的形状接近椭圆。

◎**战国·青白玉勾连云纹凤鸟柄饰**

通高约 5.2 厘米，横长约 15.2 厘米，柄径约 1.6 厘米。
美国佛利尔艺术陈列馆藏。

　　青白色玉质，局部有褐色沁。另有灰色氧化斑块。玉身呈柄状，凤头鹰嘴似勇猛，身呈流动弯曲虎形，长凤尾象云卷，凤爪似跑奔状，羽翅似飞。造型奇特，柄为圆柱形、柄柱上方通砣刻一奔放飞跑的凤鸟，其特点外形线条镂雕优美，鸟身砣刻线条以深宽阴线为主，并富于变化，细部纹饰由阴刻细线砣琢，刀功劲健，入刀较深，收刀有力，表现手法传神，另外在柄柱下端刻有卷云纹饰。柄柱圆琢刻勾连云纹，为浮雕浅刻及阴刻线条、勾连云纹突起，雕琢精细。其中柄圆后有一饰榫，专家认为是一种仪仗器的饰玉。

古玉收藏图鉴

◎ **战国·青白玉璧**

外径约 6.6 厘米，内约约 2.6 厘米，厚约 0.3 厘米。
湖北随县出土。中国国家博物馆，古代玉器馆展藏。

　　青白色玉质，玉表面带有深青和褐色沁，局部有原始皮
色，有苍璧用玉的典形特点，这正是古人对玉审美理解。其
外形砣切割对称，中间钻有一略大圆孔，此璧碾磨精细，外
内边光润，为战国玉璧精品之作。

◎ **战国·云雷纹青白玉璧**

外径约 12.5 厘米，内约约 5.1 厘米，厚约 0.35 厘米。
湖北随县曾侯乙墓出土。
中国国家博物馆，古代玉器馆展藏。

　　玉料呈青白色质，局部有深棕色沁，另有灰色钙化斑疵，
半透明，质地细润。璧面正背对称，玉身用一面坡阴刻方法
来表现，璧面布满云雷纹饰，外壁和内壁圆宽沿边突起，饰
绳纹和云纹，为阴雕线刻，线条精细，整器做工略为粗糙，雕
工和用玉不精。

159

◎战国·青白玉勾连谷纹璧

直径约 11 厘米，内径约 4.4 厘米，厚约 0.4 厘米。

中国国家博物馆，古代玉器馆展藏。

　　青白色玉质，玉色微光透，局部有深褐黑色沁斑。玉璧内外圆砣具切割圆润而对称，两面纹饰相同。玉璧表面饰勾连谷纹，采用凸雕工艺技法，谷纹略小而凸起，并阴刻细线一周，雕功较细，入刀较深，线条图案清晰，为战国玉璧上品玉雕。

◎战国·青白玉谷纹璧

直径约 20.6 厘米，内径约 7.4 厘米，厚约 0.5 厘米。

美国哈佛大学艺术馆藏。

　　青白玉质，玉色温润，璧面多处有深色斑沁，色彩对比强烈。玉璧内外圆砣具切割流畅而光润，正背造型及图案对称。玉璧表面砣琢小谷纹饰，纹饰为凸雕，小谷纹旋转形致，后有一小尾，特别精美，谷纹微小，但雕琢入刀较深，线条清晰。纹下剔地平碾，内外圆边线突起，更显精美。

◎**战国·青玉龙纹谷纹璧**

直径约 11.4 厘米，内径约 3.2 厘米，厚约 0.4 厘米。
美国哈佛大学艺术馆藏。

　　青白玉质，玉色泛青黄浅色，局部有深褐色沁及氧化后
的灰斑。玉璧特点为三层构图，中间层外镂雕一组对称的云
形龙纹饰图案，造型椭圆形而变化，图形边采用商代一面坡
砣刻方法，线条清晰，刀工深入，线条优美。另外二层构图，
玉身表面浅雕小谷纹饰，谷纹凸起，雕工精细，剔地光平，内
外边突起边线，整器造型独特，具有商代玉璧遗风。

◎战国·龙首卧蚕纹璜

通高约 4.5厘米，横长约9.5厘米，厚约 0.35 厘米。

河南辉县固围村一号墓祭祀坑出土

中国国家博物馆，古代玉器馆展藏。

　　青白色玉质，玉色闪浅微黄色。璜呈弧形，表面较宽，略厚。两侧饰有龙形首、宽鼻、圆眼、长独角、口微张露牙、颌下有须。璜身凸雕谷纹，雕工精细。上璜特点以浅浮雕深刻，为主要表现方法，下璜特点是以一面坡斜刀法，刻工较浅，砣雕工艺各有其特色。

◎战国·白玉龙凤首璜

通高约5.7厘米，横长约11.5厘米，厚约0.35厘米。

上海博物馆，古代玉器馆展藏。

　　白色玉质，玉色泛浅青色，局部有褐色沁。玉璜呈弧形扁片状，一侧为凤首，一侧为凤尾，凤首阴线刻有云形冠，圆眼，勾形嘴。尾部呈两卷形纹，并阴线刻绳纹。弧形身浅雕蛇形龙身，并阴刻细鳞片和绳纹，雕工较为精细。上弧身部有一钻孔系，尾部有两钻孔系。

◎战国·白玉双龙首璜

通高约 3.7 厘米，横长约 12 厘米，厚约 0.35 厘米。
上海博物馆，古代玉器馆展藏。

    白色玉质，玉色温润光透，璜呈弧形，两侧饰有龙首，龙首头顶长独角，臣字圆眼，长鼻，口微张露牙，下颌翻卷。璜龙身表面浅雕谷纹，雕工精细，谷纹凸起有尾，剔地光平，脊背中间有一系孔，下端有一对称三孔，造型传神。

◎战国·白玉龙纹璜

通高约 6.2 厘米，通长约 8.8 厘米，厚约 0.4 厘米。
北京故宫博物院玉器馆藏。

    白色玉质，玉色带有土色包浆，局部有褐色沁斑。玉璜呈大弯弧形，龙首于两侧，局部有镂空形致，龙形首造型神态活泼，整器龙形表面采用浅浮雕方法砣琢而成，璜表面上端剔地成半圆形宽线，在圆形线的基础上阴线雕有纹饰的细节，雕工十分精美，线条娴熟，剔地光润，为战国龙纹璜最有独特造型的玉璜。

◎战国·龙凤形蟠虺纹透雕玉璧

直径约 12.8 厘米，厚约 0.32 厘米。

　　玉身呈白色，略泛浅碧色，质地细润，半透明，有光泽，局部有黄褐色沁斑。璧圆形扁平，璧圆中间镂雕一螭虎，躯体卷曲，尾呈云龙纹形。外璧两侧镂雕凤鸟纹，凤首顶冠，凤鸟鹰嘴，杏仁眼，弓身长尾，尾翎修长下垂，双凤的身躯修长，身伏劲力凤爪。玉璧内外形砣具切割对称精致。璧面凸雕勾云纹，云朵下用小砣侧刀浅线雕云形，雕工精细，剔地精湛，使璧面玲珑剔透。该玉璧为战国的雕刻绝品。

战国玉器云雷纹饰

战国时期，云纹最为常见，它的特征就是云头形，基本上是用阴刻或浅浮雕方式来表现，由两个单体相对的谷纹或涡纹尾部相连，组成一组云纹。有意制作的云纹整齐划一地排列，而无意制作的则与谷纹和涡纹相杂，显得富丽美观。周代，这种云纹开始兴盛起来，主要是装饰在玉器表面的规范有序、相互勾连的阴线云纹，还有一种是饰于龙凤形玉器上的镂空云纹，从而体现出龙凤飞舞升空时飘逸灵动的气韵。自唐宋以来，云纹更多地被运用在玉器的制作上，基本上表现的是如意云纹。所以，云纹式样能更明显地带有玉器的时代特征。

雷纹具有方折形的线条，以阴刻手法刻制。看起来，单体雷纹呈S形，一组图案由三个雷纹组成，有着对称细密的形式。这种雷纹是春秋早期所独有的，借此可以鉴定出玉器的时代。

介于雷纹和云纹之间的勾连纹，其图案在春秋战国时是最复杂的，它将单体雷纹或云纹相互勾连起来，将方形折线变成圆弧折线。春秋中期出现了最早的勾连纹玉器，基本上是双勾线表现的，很顺畅也很柔婉，具有鲜明的时代特色。勾连纹发展到战国时期，就将雷纹、云纹和涡纹的特色结合在一起，派生出许多新的纹饰，如勾连云纹。

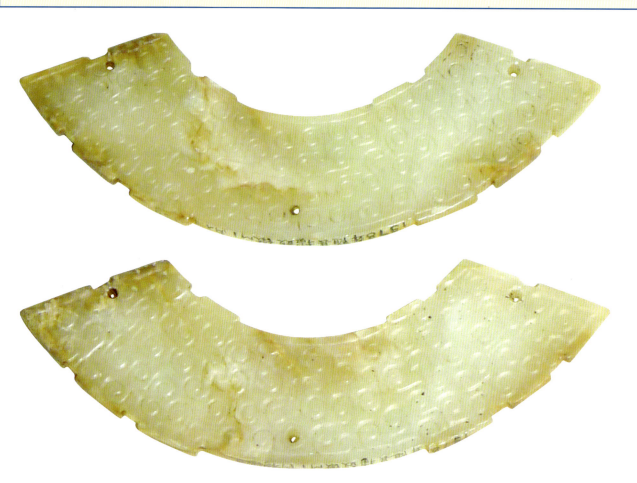

◎战国后期·云雷纹白玉璜

通高约6.3厘米，横长约16厘米，厚约0.34厘米。中国国家博物馆，古代玉器馆展藏。

白色玉质，玉色泛青黄色，玉色润泽，有红褐色沁斑。器形为薄片状，双面均浮雕，窄长微弧，外沿边有对称出戟方牙，中间和两端各有一个对钻小穿孔，两面刻云雷纹，一面坡阴刻工艺方法，雕工娴熟、制作精美。

春秋战国时佩玉盛行，作为成组佩玉的组成部分大量出现，其形式和纹饰极为丰富，并出现了许多异形璜。汉以后，玉璜有衰退趋势。南北朝时，官服上需悬挂玉，玉璜重新出现，此时玉璜已演变为梳背形或菱形，形状异于前代。这一时期佩玉在社会中流行的范围很小，因而玉璜的数量极少。到了盛唐时期，贵族妇女喜佩戴成组佩玉，玉璜起到的是组玉佩中的一点装饰，多光素无纹，而战国玉璜一般为两块，正背雕工和图案都十分精美，也体现了战国玉饰文化的特点及其典雅不凡之处。

◎ 战国·双龙首绳纹白玉璜

高约 3.9 厘米，横长约 11 厘米，厚约 0.25 厘米。

上海博物馆，古代玉器馆展藏。

玉色呈青白色，有局部褐红沁色，玉身为扁弧形，璜两边，饰双龙首，首嘴部有一对圆孔，龙背弧起，龙头有独角，玉身表面浅雕由变形龙纹组成的绳纹，绳纹错落交合成蛇形，有蛇头，身有鳞，蛇纹和绳纹阴刻精细，线条规整，此璜绳纹饰在战国玉璜出土玉器中，也是为数不多的精品。

◎ 战国·龙形谷纹青白玉璜

通高约 5.8 厘米，横长约 12.5 厘米，厚约 0.43 厘米。

青白色玉质，玉色温纯，半光透，局部有多处褐墨色、褐桔黄色玉纹沁色。器呈片状，两面纹饰对称玉，璜上边中间有一孔。内外构图造形镂雕切割成"弓"形，两端饰龙首，龙身饰谷纹、龙首下饰一双兽，形似虎状，张口露齿、杏仁圆眼、长尾起舞，造型生动，兽身侧面有卷带形纹。双龙首为战国常见风格，圆凤眼，独角，口微张，长鼻上卷，露獠牙。双面玉身琢刻谷纹，立体、别地、碾磨精致，内外边形内外线条雕刻对称，凸凹规整，是战国晚期玉饰杰作。

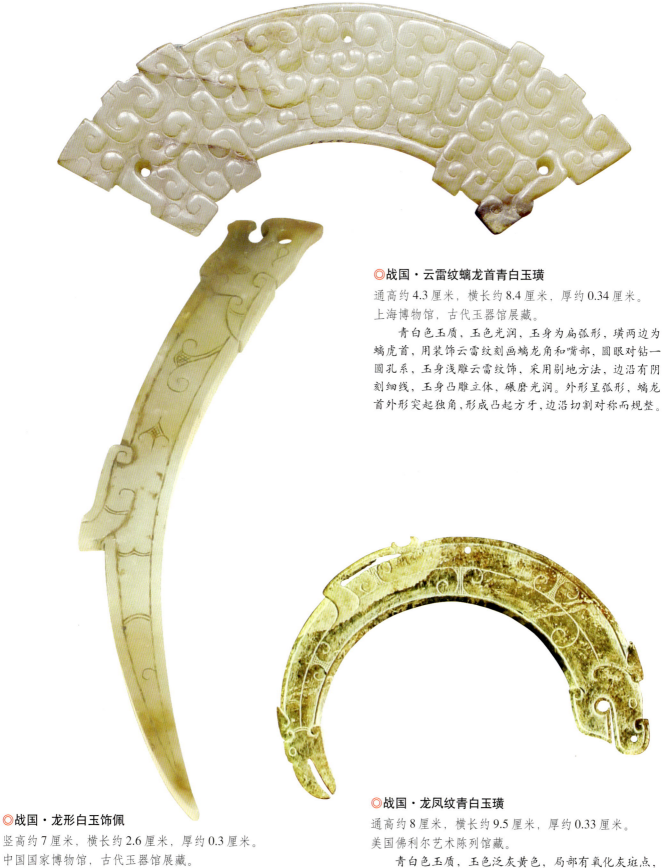

◎**战国·云雷纹螭龙首青白玉璜**

通高约 4.3 厘米，横长约 8.4 厘米，厚约 0.34 厘米。
上海博物馆，古代玉器馆展藏。

　　青白色玉质，玉色光润，玉身为扁弧形，璜两边为螭虎首，用装饰云雷纹刻画螭龙角和嘴部，圆眼对钻一圆孔系，玉身浅雕云雷纹饰，采用剔地方法，边沿有阴刻细线，玉身凸雕立体，碾磨光润。外形呈弧形，螭龙首外形突起独角，形成凸起方牙，边沿切割对称而规整。

◎**战国·龙形白玉饰佩**

竖高约 7 厘米，横长约 2.6 厘米，厚约 0.3 厘米。
中国国家博物馆，古代玉器馆展藏。

　　白色玉质，局部有褐色沁。佩呈长扁片角形，龙首口微张，眼部钻有一孔，龙头顶独角，云耳，腹下有云形单足，长尖尾，两面对称，玉身阴线砣雕云形纹饰，线条精细，外形砣切线条流畅，雕功娴熟。

◎**战国·龙凤纹青白玉璜**

通高约 8 厘米，横长约 9.5 厘米，厚约 0.33 厘米。
美国佛利尔艺术陈列馆藏。

　　青白色玉质，玉色泛灰黄色，局部有氧化灰斑点，局部有沁色。璜身呈半圆弧形，扁片形致，两端镂雕龙凤首，龙首圆眼，长鼻上卷，嘴微长，长独角，鼻中间钻有一系孔，尾尖部雕有一凤头。玉身两面阴线砣雕流线及云纹来做装饰，圆背中间钻有一系孔。

◎ **战国中期·谷纹青白玉璜**

通高约 3.6 厘米，横长约 7.4 厘米，厚约 0.35 厘米。

河南信阳长台关出土。

中国国家博物馆，古代玉器馆展藏。

　　青白色玉质，玉色泛浅青黄色。玉璜呈半圆弧形，外形两端凸起方齿。玉表面砣雕深云雷纹变形谷纹图案，刀功入深，浅条劲健，玉身中间下方钻有一孔。

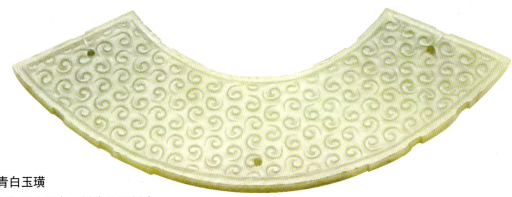

◎ **战国中期·卧蚕纹青白玉璜**

通高约 4.3 厘米，横长约 12.2 厘米，厚约 0.35 厘米。

河南信阳长台关出土。

中国国家博物馆，古代玉器馆展藏。

　　白色玉质，玉色白中闪浅青色。玉璜呈半圆弧形，外形两侧有突起方齿。玉璧面一面坡斜刀砣雕卧蚕纹，外边凸起边线，卧蚕纹下剔地精细，外形切割对称。

◎ **战国·龙纹白玉璜**

通高约 6.3 厘米，横长约 12.8 厘米，厚约 0.35 厘米。

美国佛利尔艺术陈列馆藏。

　　白色玉质，玉色有土沁色包浆，局部有褐色沁斑。半圆弧形，两端镂雕威猛玉龙，杏仁圆眼，云形独角，张口，鼻上卷。龙首砣雕阴线纹刻画神态结构，玉身阴线雕勾连云纹，玉身上脊背钻有一系孔。

古玉收藏图鉴

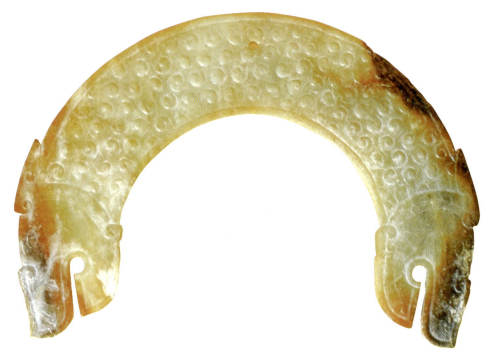

◎战国·龙纹青白玉璜

通高约 8.2 厘米，横长约 11.4 厘米，厚约 0.35 厘米。
美国布法罗科学博物馆藏。

　　青白色玉质，玉色有出土包浆色，局部有深褐色沁
斑。璜呈扁片半圆形致，两侧砣雕有长形龙首，扁圆形
眼，独角云形，长鼻略卷，口微张，形象特征明显。玉
身两面浅浮雕蚕云纹，外边线凸起，并刻有阴线。

◎战国·龙纹玉璜

通高约 5.2 厘米，横长约 7.7 厘米，厚约 0.35 厘米。
美国佛利尔艺术陈列馆藏。

　　玉质呈灰黄色，璜呈弧形扁状。内外形镂雕一对称
龙纹，砣雕切割线条娴熟，长龙首，圆眼，长卷鼻，独
角有耳，嘴微张露牙，长身弓弯形有卷尾，下呈卧足。玉
身采用一面坡斜雕剔地方法，纹饰结构砣雕阴线纹。玉
璜图案构图华丽，雕工精美，为战国玉璜精品之作。

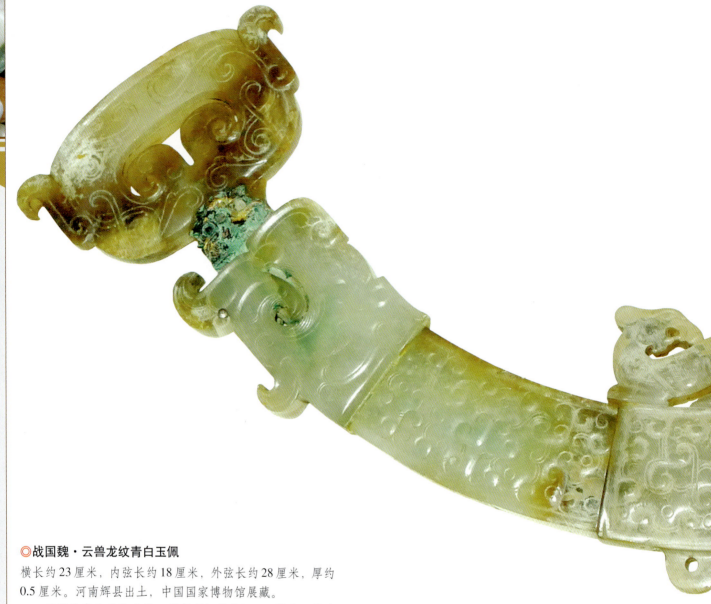

◎战国魏·云兽龙纹青白玉佩

横长约23厘米，内弦长约18厘米，外弦长约28厘米，厚约0.5厘米。河南辉县出土，中国国家博物馆展藏。

　　玉佩为青白玉泛青质，局部有红褐色沁。玉佩由七块透雕玉饰组成，由鎏金铜饰构件贯联成一弧形玉璜。中间的一块玉饰上方镂雕一玉马，回头飘尾，造型传神，玉饰下有鼻纽，通体正背饰龙纹及变形云纹。器形为薄片状，玉璜鎏金兽首上两端为云兽纹，鎏金兽首下端为龙首纹。两面双龙形刻工精细，龙有独角、杏仁圆眼，长鼻上卷，口微张，有獠牙和长须，器身运用了平均割切、浅雕、分雕、阴刻、剔地、透镂、碾磨、钻孔、鎏金等工艺，为战国玉雕精绝之作。此件作品出土于战国时代魏国贵族墓葬，它真实反映了战国玉器艺术特征，为战国玉器具有代表性之绝品。

◎战国·白玉双身龙佩

通高约 6.8 厘米，横长约 9 厘米，厚约 0.4 厘米。

上海博物馆，古代玉器馆展藏。

白玉质，略泛浅青黄色，玉色温润。玉龙造型很有特点，中间是一螭龙形龙首，圆眼外形有弯眉，凤形眼边，双耳为螭虎形致，并饰有双耳，额头上端有须发。其所谓是龙，是由主题螭虎形头部之上分出弓弯形长龙身。整器造型装饰效果较强，中外形为不砣具镂雕切割而成。玉身表面基本采用小砣雕刻细线纹饰，线条精美，沿边有边框线，造型双面略为对称。

◎战国·蚕纹青白玉龙佩

通高约 5.5 厘米，横长约 15 厘米，厚约 0.4 厘米。

美国哈佛大学艺术馆藏。

玉料呈白色、白中闪微青黄色，半透明而温润，光泽闪透。佩呈扁平微薄。龙的躯体作蜷曲状，独角、圆杏眼、口微张，龙身边缘琢有凸线纹，正背对称，背部有一系孔。浅雕蚕纹，剔地凹雕，碾磨精细，尾端卷曲舞动，造型完美，透雕切割流畅，为战国中期龙佩之佳品。

◎**战国·龙凤纹玉佩**

竖高约 13 厘米，横长约 7.8 厘米，厚约 0.35 厘米。

美国哈佛大学艺术馆藏。

　　青白色玉质，玉色泛青黄，局部有褐色沁，色彩变化较
强烈，并有出土的包浆色。此玉佩造型独特，弓弯形造型，龙
在上，凤在下，龙凤并用一弯曲较长的宽身，身中间钻有两
系孔。上端玉龙首威猛，云形独角，杏仁眼，长鼻上卷，下
颌略宽，张口露云形牙，长颈弓弯处突起劲健的鸟云形尖爪。
下方雕有回头凤首，头披鸟冠，圆眼，鹰钩形长嘴，口衔一
支小鱼，长颈身下有一有力的凤爪，长身上突起似飞的展翅，
并飘有鸟云形长尾。玉佩内外形线条流畅，造型传神，玉身
两面装饰鸟云纹，用阴线砣刻来表现装饰结构，刀工劲健有
力，并有浅雕凸起的蚕纹，砣刻十分精美。

◎战国·青白蛟龙

竖高约8厘米，横长约8厘米，厚约0.4厘米。

上海博物馆，古代玉器馆展藏。

　　青白色玉质，玉色温润，局部有深褐色沁。此蛟龙由大中小三只蛇组成，造型略为抽象，内外形用砣具切割并挖空而成，龙身局部采用浅斜雕和剔地等方法，并用阴线来刻画细部结构，造型具有张力。灵动不拘的春秋战国玉器，为适应现实社会文化物质需要，各种具有新形式、新内容的玉器品种不断被创造出来。饰玉替代礼玉成为主流，由多种玉器共同组合成的杂佩十分盛行，形式不一，变化多端，玉带钩和剑上的玉饰也颇多出现。流行以形体蟠曲或虬结交缠为特征的各种龙形纹样，造型奇异多姿，琢工精巧玲珑，风格自由浪漫。

◎战国·青白玉云纹龙

通高约 4.6 厘米，横长约 6.7 厘米，厚约 0.8 厘米。
上海博物馆，古代玉器馆展藏。

◎战国·白玉双首龙

通高约 5.3 厘米，横长约 11 厘米，厚约 0.4 厘米。
上海博物馆，古代玉器馆展藏。

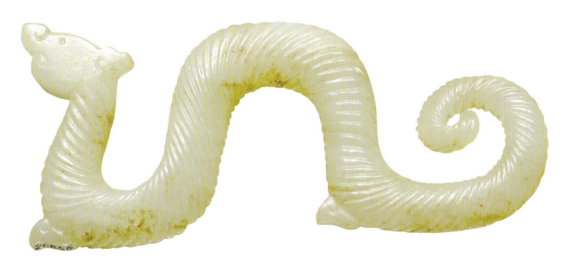

◎战国·白玉绳纹龙

通高约 5.6 厘米，横长约 11.8 厘米，厚约 0.8 厘米。
上海博物馆，古代玉器馆展藏。

◎战国早期·夔龙云龙纹佩

通高约 2.5 厘米，通横长约 9 厘米，厚约 0.4 厘米。

河南辉县赵固围村出土。

中国国家博物馆，古代玉器馆展藏。

◎战国·夔龙形佩

竖高约 6.3 厘米，横长约 3.1 厘米，宽约 0.5 厘米。

中国国家博物馆，古代玉器馆展藏。

◎战国·龙凤纹青白玉佩

通高约 5.8 厘米，长约 8.8 厘米，厚约 0.4 厘米。

美国哈佛大学艺术馆藏。

青白色玉质，局部有沁色，并有氧化斑点和土色包浆色。造型呈弓形，外形和内形都由砣具镂雕而成。龙首宽大，头顶长宽独角，杏仁圆眼，长宽嘴大张，上下颌露齿，口衔强有力的龙爪。弯形长身下卷长尾凤形，身下有爬动的力爪，弓弯脊背后披飘长发。玉身两面对称，局部饰纹刻画是采用小砣具雕制阴线，线条流畅，而娴熟，造型灵动而传神。

◎ **战国·龙纹佩**

竖高约 9 厘米，横长约 4.3 厘米，厚约 0.4 厘米。
浙江慈溪许氏藏。浙江省博物馆展。

　　白色玉质，玉色纯正而光润。此佩造型特点为龙首回头
望月形，弓弯形长身、宽尾，尾呈云形下飘。弓弯身下的健
力龙爪略为写实、宽头，长独角、张口、露牙、圆眼、独角，
颈后披飘龙鬃。玉身表面纹饰结构用小砣具雕有阴线，结构
线转折圆润，线条流畅。内外形采用镂雕切割而成，外形碾
磨光润，玉龙造型生动。

◎ **战国·龙形白玉饰佩（右上）**

竖高约 8 厘米，横长约 3.3 厘米，厚约 0.4 厘米。
河南辉县固围村二号墓出土。
中国国家博物馆，古代玉器馆展藏。

◎ **战国中期·凤鸟形青白玉饰件（右下）**

竖高约 5.8 厘米，横长约 3.1 厘米，厚约 0.4 厘米。
河南辉县固围村二号墓出土。
中国国家博物馆，古代玉器馆展藏。

◎战国·龙凤纹玉佩

通高约5.6厘米，横长约6.7厘米，厚约0.35厘米。

美国纳尔逊艺术陈列馆藏。

　　黄色玉质，略泛桔黄色，有出土包浆土色，局部有褐色沁。造型特点为凤在上、龙在下组成一装饰华丽的图案。玉佩内外形用砣具镂空雕制切割而成，工艺娴熟。玉身表面采用砣雕图案阴线、线条结构明显，砣雕入刀较深，线条流畅，其凤身和龙身都有云绣形翅膀。

◎战国·蚕纹青白玉龙佩

高约4.6厘米，横长约12厘米，厚约0.3厘米。

上海博物馆，古代玉器馆展藏。

　　玉料呈白色、白中闪微青黄色，半透明而温润，光泽闪透。佩呈扁平微薄。龙的躯体作蜷曲状，独角、圆杏眼、口微张，龙身边缘琢有凸线纹，正背对称，背部有一系孔。浅雕蚕纹、剔地凹雕、碾磨精细，尾端卷曲舞动，造型完美，透雕切割流畅，为战国中期龙佩之佳品。

◎ **战国·青白玉龙佩**

通高约4.8厘米，横长约11.5厘米，厚约0.4厘米。
上海博物馆，古代玉器馆展藏。

　　青白色玉质，玉色略光透，局部有褐色沁。玉龙造型特点为长弧形弓弯，头尾相连，线条优美，呈长扁形片状。龙首略长，卷云纹眼和独角，长鼻上卷，长下颌，长背下弯处有一云形，并钻有一孔系。长尾飘于头前，尾呈长勾云形，一边外翻云朵形。玉身光素，边沿饰刻有阴线，龙首及龙尾和腹部结构刻画精细，并装饰有阴线图案。

◎ **战国·青白玉夔龙形佩**

长约8厘米，宽约8厘米，厚约0.4厘米。
西安雁塔区吴家坟出土，西安博物院展藏。

　　青白色玉质，玉色润透，局部有褐色沁及钙化灰色痕迹。佩呈扁体夔龙形，镂空雕琢。夔龙领首张口，唇上卷，圆眼，头生双角，项、脊有綮，曲体垂尾，足做伏卧状。通体砣雕凸起蚕纹，周边以偏斜刀向内斜削形成边廓。腹部有一对小穿孔，为穿绳佩系用。

◎战国楚·青玉龙形饰

通高约 9 厘米，横长约 11.5 厘米，厚约 0.35 厘米。
美国哈佛大学艺术馆藏。

◎战国楚·青玉龙形饰

通高约 8.6 厘米，横长约 13.3 厘米，厚约 0.35 厘米。（上）
通高约 4.3 厘米，横长约 7.3 厘米，厚约 0.3 厘米。（下）
美国旧金山亚洲艺术馆藏。

◎战国楚·青玉龙形饰

通高约 11.6 厘米，横长约 14.2 厘米，厚约 0.3 厘米。

河南信阳长台关一号墓出土。

中国国家博物馆，古代玉器馆展藏。

◎战国中期·青玉龙形佩

通高约 7.6 厘米，横长约 13.6 厘米，厚约 0.3 厘米。

河南信阳长台关一号墓出土。

中国国家博物馆，古代玉器馆展藏。

◎战国初期·蟠虺纹齿边形饰

竖高约 10.2 厘米，最宽约 2.5 厘米，厚约 0.5 厘米。
上海博物馆，古代玉器馆展藏。

　　玉料呈青白色，有暗绿色纹线斑条，色彩富于变化。器
呈长扁体，上窄下宽，器外切割成对称的齿脊牙，上端有
一分开小口，两面对钻小孔，下方有柄形底，分开一小口。整
器似商代的玉璋变形器，两面琢有变形蟠虺纹和羽状纹，纹
饰线条流畅而繁练，运用阴刻，斜雕法并突起剔地，玉身琢
刻碾磨精细光润。为春秋晚期玉饰精品。

◎战国初期·黄白玉蟠虺龙首纹饰

竖高约 7 厘米，横长约 2.8 厘米，厚约 0.7 厘米。
上海博物馆，古代玉器馆展藏。

　　玉色呈黄色，玉色温润。外形磨切圆润，有凸起方边。器
为扁形微厚，玉身正背纹样对称，琢刻蟠虺纹饰，采用小砣
具浅雕工艺方法，剔地精细，可见琢刻磨制的钻痕。整器造
型简洁，造型和谐而立体。

◎ 战国·白玉兽首纹饰

通高约 5.3 厘米，横长约 7.2 厘米，厚 0.5 厘米。
上海博物馆，古代玉器馆展藏。

　　白色玉质，玉色温润。玉饰呈长方扁形，微厚，正面隆
起弧形，浅浮雕兽面纹饰，兽面突圆眼，高额头上顶有双角，
为云纹形致。高额上有线长眉，龙角上饰绳纹。兽面纹上部
中间饰有变形云雷纹，中间锦地饰有鳞片纹。整器隆起弧形
有一平边底层，立体感极强。雕刻工艺采用了浅浮雕、圆雕、
剔地、线刻等表现技法，为战国玉饰浅浮雕杰作。

◎ 战国·龙凤纹玉佩

通高约 8.9 厘米，横长约 3.5 厘米，厚约 0.5 厘米。
美国哈佛大学艺术馆藏。

　　糖色玉质，玉色润泽，玉佩由一块糖色玉镂空雕制而成，
玉身造型分三部分组成，构成三组连环，雕工精巧，龙凤外
形切割复杂精细，扁平玉片为双面透雕。玉身用小砣具雕刻
阴线卷云纹装饰图案。龙饰造型呈坐卧式苍龙，昂首立身，首
顶长角，长尾下勾弯，前后龙爪健壮有力。而凤鸟造型型呈
奔飞状，长鹰嘴，圆眼，头披鸟冠，长身上卷长翎，整器造
型生动，巧雕制作精绝。

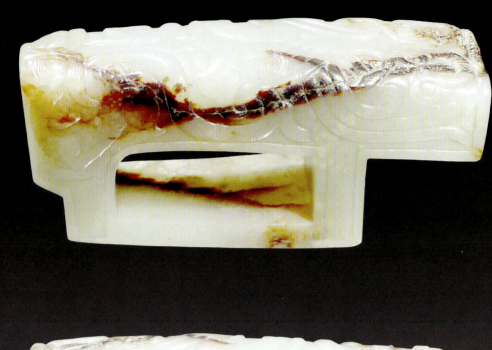

◎**战国·青白玉龙凤纹剑璏**

通高约 4.9 厘米，横长约 7.5 厘米，纵宽约 3.6 厘米。

上海博物馆，古代玉器馆展藏。

　　上品和田青白玉，玉色光透、玉身上有深褐色自然肌理条纹，富于巧色的变化。剑玉璏身造型优美，器表面采用浮雕剔地技法，雕琢龙凤纹饰，表面立体，碾磨光润。此剑饰在出土的战国剑饰中，还没有与之相同的造型风格。在用玉品质方面，此剑饰运用了玉质自然条纹色彩，实为巧雕审美智慧，体现了这件剑饰的艺术价值。春秋玉剑饰出土常见有长剑和短剑饰，长剑多四剑饰，如格剑首、剑璏、剑格、剑珌。另还有短剑饰，有云剑格，剑璏，其他还有一块整玉雕玉柄的，有的还在玉柄首雕镂整玉首饰。在湖北曾侯乙墓出土过玉首铜刀，玉首饰衔在玉环柄上，为透雕龙形饰，雕琢精美。

◎ 战国·白玉蚕纹剑首

直径约 5.8 厘米，厚约 0.9 厘米。
上海博物馆，古代玉器馆展藏。

　　此件剑首出自战国时代楚国的墓葬。上品白色玉质，玉色玲珑剔透，局部有色皮及沁色，玉质细腻温润，呈扁圆形，微高立面，中央作一圆形突起，上阴刻卷云纹弦转形致，周围浮雕蚕纹，蚕纹凸刻剔地，蚕纹边有阴刻单线，玉身碾磨精细而光润，造型典雅，为战国玉剑首精品之作。

◎ 战国·玉剑饰

通高约 4.5 厘米，横长约 7.6 厘米，厚约 1.3 厘米。
中国国家博物馆，古代玉器馆展藏。

　　白色玉质，玉色温润，呈山形，扁形微厚，玉饰中间处挖空，可做剑饰插口。玉饰外形切割对称，碾磨光润，正背饰虎形纹饰，用砣具雕刻阴线，入刀较深，雕工娴熟而劲健，为战国剑饰高雅之作。

◎ 战国·青白玉谷纹剑首

直径 5.7 厘米，厚 1.1 厘米。
西安市未央区汉墓出土。

　　两件剑首均为圆饼状，剖面呈梯形。剑首表面纹饰分内外两层构图区。内外区边缘用小砣具雕刻阴线一圈圈，形成内外边廓。内区雕琢自由流畅的线刻勾云纹，中间有菱形网纹，其平面与剑首外缘齐平。外层采用减地法雕琢谷纹，每个突起谷纹的大小和尾线长短一致，刀法极为锋利。剑首背面中部凸起一圆台，周围为斜坡状。圆台中间有卯眼，用于插入剑柄。大的一件在卯眼外有三个穿孔斜向打入卯眼，用于插楔钉固定剑柄。

◎ **战国·青白玉蚕纹龙佩**

通高约4.6厘米，横长约12厘米，厚约0.3厘米。

上海博物馆，古代玉器馆展藏。

玉佩为白玉泛青质，有红褐色沁。玉佩扁平，呈S形，龙背对钻一系孔，平尾高卷上方，龙脊背上弓形，头部下弯，独龙角，圆眼和鼻孔由勾连蚕纹组成，长鼻上卷，口微张，露出獠牙。整器外形切割线条优美流畅，玉身正背对称，外边阴刻流线，器表面布满蚕连纹，蚕纹突起，由蚕连纹阴线组成，错落有致，饰纹华美。东周及战国流行佩戴成组的玉饰，有些贵族戴一串，有些戴两串。这种纹饰在春秋战国的玉器上较为多见。

◎ **战国后期·青白玉龙形蚕纹玉佩**

通高约10.9厘米，横长约21.4厘米，厚约0.5厘米。

安徽楚墓出土。

青色玉质，器身上有着深浅不同的灰白和褐色沁斑。玉呈片状，为龙形，内外造型纹饰镂雕切割而成，形制相同背上方钻一系小孔。龙为回首张口形致，圆杏眼，长鼻上卷，独角。长弯颈部上饰有一只小凤鸟，身呈弓形，长身游动，长凤尾飘翅翎，龙身下饰变形龙爪。器身表面正背图案对称，浅雕蚕纹布满器表面。蚕纹凸起，外形用阴线雕琢，龙身沿边阴线雕琢一周身。整器线条流畅，雕工精湛，为战国玉佩精品。

春秋战国时代玉器装饰风格

春秋时期的用玉，实际上已经形成一股势不可挡的潮流。面对这个潮流，哲学家、思想家采取主动积极的态度，对玉器加以引证。儒家创始人孔子与墨子、韩非不同，他对事物采取比较实际的态度，不仅喜爱玉礼器，"执圭，鞠躬如也，如不胜"，而且在当时礼制已经很系统、玉礼器在形式上也比较完备的情况下，提出"君子比德于玉"，从仁、知、义、礼、乐、忠、信、天、地、德、道等11个方面对玉的道德内涵作出分析，这无疑是对他所憧憬的仁政、礼仪之邦的一种追求。

到了战国时期，玉器产品数量陡增，镂雕和套环技术日臻成熟，玉器纹样装饰也趋向精细。当时，玉工们为武士们创制玉饰，装点戎装，玉带钩就是其中之一。与那时军队里使用的刀剑、带钩等不一样，有玉饰的兵器只是将领们平时佩挂，取其美观而已，并非实战之用。玉带钩是仿照胡服传入中原的，这种情况反映了在七国争雄、尊崇勇武的那个年代，人们用最美好、最贵重的玉讴歌为国争雄的勇士。

春秋战国时期的玉器，玉佩饰大量增加，并且出现了成套的剑饰、带钩以及人身佩玉，玉器的制作进入了实用领域。而从玉器的雕刻艺术上看，这不光表现在当时的玉佩饰虽仍以圭形、璧形为多，商周以来的传统的平板严肃的兽面纹却开始为婀娜流畅的曲线和繁丽的镂雕花纹所替代，更重要的是人形饰进入了玉器领域。从某种意义上说，这个时期的人形玉饰恰恰成为从奴隶社会向封建社会急速转变过程中人文意识崛起的重要物证。

——引自中国玉器考古专家张兰香、钱振峰所叙语录

◎**战国魏·鎏金嵌青玉镶琉璃银带钩**

横长约 18.5 厘米，宽约 5.3 厘米，厚约 1.2 厘米。1951 年河南辉县出土，中国国家博物馆展藏。

此带钩是由白银制作而成，通体鎏金，器身为铸浮雕，形致兽首和长尾鸟。带钩兽首分为钩前后两部分，长尾鸟在底拖两侧，盘曲逶迤而上。带钩身正面嵌饰白玉块三块，玉块中心各镶一半球形蜻蜓眼式的琉璃彩珠，带钩前端镶白玉雕琢成的雁首形钩首，雕工精美，采用浅浮工艺，而嵌饰白玉块，外形切割现整，玉块表面浅阴刻蚕纹，剔地碾磨光润，玉色白中闪微黄，这可能是在地下埋两千多年的原固，略有土沁色彩。带钩通体银铸流动的长尾鸟部分有鎏金，至今散发金色光彩，这种制作工艺在战国出土的玉饰中十分稀少，为绝世精品。河北辉县固围村1号墓是战国时期魏国贵族墓葬，战国中期，魏国是一个强国，曾攻战过秦国的河西地域，在（今河北周边）灭中山国，并攻战楚国大梁（今河南开封周边），后迁都大梁。

◎ 战国·青白玉龙首弦纹带钩

横长约20厘米，宽约3厘米，直径约1.3厘米。

西安汉建章宫遗址出土，西安博物院展藏。

　　带钩形体硕大，由七节带穿孔玉件以一根铁芯串接而成。钩头为龙首形，双角为牛角形。龙的颈部截面呈四方形，颈部两侧以细阴线刻变形勾连云纹，云纹间饰以细密的网纹，后颈部有一对小穿孔，内有细铁丝将龙首与颈内铁芯固定。这件玉带钩采用上等和田青白玉雕琢，造型和工艺独特，线条流畅，抛光技艺精湛。其出土地点虽为汉代遗址，但从龙首的眼鼻和云纹的特征来看，应为战国晚期玉带钩罕见绝品。

◎ 战国·云纹玉带钩

长约3.8厘米，宽约1.8厘米，高约1.5厘米。

陕西凤翔县秦公一号大墓出土。

　　战国时期，武士多着齐膝的上衣和长裤，一般都在腰间束一条施钩的革带，这种服饰至西汉时仍无多大变化。汉代带钩出土数量大，式样也多，《淮南子·说林训》中说："满堂之坐，视钩各异。"反映出当时用钩的盛况。带钩常见的式样有曲棒形、琵琶形等，战国时期钩钮均靠近钩尾，汉代这类带钩钩钮上移至钩身中部或接近中部。

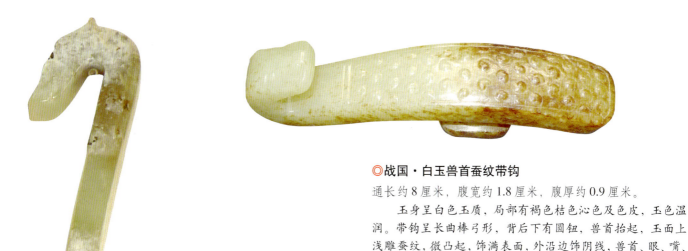

◎战国·白玉兽首蚕纹带钩

通长约8厘米，腹宽约1.8厘米，腹厚约0.9厘米。

　　玉身呈白色玉质，局部有褐色桔色沁色及色皮，玉色温润。带钩呈长曲棒弓形，背后下有圆钮，兽首抬起，玉面上浅雕蚕纹，微凸起，饰满表面，外沿边饰阴线，兽首、眼、嘴、鼻突起。玉身运用浅雕、阴刻斜线刻、碾磨工艺手法来表现，造型简洁，富有动感。为战国带钩精品。

◎战国·青白玉龙首带钩

通高约9厘米，通横长约3.6厘米，厚约0.7厘米，中国国家博物馆，古代玉器馆展藏。

◎战国晚期·玉带钩

通高约5.2厘米，横长约6.7厘米，厚约1.6厘米。

　　玉带钩呈和田白玉质地，局部有棕色沁，玉色半透明，温润光泽。带勾呈长方弓形，龙首蛇形，方扁宽身，身下有一方扣钮，造型整体切割简洁，碾磨光洁。带钩龙首作回头望月之势，龙首、圆眼、俯首、有角和龙须，采用浅雕、阴刻及剔地工艺手法，雕工精美，为战国玉带钩精品一绝。

◎战国·白玉兽首蛙纹带钩

通高约8厘米，宽约8.3厘米，上厚约2.8厘米，下厚约0.8厘米。上海博物馆，古代玉器馆展藏。

　　白色玉质，玉色光透而温润，局部有褐色沁及土沁，为出土时所带遗痕。带钩呈蛙形状，兽首五官生动，蛙形身表面饰云纹、绳纹、变形兽面纹，下部有两系圆孔。纹饰采用浅浮雕、阴线雕等制作工艺，造型立体。带钩在战国时就已经很完善了，其中有龙首钩最为流行，钩的龙腹隐起云纹，还有鸟首钩、兽首钩和龙首等。大的龙钩可以当成摆设，小的可以直接当挂件使用。而带扣则被制作成两个方板，在板上装有钩和环，直接扣接，比带钩更为方便。此带钩比较特别呈方扁形，外形似蛙形兽首，玉身突刻斜面剔地勾云纹，玉色碾磨光润，形致独特。

◎ **战国·兽面带钩**

长约 9.3 厘米，腹宽约 1.5 厘米，腹厚约 0.8 厘米。

青白色玉质，玉色润泽，不光透，微有象牙白色。长琵琶形身，玉身表面出四方凸状，钩首轮廓突起，整器没有饰纹图案，光素但十分立体，弓身背后有一凸雕方扣钮。在战国时期的玉带钩造型中，常见蛇首带钩、龙首带钩、凤首带钩、鸭首带钩、鸟首带钩、蛇首带钩等。

◎ **战国·青白玉勾云纹龙首带钩**

通高约 9 厘米，横长约 3.6 厘米，厚约 0.7 厘米。
中国国家博物馆，古代玉器馆展藏。

◎ **战国·蟠虺纹瑑**

通高约 4.8 厘米，上径约 3.5 厘米，厚约 0.4 厘米。
上海博物馆，古代玉器馆展藏。

白玉，局部有褐色沁，玉色润透。造型呈圆柱形，中间挖空，上下对称，沿边碾磨光润。壁外一周用小砣具阴线雕琢蟠虺纹连续图案，线条精细而流畅，雕工娴熟。这种造型明清时代演变为扳指的前身。

◎ **战国·蚕纹玉瑑**

通高约 7 厘米，上径约 1.8 厘米，底径约 2.8 厘米。
上海博物馆，古代玉器馆展藏。

白色玉质，玉色光透而润泽。器呈长圆柱形，柱上半部中间钻琢成空洞，外形上窄下宽，上下圆有沿边，玉身布满凸雕蚕纹，蚕纹立体，碾磨精细，锦地别底，上方有一对钻小圆系孔。整器为圆雕，造型立体。

◎**战国·玉雕舞女佩饰**

通高约 40.7 厘米，横长约 2.4 厘米。
美国佛利尔艺术陈列馆藏。

　　这组玉佩经专家考证是由河南阳金村战
国墓出土的，是遗失于国外的无价之国宝。它
集中了当时金银细工和雕工之精华，玉佩上
部由三支小玉管排列呈 T 形，下方的玉管之
下悬挂一对玉雕舞女，舞女的发饰呈半月形，
两鬓卷曲，长衫窄袖，下裙绕身略紧，底边宽
阔，翩翩起舞。金饰链两侧各串有一玉管，与
上管相接，组成五组对称形，玉管中串出的金
链与下一长扁形玉管相连，管下由金环连接
成三块龙凤玉佩，中间玉佩为凤形图案，左右
两侧玉佩为龙形图案，雕工极为精美，为汉代
组玉佩绝品之作。

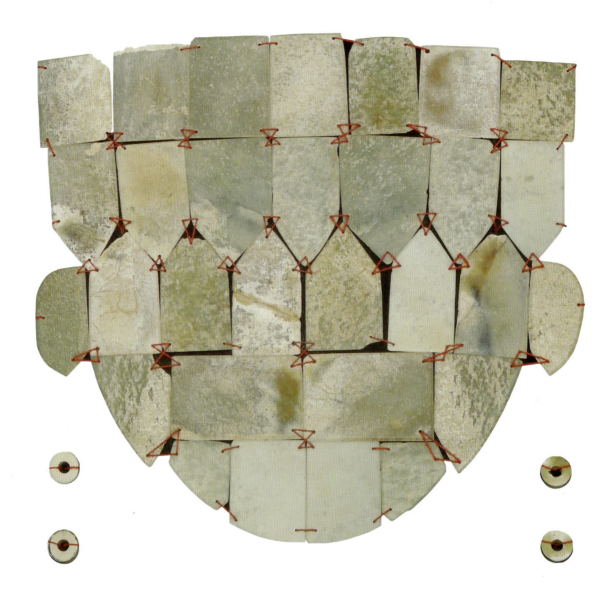

◎战国早期·缀玉覆面瞑目

通高约30厘米，横长约22厘米，厚约0.3厘米。

河南洛阳中州路战国墓出土。

中国国家博物馆，古代玉器馆展藏。

　　这件缀玉覆面是用多件小玉饰片由金丝连接成玉面饰，组成印堂、眉、目、鼻、口、腮、下颊、髭须等面具。战国，上层贵族死后有面部加盖缀玉覆面的埋葬礼仪。郭沫若先生对缀玉覆面的看法为："从考古发掘所见战国时代于人面饰以玉片或石片的风习，其布局恰似一个黄字。"这证明了古代中国各地葬俗文化形成的由来。另外三门峡虢国墓地、山西侯马上马村晋国墓地、山东曲阜鲁国故城战国墓、洛阳中州路战国早期墓、河南辉县赵固墓都有不同制作工艺的缀玉覆面瞑目出土，在赵固墓出土的缀玉薄玉片有32片，这些玉片就是后来演变成汉代金镂玉衣的前身。

◎战国早期·白玉、松石、玛瑙组佩（右）

组佩通高约28厘米，横长约18厘米。

河南洛阳中州路战国墓出土。

中国国家博物馆，古代玉器馆展藏。

　　这组玉佩是由玉髓环、玉环、古夔龙、绿松石和紫晶珠三组串成的佩饰。最大的是玉髓环，白色玉质，光透明亮。中间分为两行串。一行是一颗钻孔扁圆绿松石连着一颗枣形钻孔小紫晶珠，下面是扁片圆形璧，璧面前后饰勾云纹饰，内外为浅浮雕阴刻。再下有两颗钻孔绿松石，与下方像牙白色石夔龙背小孔相连接。夔龙呈弓形，卷云形龙首，回头形致，龙身前后表面饰凸雕虺纹和云纹，雕工精美。另一行是一颗钻孔扁圆绿松石连着一颗钻孔长圆绿松石，与其下小圆玉环相连，白色玉髓为六棱形，再下面是一颗钻孔枣形紫晶及一颗钻孔绿松石，其下面是夔龙。夔龙弓背上钻有一小孔，可与上述各种玉饰串连成一套完整的组玉佩。此件玉佩摆放顺序和出土时墓主人佩带在胸前时一样。

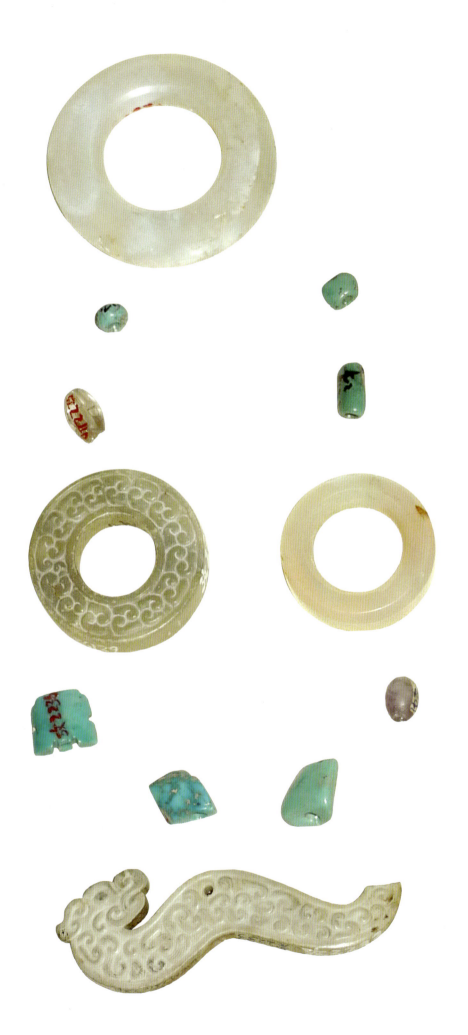

◎ **战国·青玉谷纹玉环**

外径约 10.5 厘米，内径约 6.9 厘米，厚约 0.35 厘米。
陕西出土，西安博物院展藏。

　　青白玉质，玉色温润，局部有褐色沁。环呈扁圆形，形
成较宽的璧面，内外边缘各起斜线突边弦纹一周，正反两面
饰满均匀的谷纹，每个谷突起，排列有序，其上阴刻细线呈
螺旋纹状，线条尾部与相临的谷纹相连，抚摸璧面有扎手之
感，这是战国玉环的突出特点，而在雕工上的确十分精湛，可
见琢刻痕迹。春秋战国玉环和玉瑗的特点，一种是光素无纹
素环，一种是有纹饰的，玉环边部有宽有窄，内圆孔有大有
小，小环多饰云雷纹及鸟云纹等。战国玉环种类较多，有玛
瑙玉环、丝束纹环、云纹环、蚕纹环、蟠龙环、勾连云纹环等。

◎ **战国中期·勾连云纹瑗**

外径约 6.3 厘米，内径约 3.8 厘米，厚约 0.5 厘米。

河南辉县赵固围村出土。

中国国家博物馆，古代玉器馆展藏。

　　白色玉质，玉质略闪灰白色，局部有出土包浆土色，并带有历史的痕迹。玉瑗呈扁圆状，略厚。外形切割光润，内镂空一大圆孔，瑗壁略宽，壁面用小砣雕刻制勾连云纹，均为阴线减地雕琢方法。内外沿边雕有一圈阴线。此瑗造型宽厚，纹饰雕工精美，为战国中期玉瑗具有特点的精品之作。

◎ **战国·大理石纹瑗**

直径 7.6 厘米，孔径 4.5 厘米，厚 0.5 厘米。

西安市雁塔区金滹沱村出土。

　　瑗呈扁体圆环形，通体雕琢纹绳纹，两面以勾彻法琢刻的斜向弧线前后衔接，呈螺旋形延伸。每条弧线粗细相等，曲率一致，流畅自然，富有韵律感。玉色浅黄，晶莹鲜润。仿照多股绳创作的纹样。其最早出现于新石器时代陶器上以后也常在青铜器、瓷器、石刻和玉器等器物上作辅助纹样。古玉器中的绳纹纹大多装饰于器物或图案的边缘，有的也用于动物的躯体。

◎ **战国中期·绞丝纹瑗**

直径 8 厘米，孔径 6.5 厘米，厚 0.7 厘米。

中国国家博物馆，古代玉器馆展藏。

　　战国玉瑗以造型比较丰富，此时期因注重装饰玉器之美，品种较多，其中多见佩饰玉瑗，有组玉瑗和单体玉瑗等，造型大多在 9 厘米、8 厘米、5 厘米的外直径之间，玉孔有大有小，外壁有宽有窄，或较厚略扁等，饰纹有勾连云纹、绞丝纹、云雷纹等，砣雕工艺都十分精美。

秦两汉玉器考证鉴识

　　秦朝统一中国仅十五年，"车同轨"、"书同文"、统一度量衡，修筑长城，焚书坑儒之后，又修建阿房宫和骊山始皇墓等，都是开创新历史篇章的大事，但从陕西地区出土的秦代墓葬玉器遗存中却少之又少。据专家考证，秦始皇九年，已有玉玺，秦以玉为玺，为天子所独用，这说明秦国统治者对玉十分重视。《西京杂记》中记载汉高祖刘邦"初入咸阳宫，周行库府，金玉珍宝不可称言。其尤惊异者，有青玉五枝灯，高七尺五寸，作蟠螭以口衔灯"。从此传世文献中，我们可以想象，始皇帝时代玉器可谓精美而博大。从西安西郊秦阿房宫遗址出土的"勾连云纹高足玉杯"来看，秦国玉器雕工十分精致，造型和装饰有简有繁，用玉和纹饰更为讲究，有新疆和田玉、陕西蓝田玉及西北和昆仑山产的类似岫岩玉的玉质。秦国早期玉雕已形成秦代玉器的风格特点。对秦玉器文化评价，还有待今后陕西考古发现有更多的奇迹出现，因为秦朝很多重要文化遗址还没有进行实际考古阶段。

　　两汉时期中国疆域不断扩大。从汉高祖刘邦到景帝刘启，汉武帝刘彻、光武帝刘秀及汉末献帝刘协时期，不到三百年的历史，汉代玉器文化主要分为汉初期、中期（西汉）和中晚期（东汉）。从汉代出土的玉器来看，先秦时代的玉器在汉代逐渐发生演变，如礼仪用玉相对减少使用，组玉佩较大幅度地减少，并演化为汉代形式风格的玉佩风格，各种丰富的佩饰、器皿、陈设和葬玉显著增多。如玉衣、玉枕、玉剑饰、玉玺、高足杯、玉人、玉舞人、玉仙人、奔马、玉砚滴、玉案、辟邪等，增加了诸多用途，在工艺风格上有更多的创新，如透雕、圆雕、高浮雕、镶嵌、鎏金、金属工艺等，已经充分反映了西汉与西亚文化交流所产生的丰富多彩的文化现象，体现了中西方文化融合的时代风貌。汉代出土的墓葬遗址最有代表性的是河北满城陵山（中山靖王刘胜及其妻窦绾墓），另外还有河北定县（中山怀王刘修墓）、山东曲阜九龙山（鲁王墓）、江苏徐州北洞山（楚王墓）、广东广州（南越王赵眜墓）等，这些汉墓所出土的玉器真实地反映了汉代经济社会的强大，使玉文化又迈向新的历史高峰期。

◎ 秦·（戌日月）白玉箴言印

印高约 1.8 厘米，印面纵约 1.8 厘米，横约 1.8 厘米。
西安出土，西安博物院展藏。

　　此印为单面白玉印，印背呈四坡状，覆斗钮，钮上有穿孔，印呈方形，四面边沿微高，印面刻阴纹篆书"戌日月"三字，篆书结构如象形画面，是一方箴言印，这反映了秦代私印箴言的修养和道德精神，印面为阴刻，字体刀功一气合成，有外边框，刀痕清晰，刻工娴熟。因秦始皇创立印史制度，只限皇帝称"玺"，臣下一律称"印"。"玺"与"印"的称谓从秦代开始已经有了等级上的差别。

◎ 秦·岫岩青玉璋

竖长约 21.3 厘米，横宽约 6.6 厘米，厚约 2.3 厘米。
西安未央区大明宫公社联志村出土，西安博物院展藏。

　　这件秦玉璋呈扁平长方体，上端为斜锐角，似玉圭之半形。通体素面无纹，玉色呈青绿色，深浅富于变化，有暗绿色，为秦代岫岩玉礼器作品，璋四周壁碾磨平光，抛光精细，表面及棱角均十分滑润。这种形制的璋多见于战国晚期。

中国玉器发展到秦汉时，也有了承前启后的变化。西汉建立之后，汉代因为儒家道德学说从礼制上维护封建国家制度，以礼器、佩饰为主的儒家玉器体系也因此得到了大力扶持。其时，国势强盛，中原同西域的交通来往方便，玉材来源很丰富，玉器由此呈现一派繁荣景象，中国玉器史上迎来了又一次高峰。汉代玉器因为原材料好，再加上雕琢工艺精良，品种繁多，在中外玉器史上的地位突出，有"汉玉"之称。其中，又以玺印、玉辟邪、玉鸠仗首和玉衣最为著名。

秦代因统治时间短，从出土的玉器和传世品来看，主要有新疆和田玉和西北类似岫岩玉的蛇纹石和透闪石等玉石。汉代玉器基本上用透闪石和角闪石的软玉为原材料，尤其经常使用新疆和田玉、玛纳斯玉以及陕西蓝田玉，其中和田玉中的羊脂玉和籽玉更多一些。当时，常用羊脂白玉制作玉璧和玉剑饰，显得晶莹润泽、细腻温和。汉代玉器中还有一些是由水晶、玛瑙、琥珀和绿松石以及蛇纹石制作的。白玉、青玉、绿玉、褐玉、黄玉等是汉代玉器首选基本玉质。

汉代玉器造型可分为几何形、人物形和动物形。几何形有璧、环、珠、圭、戈、琮、璋等等，玉璧演变最为明显，如双龙出廓饰璧，宜子孙玉璧、长乐镂雕螭龙谷纹璧等，造型丰富多彩，安居乐业，民间生活性极强。人物和动物形有凤形佩、龙凤佩、玉龙佩、舞人佩、螭纹佩、玉蝉、玉猪、玉熊、玉马、玉仙人奔马等。其流行于当时的地主阶层、皇家贵族代表身份等级的便是玉剑饰，其在造型和工艺设计制作上都特别华丽，也很实用，此时剑饰代表上层社会的地位和荣誉。

汉代玉器制作工艺有所创新。战国时期盛行的卷云纹、谷纹、蒲纹等，在汉代玉器中或单独雕饰，或综合使用。富有神秘性的四灵，即青龙、白虎、朱雀、玄武，以及辟邪的纹饰出现在玉器上。将青龙、白虎、朱雀、玄武等排列在兽面两眼两端，其方位对应阴阳五行。玉璧上饰有单独的龙凤纹，而凤纹则常饰于玉佩上。至于龙纹，常出现在各类玉饰之上，广为流行。

东汉时期，玉器制作采用了更为完善的阴线刻技术，这种形式在当时相当盛行。阴刻细线有手工雕琢，也有用砣机带动金属钻来雕制，钱条弯曲流畅，细若游丝，灵动轻逸，描绘准确，生动传神。一些若断若续的阴刻线，被后人命名为"跳刀"。其刻制工具为"昆吾刀"，经常使用在玉人、玉璧、佩饰、玉剑饰等各种玉器中，盛行不衰。"跳刀"加上很小的细线刻圈，成为汉代玉器突出的标志。很多玉璧用吉祥语来雕制，将"长乐"、"长宜子孙"之类的吉祥字句与精雕细琢的纹饰有机地结合在一起，浑然一体。

汉代的玉器纹饰图案，也结合了一些流传很广的神话传说。汉代玉器纹饰大致可分成几何图案和动物图案。汉代玉器上的几何纹以涡纹、谷纹和蒲纹最为常见。谷纹和蒲纹主要是刻在玉璧上，卷云纹和涡纹可能是由蟠螭纹发展而来的。动物纹又可分为写实型和图案型两种。

汉代玉器上的动物纹饰，虽继承了战国时期那种图案化的风格，但也采用了写实写意的手法。具体动物纹饰有龙纹、凤纹、兽面纹、螭龙纹、熊纹、虎纹、蝉纹、童子骑羊纹、龙马纹。从墓葬出土的文物看，有人物舞人、神人、玉俑头、仙人奔马、东王公、西王母。四灵纹主要沿用秦代的四方神灵有青龙、白虎、朱雀、玄武等。

汉代的琢玉工艺，在战国时代的风格基础上继承演变而有创新发展。战国时期已广泛使用比一般铁制更有

◎秦·青玉高足杯

通高约14.5厘米，口径约6.4厘米，足径约4.5厘米。西安长安县车刘村秦阿房宫遗址出土，西安博物院展藏。

这件玉杯造型大气而不失秀雅，青白玉质，略泛黄，局部有桔黄色彩，富于变化，带有出土时的土沁和包浆痕迹，玉色晶莹润泽，碾磨抛光极为精细。玉杯由杯体和杯座上下两部分雕琢而成，杯身呈大圆直口，直口不斜收腹到圆底，杯底柄略高，扁圆底座。杯座似玉豆之形。口出外缘减地一周形成边廓。杯身三道双勾弦纹将腹部纹饰分为四层构图，近口缘的第一层有四带叶子与连云纹一周。第二层为谷丁勾连云纹。第三层为几何形勾连云纹。第四层为变形云头纹。谷丁勾连云纹采用压地稳起与阴线结合手法，纹饰为浅浮雕，丰满浑厚。

切割力的工具，因当时兵刃、刀剑制造已经达到了较高水平，从出土的玉器造型切割和砣机碾磨来看，更为精细，一面坡斜雕要比战国时代更为犀利，浮雕更加立体，更有层次，精品多层浮雕造型栩栩如生。在这种背景下，这无疑对制玉工艺有很高的工艺与审美的影响。剖切玉料的工具，考古专家认为当时已采用高于一般性铁质圆砣或直条锯加水的和解玉砂工艺制作而成。

从出土的玉器中，常见云螭纹都采用高浮雕来装饰玉和礼仪器等。大多数为片雕，表面用螭龙纹体形粗壮刚健，回首爬行，生动活泼，优美的姿态增强了艺术的动态美。汉代玉器雕琢、抛光都显示出较高的技艺，来表现玉雕的艺术特性。

日用器及人物、动物形器型多数为圆雕，绝大多数器物有纹饰，纹饰结构细密满布，风格典雅柔秀；装饰品中多施镂雕技法，器型玲珑精美，镶嵌工艺空前发达，种类繁多。

汉代玉器抛光术承袭了战国抛光工艺，但光泽度稍逊。抛光工具可能是砂轮或布轮。西汉中山怀王刘修的金缕玉衣于1973年在河北省定县（现河北定州市）八角廊村40号汉墓出土。东汉玉衣的使用有明确制度，规定皇帝玉衣用金缕，诸侯王、列侯、贵人及公主用银缕，大贵人、长公主用铜缕等，这都证实了两汉琢玉工艺水平高超和等级制度的使用规范。

汉代玉器根据器型和用途，可分为礼仪器、葬玉、装饰品和日用器类等。汉时，人形玉是佩饰玉器中的组成部分之一，出土的数量很多，人物形象的表现也十分丰富，以仕女居多。这反映了汉代妇女在家庭地位的提高，从玉器作品中被表现出来。汉代人形玉的琢刻线条简洁明了，从一个侧面进一步打破玉器领域中抽象纹样和龙凤形象独尊的格局。许多考古学家认为，这不是孤立的艺术美，这与当时汉帝国丝绸之路吸取西亚文化与汉文化而演变成的独特之审美。

另外汉代玉器也出现反映民俗生活的题材，开始走向写实，并一反平面雕刻的习惯，代之以立体圆雕，其中又以动物玉雕牛、羊、鸟、龟、熊等最为常见。从汉代中期玉器的品种来看，在数量和品种上迎来玉器史上新的高峰期，它的雕琢技术当然也有所改进，最突出的是"汉八刀"和双沟碾法。"汉八刀"反映了汉代雕饰的简洁明快格的风格，具体表现为圆润和立体构成的结合及新的审美形式。

两汉玉器种类

汉代玉器根据器型和用途，可分为礼仪用玉、丧葬用玉、装饰用玉、日常用玉及玉艺术品等。

文献上所记载的六种"瑞玉"即礼仪上使用的玉器，在汉代只有璧和圭两者可继续作为礼器使用，璜和琥都已只作为佩饰之用，琮和璋在汉代似已不再制作。其中

玉璧品种丰富，类型较多。如蒲纹璧，直径较大，一般分为内外两区，内区饰蒲纹、谷纹，外区饰龙纹或凤鸟纹，还有谷纹璧、螭纹璧等，一般都采用浅浮雕和镂雕等表现手法。汉代中期玉琮很少被使用，已不再作为礼仪器使用，而是当时人们为欣赏、把玩或仿古而制的。玉圭用水苍玉（青绿色）制成，长方形，顶部有一尖角，圭的尖部较长，无纹饰，或有凸起的谷纹，这也正是汉代中期把礼器造型推向了更高的审美阶段。

1968年在陕西咸阳，考古专家发现了汉代吕后的"皇后之玺"后受到世人瞩目。此玺通体晶莹，有螭虎钮。这颗"皇后之玺"便成了稀世之玉。据《汉官旧仪》介绍，"秦汉以来，天子独称玺，又以玉，群臣莫敢用也"。当时，天子一人六玺，印文：皇帝之玺、皇帝信玺、皇帝行玺、天子之玺、天子信玺、天子行玺。皇后也有玺，"皇后玉玺与帝同。皇后之玺，金螭虎钮"。

葬玉在汉代玉器中占有很大的比例，这是因为汉人继承并发展了先秦儒家"贵玉"的文化思想，皇室贵族生前佩玉也要随葬。这不能与"葬玉"等同。我们所说的"葬玉"是指专门为保存尸体而制作的随葬玉器，而不是泛指一切埋在墓中的玉器。葬玉在汉墓中颇为普遍，主要有四种，即玉衣、玉琀、玉握和玉九窍塞，个别墓葬中还有玉枕。其中玉衣又称玉匣，是由尸体局部使用的丧葬用玉演化而来，在西汉初年已较多地使用。玉衣的外观与人形相似，就其部位而言，可分头罩、上身、袖子、手套、裤筒和鞋子六部分。世上常见的多为玉衣片，四角各有一小孔以穿缕，玉片多为水苍玉。玉琀为死者口中用玉，大概是因为蝉具有转变来世的特征，人们也希望故人死而复生。玉握为死者手中所握之玉，有璜形、猪形等。玉九窍塞是汉代独有的一套葬玉，用以填塞或遮盖死者身体上的九窍之孔，为眼盖、耳塞、鼻塞、口琀、肛塞、生殖器罩等。眼盖为近似枣核形玉片，鼻塞为六棱柱形，耳塞似钉帽，口中含玉近似"U"形，下部稍宽厚。西汉时期的玉枕呈长方形，由木芯、玉片、鎏金铜构件及金箔构成，制作极为精美。顶部玉片琢刻虎纹，虎身饰涡纹，正面玉片缀以金箔装饰，中部饰一对铺首衔环等。汉代葬玉在各地出土中，各有不同，变化也很大，这也是由于汉文化区域广阔，文化都有区域独特性。

汉代贵族各层人物佩玉成风，因此产生了丰富的玉文化，装饰玉器是随身佩戴的装饰物，有玉环、玉璜、玉觿、玉冲牙、玉带钩、透雕玉带饰、刚卯与严卯、鲽形佩、龙凤纹玉佩、两节佩、玉组佩、玉牌饰、玉剑饰、玉铺首、玉印、小玉璧、长袖舞人、扇形佩、组玉佩等。

实用品，是加有纹饰或附属于金属实用物的玉制装饰，汉代的日用玉器种类众多，其中既有前代已有的容器，也有汉代新出现的器种。容器主要有高柄杯、玉盒、耳杯、角形杯、玉卮、玉觥、玉樽、玉盏、杖首等，新器种则包括玉镇、玉枕等，陈设品有花插、玉座屏等，书

房文具有玉砚滴等。汉代礼仪用玉基本是祭祀天地时所执的玉圭、玉璧、玉琮等。最富于变化的是玉璧，造型丰富多样，如透雕宜子孙璧、长乐璧、出廓璧、益寿璧、生前生活用璧等多种样式。

◎西汉早期·青白玉双龙珩

通高约 8.5 厘米，横长约 19 厘米，厚约 0.4 厘米。浙江慈溪许氏藏。

　　青色玉质，玉色温润，呈扁片弧形，玉珩在南北朝时期较为流行，至了汉代有很大的变化，成为一种装饰礼玉。此珩演变成双龙形态，龙形延续战国时期龙首形状，龙身组合成了对称图案。整器造型呈半弧塔形，内外形镂空切割终条流畅而娴熟，正背对称。玉表面运用浅雕、阴雕线刻技法来表凤卷云纹勾连的装饰图案，琢雕工艺精湛，碾磨精细，为汉代玉珩代表之作。

◎秦·青白玉谷纹瑗

直径约 7.1 厘米，孔径约 3.6 厘米，厚约 0.5 厘米。西安出土，西安博物院展藏。

　　瑗呈扁圆形，外圆边和内圆孔的边缘各起弦线纹一周，形成较厚的内外郭。正反两面均饰谷纹。谷纹排列规则有序，其在雕琢时事先在玉的表面刻画出了菱形或方形的网纹，然后在每一个网格内碾琢出谷纹。比较而言，此瑗为青白色玉质，色泽润透，玉身上琢刻谷纹丰润饱满，既不像战国的尖突，也不像汉代的低平，通体表面抛光效果甚佳，有光透感，琢工细腻，碾磨精湛。

◎西汉·白玉镂雕双璧

通高约15厘米，横长约26厘米，剖厚约1.8厘米。

山东枣庄汉墓出土。

　　玉身呈白色玉质，光透温润，局部有褐色沁，璧面带有出土时的包浆和土沁色。为双面圆形璧。玉身正面呈上中下和左右组成的构图，是一件反映墓主人生前世俗生活的场景画面的玉璧，这种汉代贵族的生活场景，从山东出土的画象砖上都可以看得到，为汉中期玉器作品、画面有人物守猎禽鸟后做美食及听雅乐编钟的真实生活场景。人物造型夸张而又写实，造型雕琢采用浮雕别地方法，别地较深，更为立体。

人物和其他纹饰，采用线刻、深雕、碾磨来表现，整体玉身外形切割流畅，透雕精细，造形富于变化，绘画感强烈，好似一幅立体壁画。另有玉璧背面，外形与前面对称，璧中心圆为透雕，巧妙地把正面造型反映在后面，构图简洁，璧面浅雕蚕云纹、阴刻蚕云纹边线条，别地平展，刀法娴熟。此件玉璧为汉墓出土的玉璧中的绝品之作。

◎ 西汉·螭龙乳丁纹玉璧

直径约 43.8 厘米，厚约 0.5 厘米。

美国旧金山亚洲艺术馆藏。

　　青白玉，微泛黄色，局部有沁色纹线及褐色斑，并带有土沁痕迹。璧面扁圆形致，内有小圆璧孔，外圆的缘边突起方边沿，缘边上方饰有一组镂雕螭龙塔形柱，玉璧表面饰凸起乳丁纹，玉璧前后纹饰对称。塔形柱上有一个雕琢螭龙，龙头顶有双股卷云纹，龙相背昂首挺立于璧缘上，体态丰腴矫健，雕琢精致，纹饰流畅，玉璧表面底板突雕布满小圆点似乳丁纹，底板表面剔地光润，玉璧前后对称而规整，整器外形切割线条流畅而精美，造型繁简构图讲究而典雅，为汉代玉璧之珍品。两汉时期的玉器上，螭纹最为流行。螭纹玉璧的特点有三。一、出廓玉璧，廓外部位装饰螭纹。二、镂雕玉璧，中心部位饰螭纹。三、双螭玉璧，即在璧的表面凸雕双螭。

◎ **汉·青玉琮**

通高约 4.3 厘米，内径约 5.2 厘米，宽约 5.8 厘米。
北京故宫博物院展藏。

　　青白色玉质，玉色略闪浅黄色。外廓近方，四间挖空圆形，上下出圆边口，四角呈三角形，上阴线雕琢四组兽面神人纹饰，图案带有良渚文化遗风，雕工简练，造型略粗犷，此时期玉琮雕功都比较简单，因汉代更重视六瑞中的玉璧文化，玉琮发展得到了停止状态，精品玉琮作品较少。琮是古代重要的礼器，还可用作葬器。

◎ **汉·青白玉琮**

通高约 3.8 厘米，内径约 5.2 厘米，长约 5.8 厘米。
北京故宫博物院玉器馆藏。

　　青白色玉质，玉色润泽。内圆外方，表面光素。自新石器之后，至商周玉琮盛极一时，到了春秋之后，玉琮在各诸侯国礼器中并不为重视，进入了衰退时期，随之而来是大量的装饰品玉器。到了汉代，玉琮使用的更为少见，玉璧取代了玉琮，很多汉代出土的玉琮，造型都较为简略。

◎ **西汉·白玉螭虎蚕纹镂雕双璧**

通高约 15 厘米，横长约 31 厘米，厚约 1.4 厘米。
山东枣庄汉墓出土。

　　白色玉质，光润微透，局部有褐沁色，璧面带有出土时的包浆和土沁色。呈双璧形致，一面璧身饰蚕纹微凸，边刻阴线，碾磨光润。另一面在双联璧后琢刻高浮雕两组螭虎纹，造型生龙活虎，螭虎雕琢精致，尾部长卷，尾上浅刻多条线卷动。螭身用圆雕，局部阴刻来表现勾云纹装饰图形。整器造型独特，多采用圆雕、层雕、镂雕、阴刻工艺方法，为两汉玉雕之绝品。

◎西汉早期·镂雕双螭龙纹谷玉璧

通高约26厘米，璧外径约14厘米，内径约4.2厘米，
厚约0.6厘米。河北满城县中山靖王刘胜墓出土。

　　玉身呈青白色玉质，局部有褐色沁斑，并有氧化白斑色。
圆形玉璧表面琢刻谷纹，谷微凸，剔地碾磨精美，璧内外边
缘有凸边线。圆璧上方有一组塔形螭龙装饰镂空图案，上有
一对长身螭龙，尾长托至璧上，龙头上方刻有如意变形云纹，
整器外形切割镂空对称，阴线琢刻，清楚可见刃痕。两汉玉
器在继承战国玉器的基础上有了更大的发展，具有承上启下
的作用。除神灵动物纹外，还流行云纹、蒲纹、乳丁纹等纹
样。在社会厚葬观念的驱使下，上层贵族使用葬玉的规模超
过以往。

◎汉·白玉乳丁纹夔龙璧

通高约26厘米，厚约0.5厘米。壁外径约19.3厘米，内径约3厘米。美国佛利尔艺术博物馆藏。

白玉色质，略泛浅青色。玉璧上方呈梯形镂空一组夔龙，夔龙首构图为正面造型，圆杏仁眼，头顶卷云双角，扁耳、长鼻、弓形长身、身形苍龙，长颈、长尾，尾托至璧上，周身四处饰卷云纹，夔龙造型生动逼真。圆璧表面琢刻突起乳丁纹，剔地碾磨精细而光润，内外边缘有凸边线。为汉代玉璧典型代表造型。底板刻乳丁纹。璧、琮、圭、璋、琥、璜是古代六种主要的礼仪玉器。先秦时，璧、琮、璋、璜等物被称为祭玉和瑞玉，用于祭祀和朝觐等礼仪。到汉代，祭玉和瑞玉的使用已渐趋衰落。不过璧在燎（烧柴祭天）和沉（沉璧祭川）这样的大祭祀中仍被使用，用于随葬的也不少，有的放在死者的胸部和背部，有的放在棺椁中间，还有的镶嵌在棺外作为装饰。

◎**西汉·青玉蒲纹璧**

直径约 14.9 厘米，口径约 2.6 厘米，厚约 0.6 厘米。

美国哈佛大学艺术馆藏。

　　青色玉质，玉身有深色纹理及沁斑。玉璧外圆对称，内圆孔略小，外边和孔边阴线琢刻一圈，璧表面用圆形砣具剔地呈棱形，并在棱形上下剔地成蒲纹形状，图案规整，两面对称。

◎**西汉·青白玉蚕纹玉璧**

直径约 13.8 厘米，口径约 5.1 厘米，厚约 0.4 厘米。

美国哈佛大学艺术馆藏。

　　青白色玉质，玉色润泽，局部有深褐色沁，色彩对比富于变化。玉璧外圆规整，内孔略大，内外边沿减地突起，并刻阴线一周。璧表面用小砣具精刻凸起旋转形蚕纹，蚕纹下剔地平展而光润。此璧两面对称，雕工精美。汉代玉璧特点大中小都有，玉表面多饰蚕纹、蒲纹、夔龙纹等。

◎**西汉·鸟纹青玉蒲纹璧**

直径约 19 厘米，孔径约 4.2 厘米，厚约 0.5 厘米。

上海博物馆，古代玉器馆展藏。

　　青色玉质，玉色中加杂灰色纹理。内外圆形砣切割对
称，玉璧表面装饰分两层区域构图，外层图案用小尖砣雕
鸟形云纹图案及一圈绳纹饰。内层图案用圆砣剔地法，雕
琢出蒲纹连续图案，内外沿边都雕有阴线。双面图案较对
称。两汉玉器在继承战国玉器的基础上有了更大的发展，
具有承上启下的作用。除神灵动物外，还流行云纹、蒲纹、
乳丁纹等纹样。在社会厚葬观念的驱使下，上层贵族使用
葬玉的规模超过以往。

◎西汉·夔龙碧玉蒲纹璧

直径约 21.6 厘米，口径约 3.1 厘米，厚约 0.5 厘米。
美国旧金山亚洲艺术馆藏。

　　碧绿色玉质，玉质纹理色彩富于变化。此璧玉身略大，内
外圆形对称，沿边口外都有阴刻线一圈，外壁图案饰有夔龙
纹图案四组，图案用小砣具用阴线雕琢，线条粗细错落缠绕，
中间图案浅雕蒲纹连续图案，并饰有绳纹于蒲纹图案两侧。
玉璧雕功线条硬朗，表现手法娴熟。

◎西汉·夔龙碧玉蒲纹璧

直径约 27.5 厘米，口径约 5.1 厘米，厚约 0.5 厘米。

北京故宫博物院展藏。

　　此件为碧绿色玉质，局部有褐色沁，色彩富于变化。玉璧两面纹饰相同，内圈琢刻排列整齐的谷纹，采用剔地、阴线方法来雕琢。外圈以粗阴刻线琢兽面纹，兽面的顶上作两条蛇身，形成四组连续图案，呈曲线成装饰外圈一周，外圆边沿阴线琢刻一周，形成宽边缘，整器造型规整，装饰雕琢精湛。为汉代典型玉璧造型。并在其周围饰以阴刻细线。谷纹最早出现在《周礼》中记载的"谷璧"上。所谓的"谷璧"，也就是说璧身上雕有谷纹。螭龙纹和云气纹演变成谷纹，基本上是在东周时期定型的，其形状与发芽的谷粒差不多。

◎ **西汉·夔龙青玉谷纹璧**

直径约28厘米，口径约4.9厘米，厚约0.5厘米。
美国哈佛大学艺术馆藏。

玉璧自新石器时期起，一直到清代，使用年代长，数量多，用途广泛，可用做礼器、佩饰、随葬品等，《周礼·大宗伯》记载有"以苍璧礼天"，即以苍璧祭天。此件玉璧上两面纹饰相同，内圈琢刻排列整齐的谷纹；外圈以粗阴刻线琢兽面纹，兽面的顶上作两条蛇身，分向左右，形成"W"形的曲身，并在其周围饰以阴刻细线。

谷纹玉璧和玉环是东周到汉初这段时期用得最多的玉器，玉璜也经常使用谷纹来装饰。乳丁纹是由谷纹发展而来的，将谷纹芽头删除便是。

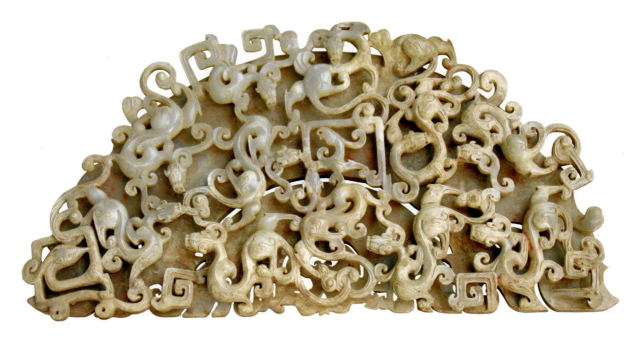

◎西汉·双面兽首透雕勾连纹螭虎玉璜

通高约 13.2 厘米，横长约 26 厘米，厚约 1.6 厘米。

山东枣庄汉墓出土。

　　青白玉质，玉色温润，局部有褐沁，璧面带有出土时的包浆和土沁色，璧呈扇形较厚，两面为浮雕工艺制作而成。正面上下两组构图，外弧两端为对称兽形首，张嘴突眼形象生动。下组为对称兽形首，内弧下饰透雕一对似朱雀的鸟纹、造型活泼立体。玉身表面浅雕琢刻勾连云纹，勾连云边阴刻勾线精细。西汉勾连云纹与战国勾连云相比较更为精美，形制略小一些，玉兽的造型也较写实，夸张之中有细节变化，玉面立体更强，碾磨光润，不失立体之感。而背面是一组高浮雕及镂雕勇猛的螭虎造形，左下边有一凤鸟和一龙螭，带领这些神灵们奔放舞动。此璜雕琢绝美，充分反映出汉代玉器高超的工艺水平。

◎**西汉·青白玉璜**

通高约 4.5 厘米，横长约 12 厘米，厚约 0.4 厘米。
北京故宫博物院展藏。

　　青白色玉质，玉色有纹理色彩的变化。玉璜呈半圆弧形，中间上钻有一孔系。外形两侧有凸起方齿边。玉璜表面用小砣雕制云雷纹和云绣纹及网格纹。阴线雕琢略厚，璜边沿有边框线。

◎**汉·夔龙青玉蒲纹璧**

直径 18 厘米，孔径 3.3 厘米，厚 0.5 厘米。
西安博物院展藏。

　　汉代玉璧特点明显，大璧在 40 厘米左右，中璧在 20 厘米左右，小璧在 10 厘米左右。汉代玉璧有以下特征。第一，玉质多为水苍玉，似青玉而深碧，中似有白斑，少数为青玉。第二，玉璧表面亮而有光，似玻璃光但色暗，有一些因入葬而失去光泽，带有水沁或土沁。第三，玉璧上的精阴线为极细的线条密集而成，细线条则若断若续。

◎**汉代·青玉夔龙蚕纹玉璧**

外径约 18.5 厘米，内径约 5.6 厘米，厚约 0.4 厘米。
北京故宫博物院玉器馆藏。

　　青色玉质，玉纹理富于变化。内外边圆切割对称，双面纹饰相同。玉表面分两层区域构图，外层阴线雕琢夔龙纹四组，内层图案别地成蒲纹形状，并在蒲纹上用小砣浅雕蚕纹，外边两侧饰绳纹。汉代的蚕纹璧，谷粒小而圆，为较高的凸起，且排列稀疏。这类蚕纹璧，最初出现于战国长沙地区的楚文化，由于楚文化对汉代艺术的巨大影响，致使汉代玉器中出现了这种蚕纹璧。

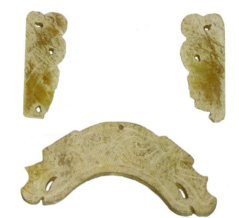

◎西汉·蓝田青白玉组佩

白玉一组，厚约0.3厘米，九件组成。
西安新城区动物园出土，西安博物院展藏。

　　白玉泛青黄，局部有氧化灰斑和出土时
的土沁色。这组佩又称杂佩，春秋战国时期
流行在腰部左右佩戴由七件以上佩玉和珠组
成的长串玉佩。最上为横卧的菱形佩玉，称
为珩。珩下端三孔，各系一条连璜及方形的
琚、瑀，其下又连第三层的成对相向的冲牙，
龙头张口，变凤身弓起，一爪踏于尾，另一
种形似玉璜，一端为长尖，外侧琢精细纹饰。
玉组佩在汉代已不及战国时期盛行，但仍为
上层贵族奢侈佩饰品。《后汉书·与服制》载：
"至孝明皇帝，乃为大佩、冲牙、双璃、璜，
皆以白玉。"

◎西汉·和田白玉环形龙饰

通高约6.3厘米，直径约5.3厘米，厚约0.4厘米。

上品和田籽玉，质地细润，半透明，浅浮雕云玉龙造型佩饰。纹饰精雕细刻，内外造型线条圆融和谐，栩栩如生。造型对称，器型玲珑透美。环体扁平，采用切割透雕制作工艺而成，两面纹饰相同。爰龙呈环形，张口露牙，衔其尾。龙身阴刻卷云纹，龙身外缘有透雕的钩状饰。

◎西汉·白玉龙首带钩

通高约 2.6 厘米，横长约 11.2 厘米。

首都博物馆，古代玉器馆展藏。

　　玉钩呈白色玉质，色泽温润，龙首有局部褐色沁斑。玉身修长，线条流畅，碾磨圆润，龙首浅刻圆雕，形致精细，长玉身腹背下有一圆扣钮，为扣在衣服带上所用。整器造型简练而适用，为汉代常见带钩，玉质为上品和田白玉。汉代玉带钩是由春秋战国服装装饰遗风演变而来，在制作工艺上高于战国时代，基本造型有蛙形带钩、蛇形带钩、琵琶形带钩、龙形带钩等，但在大小都不统一。

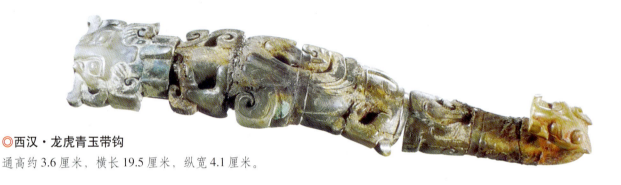

◎西汉·龙虎青玉带钩

通高约 3.6 厘米，横长 19.5 厘米，纵宽 4.1 厘米。

◎西汉早期·玉带钩

第一件通高约 1.5 厘米，横长约 5.2 厘米。

第二件通高约 1.9 厘米，横长约 6.5 厘米。

第三件通高约 1.4 厘米，横长约 4.3 厘米。

　　三件玉带钩均呈白色玉质，玉色润泽、光透，第三件玉质有些氧化，局部有灰白色沁斑。第一件造型简洁，碾磨光润，蛇形首，长琵琶形身，带钩底背腹下有一长圆扣钮，玉身线条流畅。第二件呈长宽琵琶形，螭虎形首上仰，长颈宽身，玉身背腹下有圆形带钮。螭虎形钩首，杏圆眼、长鼻、双长耳、尖嘴、宽额头，头部有明显有浮雕琢刻痕迹，玉身碾磨剔地光润，造型立体。第三件带钩呈蛙形，蛙身较为短一些，为变形长弯鸭首状，钩身为云形，下腹有一圆钮，云形钩身阴刻卷云纹。这三件玉带钩为河北满城中山靖王刘胜墓出土，为西汉早期玉饰珍品。

◎西汉·白玉凤首形玉佩

竖高约 10 厘米，横宽约 3 厘米，厚约 0.3 厘米。

　　白色玉质，微泛黄色，玉色润洁，局部有深褐和黄色沁斑。玉为扁形、造型对称。凤首的造型似鹦鹉形态，凤首顶冠、圆杏眼，长身"弓"形，尖长尾。器表面用浅雕工艺方法，局部装饰用阴线琢刻，可见刃痕，内外形线条切割流畅。

◎西汉·白玉龙首形玉佩

竖高约 10 厘米，横宽约 3 厘米，厚约 0.3 厘米。

　　白玉质泛黄，西汉装饰风格。龙首上扬，张口，圆杏眼，独角上飘，弓形长身长尖尾。玉身琢刻精细，采用浮雕和阴线刻工艺方法。此器造型是战国角形器演化而来，佩戴于身体侧面。汉代上层贵族佩玉成风，主要流行各种形制的佩饰。

◎西汉·白玉蟠螭纹佩

通高约 7.6 厘米，横长约 5.4 厘米，纵宽约 3.8 厘米。
上海博物馆，古代玉器馆展藏。

　　白色玉质，玉色光透，局部有深褐色沁斑，并带有出土包浆色。佩由一方柱组成盘绕的蟠螭柱形，蟠螭造型传神，为高浮雕工艺制作而成，局部有镂雕。

◎西汉中期·白玉长方形龙马纹饰

长8.8厘米，宽4.4厘米，厚0.3厘米。
湖南长沙咸家湖汉墓出土。

　　青白色玉质，局部有沁色，玉色光润。玉饰呈长方扁形，正面用砣具镂雕龙马纹饰，表面局部用小砣细雕阴线流云纹饰。整件玉饰内外形镂雕切割精美，雕工精湛。

◎西汉·白玉鸟

通高约5.5厘米，横长约7.1厘米，厚约0.4厘米。

　　白色玉质，玉色润泽，局部有褐色沁斑。玉鸟呈扁长形，似奔动状，长身卷尾有舞动的翅膀，卷云形长尾，下呈有力凤爪，鸟头呈回望式，长鹰勾嘴，圆眼，顶冠，形致传神。内外形为砣具镂空雕刻而成，玉身表面有局部装饰图案，用阴线刻而成。

◎西汉·鸟形角佩

通高约11.2厘米，横长约14.5厘米，厚约0.4厘米。

　　玉呈青白色，局部有褐色沁。表面光润，为双面片雕。玉佩有角形，造型采用透雕和阴线浅刻法雕琢而成，一端为凤首，呈回头望月状，长鹰勾嘴，头顶冠，圆形眼，长颈略弯。另一端为角形，雕刻精细，纹饰流畅。

◎汉代·玉辟邪

通高约5.5厘米，通长约7厘米。

北京故宫博物院玉器馆藏。

　　玉质呈青灰色，局部有深褐色沁，并有出土包浆色。辟邪造型为立体圆雕，宽长身，挺胸抬头似仰望状，望天怒吼，身下卧有四足，底部有残缺。

◎西汉·"皇后之玺"玉印

通高约 2.3 厘米，横宽约 2.8 厘米。

咸阳狼家沟村出土，陕西历史博物馆展藏。

　　玉质为珍贵的和田羊脂玉、玉色光润别透，玉质纯正。玺印玉座呈正方形致，微高，印座上高浮雕一灵动的螭虎钮，造型立体，雕功精湛而华美，印座四侧刻云纹，纹饰阴刻，线条犀利而娴熟。正方印面阴刻篆文"皇后之玺"四字，四字为小篆，琢刻刀功较深，可见刃痕，字体线条庄重。《汉旧仪》载："皇后玉玺，文与帝同，皇后之玺，金螭虎钮。"此印形制与印文正与汉制相合。因出土地点距汉高祖和吕后合葬的长陵约 1 公里，考古专家推测为吕后之遗物，是汉代皇后玺的唯一历史实物，为无价之宝，从这方玉玺造型和雕工来看，汉代玉雕工艺已具备相当高的制作水平。

◎ 西汉·苏循信印

印面纵 1.6 厘米，横 1.6 厘米。

上海博物馆展藏。

　　此印为玉质，呈白色，印钮为辟邪造型，雕刻精美，印座较高，方形印面，白文篆刻"苏循信印"四字，字体方整，篆刻线条宽厚，笔画起落为宽尖，字形稳重。汉私印所用材料有铜、玉、琉璃、木、石、银等，以铜为主，其次是玉印。形状主要有正方、长方、圆形几种，方形印边长多在 1.2～2.3 厘米之间，普遍比官印小。

◎ 西汉·贾夷吾

印面纵 2.3 厘米，横 2.3 厘米。

上海博物馆展藏。

　　此印为玉质，呈青色，印背呈四坡状，覆斗形钮，有一穿孔，印面白文篆刻"贾夷吾"三字，左边"贾"字独占一边，呈长方形，"夷吾"二字平分右边空间，印文字体纤细，字形饱满，线条流畅，篆刻刀工较深，此印古意盎然而整体感好，圆劲而富有变化，为汉代私印。

◎ 西汉·（番护）白玉私印

通高约 2.4 厘米，印面纵 1.6 厘米，横 1.6 厘米。

上海博物馆展藏。

　　此印为和田玉质，呈白色，色泽温润，龟钮，方形印面，印座较高，印面白文阴刻"番护"两字，汉篆字体，字形线条较细，字体秀美，为西汉私印。

　　汉代私印可分姓名印、吉语印、肖形印三类，其中以姓名印最多。姓名印以印面镌刻姓名为基本特征，多阴文，姓名下加"印"、"之印"、"私印"、"印信"或"信印"等，也有的名上加"臣"或"妾"。汉代私印因不受典章限制，因此印形、印文、装饰，都比较自由。

◎西汉·武意

印面纵 2.3 厘米，横 2.3 厘米。

上海博物馆展藏。

此印玉质，呈白色，覆斗钮，印背呈四坡状，钮上有一穿孔，印座较高，方形印面，白文阴刻"武意"鸟虫书体。鸟虫书体，贵在既要表现文字形体，又不失法度地展示鸟虫形的神韵。"武"字的上下两部分，分别有同一方向的鸿雁，展翅长鸣，极有生气；"意"字的首尾作一条游鱼，神态悠然自得，栩栩如生。此印工整中有流动之气，难能可贵。

◎西汉·长寿万年（吉语印）

印面纵 2.4 厘米，横 2.4 厘米。

上海博物馆展藏。

此印为玉质，青白玉色，辟邪钮，印座较高，印面方形，字形线条阴刻微细，字体流畅圆润。

吉语印就是将一些带有吉祥意义的词语刻入印章，以图吉利，因为古人拜天敬神，做事多尚吉祥，故吉语印佩印成风，也反映了古人思想意识，这类印起源于战国，兴盛于汉代。吉语印的内容各朝代各有特色，汉代以"日利"、"今日利行"、"日入千万"、"长富贵，乐毋事"、"永寿康宁"、"利行"、"日利长年"等为多见。

◎西汉·司马纵

印面纵 3 厘米，横 3 厘米。

上海博物馆展藏。

此印为玉质，呈青色，覆斗钮，印背成四坡状，方形印面，白文阴刻"司马纵"三字，为西汉私印。

汉代姓名印的篆刻变化多样，布局严整巧妙，极具观赏性。汉初印所用文字为标准小篆，其笔划圆转，线条柔曲，印面四周有边框，加竖格或日字格，与秦印相近。文景以后，汉印面貌逐步形成，至武帝时已完全摆脱了秦印的影响，进入成熟阶段。这时的姓名印，所用字体有三种。缪篆：笔划盘屈曲折，构图茂密。鸟虫书：笔画盘曲并两端作虫鸟状。摹印篆：此时期刻印的专用字体，以笔划苍劲雄健，体态方正宽博为基本特点。

中华名品·传世收藏彩色图鉴系列

下册

古玉

收藏图鉴

◎编著　张学

线装書局

◎ 东汉·青白玉辟邪

通高约 9.6 厘米，横长约 13.2 厘米，纵宽约 3.5 厘米。
北京故宫博物院玉器馆藏。

　　玉青白色，玉质由白玉变化成灰黄，玉色色浆具有历史
色彩，玉身局部有灰斑沁，器身为立体圆雕表现造型。辟邪
昂首前视，张口露齿，顶有独角，颌有长须，尾垂于地，前
胯处有双翅，挺胸蹲立，神态威武。头部雕作写实，腹背、翅
胯等线条采用浅雕和阴刻卷云纹装饰方法来表现，苍劲有力。
身外缘运用圆雕和透雕手法，卷云长尾，四足强劲有力，似
虎爪立卧式。整器带有灵动感，似辟邪在仰天怒吼。汉代社
会流行五行和辟邪风气，出现的单个辟邪佩玉器就是这种风
气的产物。

◎**东汉·青玉辟邪**

通高约18厘米，横长约18厘米，纵宽约6.7厘米。
陕西宝鸡北郊金河砖瓦厂出土，陕西历史博物馆藏。

　　玉青色，略显淡绿，有深墨色条纹，富于变化，为青玉特有质地色彩。辟邪圆雕而成，造型立体感极强。辟邪昂首张口，作怒吼状，在汉代俗称"望天吼"。肩有双翼，周身以用浅浮雕和阴线刻出细部装饰，腿局部有残损，背部和头顶有插座，纹饰细致流畅，造型威武生动。此件辟邪为汉代中晚期文房用具所用之物，在之后的两晋和唐宋玉器中都有此造型演化的文房用具。

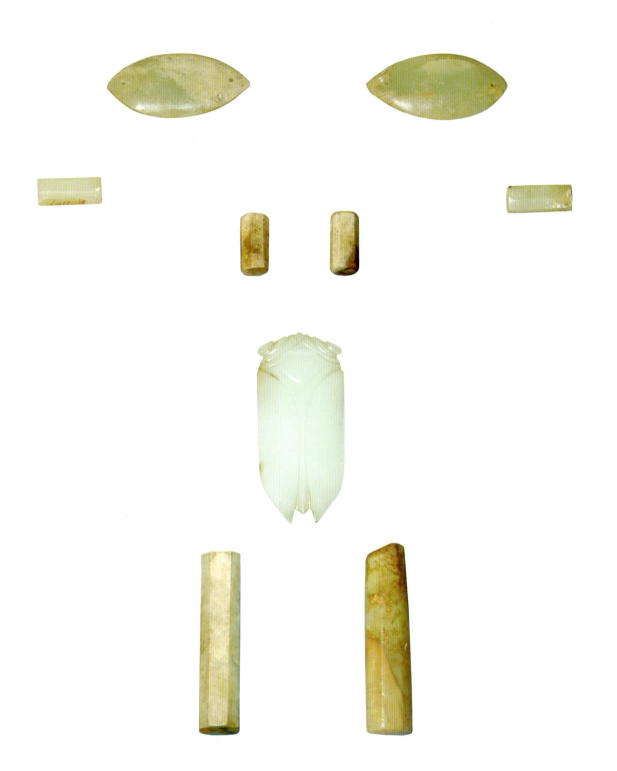

◎ 汉代·玉九窍塞

通高约30厘米，通长约22厘米，九种厚约0.5～1.6厘米。北京故宫博物院玉器馆藏。

汉人继承并发展了先秦儒家"贵玉"的思想，皇室贵族生前佩玉，死后也以大量的玉器随葬。同时汉人迷信玉能保护尸体不朽。汉武帝时学黄老之术的杨王孙曾说："口含玉石，欲化不得，郁为枯腊，千载之后，棺椁朽腐，乃得归土，就其真宅。"西汉时期的葬玉主要有玉衣、玉九窍塞、玉琀、玉握和玉面饰等。

玉九窍塞包括眼盖、耳填、鼻塞各2件，口塞、肛门塞、生殖器罩或阴户盖各1件。完备的九窍塞出于使用玉衣作为殓服的墓中，应属西汉高级贵族丧葬习俗的用玉。玉九窍塞的器形一般较简单，表面经过抛光，而平素无纹饰。葛洪《抱朴子》说："金玉在九窍则死人为之不朽"。玉九窍塞显然是汉人迷信玉能保护尸体不朽思想的产物。

◎西汉·缀玉覆面罩

通高约23厘米，横长约19.6厘米，厚约0.3厘米。
江苏徐州子房山汉墓出土。
中国国家博物馆，古代玉器馆展。

　　缀玉覆面是用多件小玉饰缀于绢帛之上，组成印堂、眉、目、鼻、口、腮、下颊、髭须等面具。周代上层贵族死后有面部加盖缀玉覆面的埋葬礼仪。据考古专家考证，在河南洛阳中路战国古墓发掘中，有东周墓260座，脸上贴有玉片或石片者就有34例，可见当时瞑目风尚十分流行。从西周至战国，由缀玉的面幕到西汉早期刘疵墓所出土的玉头罩、手套、脚套，再到河北满城汉墓和南越王墓中玉衣的出现，最终达到金缕玉衣完成，大约经历了1000年。

◎ 东汉·猪形青白玉握

通高约 2.3 厘米，横长约 10.5 厘米，纵宽约 3.6 厘米。
陕西历史博物馆展藏。

  青白色玉质，玉色有色彩变化，表面有局部灰色沁斑，这是藏玉造型的一种，握是放置于死者手中的葬玉。猪是财富的象征，以猪作握，象征了握有财富，祈愿墓主死后仍可永享富贵。雕刻技法是汉代典型的"汉八刀"的风格。西汉时所用握玉有几种不同的玉器。据专家考证，一种是璜形玉器，如中山王刘胜和其妻窦绾的握玉，分别用夔龙蒲纹璧和凤鸟蒲纹璧改制而成的璜形玉器。另一种是玉觿，如南越王赵眜墓中的握玉为两件器形略有变化的龙形觿。而汉代最常见的玉握还是玉猪。

◎汉代·石岩玉猪一组

通高约 8.5～2.3 厘米，横长约 15.6～4.8 厘米。
中国国家博物馆，古代玉器馆展藏。

◎西汉·石岩玉猪

高 5 厘米，长 13.5 厘米，纵宽约 3.5 厘米。
西安市雁塔区山门口村汉墓出土。

　　玉猪一对，圆雕，造型相同，姿态相似。鼻端平，鼻间钻有两孔，鼻梁刻三道弦纹，鼻下一道斜弧线勾划出似有笑意的嘴巴。眼呈橄榄形，以压地隐起法雕出的双眼显得格外有神。两条不对称交叉的弧线勾成猫耳，压地隐起的小尾偏贴臀部。下颌、颈、肩和胯部几道简单的弧线，恰到好处地勾划出了猪的肥硕体态。一猪前双蹄伏地，另一头前蹄一伸一蜷，二者后腿均在用力起身，似欲赴食。两猪雕刻手法一致，形态逼真，体态丰满，生动乖巧，十分可爱，对细部的处理刻画着意追求猪正欲站立起身时的动势，在表现技法上达到很高水平，是罕见的汉代艺术珍品。

◎**西汉·青白玉谷纹剑首**

直径约 5.4 厘米，厚约 0.6 厘米。

上海博物馆，古代玉器馆展藏。

◎**西汉·白玉剑格**

通高约 3.3 厘米，横长约 6 厘米，纵宽约 1.8 厘米。

中国国家博物馆，古代玉器馆展藏。

　　西汉以玉装饰的剑及剑鞘称为"玉具剑"，玉具剑自先秦以迄汉、晋，是贵族男子显示身份与地位的重要饰物，全套 4 件，即剑首、剑格、剑璏、剑珌。格位于剑柄与剑身之间，起护手的作用。

◎**汉·青白玉螭龙纹璏**

通高约 3 厘米，横长约 6.5 厘米，厚约 1.5 厘米。

上海博物馆，古代玉器馆展藏。

◎**西汉·剑玉饰**

长约 76 厘米，宽约 4.6 厘米。

◎西汉·青白玉兽面螭龙云纹剑珌

通高约5.6厘米，横长约6.6厘米，厚约2.3厘米。
上海博物馆，古代玉器馆展藏。

　　青白色玉质，玉色润洁，微光透，局部有一褐色的沁斑。俯视为长方形，方扁形中间挖空有长方扁孔，正面浮雕一云中玉兽螭龙，头和臀部凸于沿外。玉兽螭龙身体呈"S"形弯曲，四肢呈行走姿势，阴刻云纹。此剑饰运用镂雕技法，内外形线条切割娴熟，为汉代中期玉剑饰精品。在各地出土的汉代玉剑饰里，几乎没有同样装饰纹样，这也反映出汉代贵族对玉剑饰制作工艺要求十分严格。

玉璏和玉珌

　　玉璏同玉珌一样都是玉剑饰，一般装饰在剑身和剑鞘上。剑璏又叫昭文带，中部有长方孔，主要的作用就是穿系带佩宝剑。在这些玉剑饰品中，剑璏是用得最多的，一般装在剑格以下20厘米的鞘面上。

　　汉代制作的剑璏，从正面看去是长方形的，雕琢有螭龙纹、云纹或兽面纹。剑璏的下部有一个方框，可以穿系绳子，以便将剑悬挂在腰带上。汉代剑璏的形体比战国时期的大得多，制作工艺也显得细致，琢磨得也很光滑。

　　早在西周时期就已经出现了玉剑饰。这些玉剑饰有好多种，如标、琥、璋、珌等。标一般装饰在刀剑的末端，即剑柄或剑鞘下部。而琥则是剑格，也叫作护手，镶嵌在剑柄和剑身交接的地方。玉剑饰在汉代继承了战国风格，并有所提升，有明显的边角抹圆，镂空工艺也随之出现。

　　琫珌是刀鞘或剑鞘上的装饰，上面叫琫，下饰叫珌。珌，直身，圆体，没有花纹，这是早期的特性。战国后期，一些卷云纹和兽面纹图案用于珌之上；到了汉代，珌则演变成不规则的长方形和梯形等形状，图案以螭纹为主，基本上采用圆雕或者透雕的方式。这个时期磨制的工艺很好，具有极强的抛光性，诗曰"鞞琫有珌"，但琫珌到底是什么样子，现在已很难考证。

汉代玉剑饰

　　古玉中，用来装饰在铜或铁剑上的器物叫玉剑饰。一套完整的玉剑饰一般由玉剑首、玉剑格、玉璏、玉珌这四件器物组成。从春秋晚期已开始崇尚以玉饰剑的风习，由此可推断出我们现在见到的玉剑饰多为汉代的制品。用玉装饰后的玉具剑一般不作临阵之用，而是一种仪仗器，是显示一个人身份地位的标志之一，如河北满城出土的西汉中山靖王刘胜墓里就有。玉剑饰上常雕琢有各式花纹图案，如蟠螭纹、龙凤纹、兽面纹、云纹、谷纹等，造型各异，变化多样，具有不同的时代风格。两汉后，玉剑饰不那么多见了，但后代仍间有制作，仿汉之作不少。

　　汉代玉剑饰纹饰风格特点：

　　先从螭首造型看，螭足的姿态呈八字伏屈，汉螭有些也有腿毛，但都是十分纤细的，粗毛纹只有在宋明的螭纹上才能见到。仔细观察螭尾造型，多绳纹单尾，尾端卷起如云头形，尾端呈火焰状，要迟至汉以后。汉代玉璏的长方形穿孔前者两侧宽、下端窄，孔内不甚平洁，这是汉代玉璏的一般特征，且孔内磨琢光润。类似玉璏上那种鲜明的螭纹风格特点在许多汉器上都有所体现。

　　——引自中国玉器考古名家
　　张尉所叙语录

◎西汉·玉剑格

通高约7厘米，横长约8厘米，厚约3.5厘米。

　　白玉质泛黄，有绺及褐黄色沁。玉剑较宽厚，呈扁方形，上方有一凹形，中脊高出，两边呈斜坡形，底部对称出一弧形三角尖，玉格立面厚度中间，镂空一扁口，为把剑插入内后才能起装饰护档作用。剑格两侧饰镂空双凤回首状，玉面浅浮雕对称饕餮纹、连云纹和兽面纹造型。玉身采用镂雕、浮雕、浅刻、阴线刻工艺方法，雕工十分精湛，正背双面十分对称，图案精美绝伦，既高雅又华贵，是汉代南方玉器造型的典型特点。

◎ 汉·白玉镂空螭纹剑首

高6厘米，长8.3厘米，厚2.6厘米。
西安未央区红旗机械厂出土。

　　白色玉质，局部有褐色的沁斑。剑首的底面平，有两圆孔为固定剑柄首用，正面及两侧面雕立体云中螭龙，或回首攀腾、或云间飞舞，另外还有形象不一的怪兽，活灵活现。其手法为立体雕、浮雕及镂空雕，通体流云翻滚，突出云中螭龙的形象。顶端的螭龙侧首俯视，眼目圆睁，口微张，有力的前爪蹬在云上，浑圆的躯干、起伏的腹部似乎隐藏着一股无穷的力量。

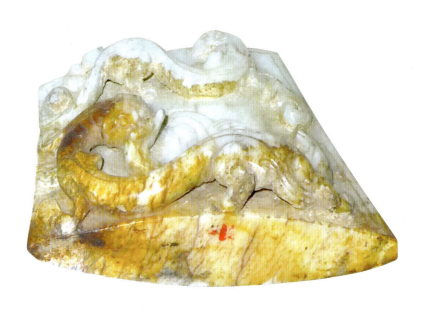

◎ 汉·白玉螭纹珌

高5.6厘米，上长5.2厘米，下长7.3厘米，厚2.6厘米。
西安未央区红旗机械厂工地出土。

　　白色玉质，局部有褐色的沁斑。略呈梯形，剖面为长橄榄形。两面均浮雕螭纹。一面浅浮雕一云中螭龙，螭躯呈横"S"形，云雾从腰间穿过。螭首上仰，眉上竖而内勾、眼珠略下垂，鼻梁有阴刻双弧线，短耳竖立，长鬓卷曲，由颈至尾一道阴线表示背脊，肩胯饰卷云纹，尾呈绞丝形。螭龙周围铲地浮雕和阴刻数朵云纹，珌面一周边廓较厚。另一面高浮雕一大一小两只螭龙，其形态与前述螭龙基本相同。

◎汉·青白玉螭龙纹璲

长4.2厘米，宽2.2厘米，厚1.1厘米。

西安市阿房宫公社北可村大队出土。

　　俯视为长方形，前后两端内卷，背有长方形銎用以穿插鞓带。正面铲底浮雕一螭龙。螭龙腰身隐于云雾当中，回身置首于腰部上方，四肢的关节和分叉的尾部饰以弧线，背和周围以细阴线琢刻云纹，表现出螭龙在云雾中翻飞腾越的威猛之势。这种在螭龙身上添刻细线的表现技法，是东汉螭龙的主要特点之一。

◎汉·白玉螭纹剑珌

长5厘米，高4厘米，厚2.8厘米。

上海博物馆，古代玉器馆展藏。

　　为古代玉具剑中的剑鞘装饰，在汉代玉器中十分多见。此件青白玉，略呈梯形，浮雕、透雕技法并用。一面琢一浮雕螭龙，一面琢一浮雕凤鸟，凤首为透雕琢成，造型生动。地纹为阴线刻成的变形云纹。底部有一凹形圆洞，用以纳入剑鞘末端。

◎东汉·青白玉剑首

直径约 6.2 厘米，厚约 0.9 厘米。

美国西雅图艺术馆藏。

青白色玉质，玉色润洁，局部有一褐色的沁斑。剑首表面装饰图案分二层构图，中间部分浅雕旋转形纹，中圆突起弧形。外边沿突起一圈小边沿，为剔地浅雕，宽边饰蚕纹布满表面，剑首表面图案均由小砣具浅雕剔地、阴线等雕琢成精细装饰图案，雕工非常精美。

◎东汉·白玉螭虎纹剑璏

长约 6.8 厘米，高约 4.9 厘米，厚约 2.9 厘米。上海博物馆，古代玉器馆展藏。

白色玉质，玉色温润，微光透。玉璏呈长方扁形，略厚，上表面浮雕一组螭虎纹和凤鸟纹，螭虎攀爬于玉璏之上，圆形头，杏仁眼，长圆耳，短前嘴和鼻，曲身，长卷尾，四肢爬卧状，在另一侧有一鹰嘴凤鸟与其戏玩，造型活泼传神。砣雕精湛，为东汉玉剑饰高雅华丽之作。

◎西汉·白玉谷纹剑格

通高约 4.8 厘米，横长约 7 厘米，厚约 3 厘米。

上海博物馆，古代玉器馆展藏。

白玉，玉质微光透，局部有一褐色的沁斑。剑格呈长方扁形，略厚，外形前端突起弧形三角尖，表面中间有刃峰突起，两侧略底，后端呈凹形，中间挖空一剑刃插口，剑格两面对称，外形砣切割地规整，表面砣刻阴线饰云鸟形纹，外形简练而典雅。

◎汉·青白玉兽面云纹璏

长 7.9 厘米，宽 2.1 厘米，厚 1.1 厘米。

白色玉质，玉色润洁，微光透，局部有一褐色的沁斑。俯视为矩形，前后两端内卷，背有长方形璲用以穿插鞓带。正面纹饰采用压地隐起法雕琢。一端雕琢兽面，有双角大眼和口鼻。兽面的上部有沿轴线左右对称的二方连续式勾云纹，其间饰网纹或平行的折曲线，两侧边缘各一道阴线刻出边廓。

◎**西汉·碧玉马首**

通高约 14 厘米，横长约 13.2 厘米，纵宽约 7 厘米。

英国维多利亚·亚伯特博物馆藏。

　　碧绿色玉质，玉色富于变化。玉马为高浮雕工艺所雕刻，造型写实，有部分残失，此玉马带有西亚艺术风格特点。

◎**西汉·白玉琥**

通高约 7.1 厘米，横长约 14.2 厘米，厚约 0.3 厘米。

法国巴黎居美艺术馆藏。

　　白色玉质，玉色略闪微黄。玉琥造型威猛，内外形由砣具切割镂雕而成，较为写实。玉琥表面构图线条由阴线雕琢而成，线条造型准确而娴熟。

239

◎ 汉代·白玉兽面纹剑首
通高约 0.9 厘米，直径约 5.3 厘米。
北京故宫博物院玉器馆藏。

◎ 汉代·白玉兽面纹剑格
通高约 2.6 厘米，通横长约 6.8 厘米，通宽约 6 厘米。
北京故宫博物院玉器馆藏。

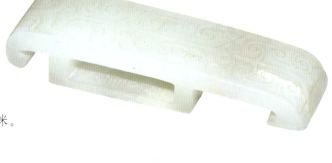

◎ 汉代·白玉兽面纹剑璏
通高约 1.6 厘米，通横长约 8.5 厘米，通宽约 2.3 厘米。
北京故宫博物院玉器馆藏。

◎ 汉代·白玉兽面纹剑珌
通高约 1.4 厘米，通横长约 5.4 厘米，通宽约 5.5 厘米。
北京故宫博物院玉器馆藏。

◎汉代·白玉夔凤纹樽

通高约 15.2 厘米，通长约 10.3 厘米，直径约 8.2 厘米。北京故宫博物院玉器馆藏。

　　白色玉质，为新疆和田白玉，局部有褐色沁及包浆色。樽呈圆柱形，玉身由樽体和盖上下两部分组成。盖顶中央凸起一钮，其上饰旋涡纹，边沿作凸出的三花瓣形，每瓣均有对穿孔。盖面有三个立雕羊首凸背等距排列。樽周身饰勾连云纹为锦地，锦地上隐起变形的夔凤纹三组。一侧的中腰镂空一环状云形柄，柄上饰一兽面纹，樽平底，靠边沿有三个兽蹄状足等距分立。近足处亦各有一兽面纹。玉樽造型新颖，纹饰精美，制作工艺主要采用了外形切割、碾磨、镂雕、剔地、阴线刻等手法，是汉代玉制器皿中的绝品之作。

◎ 西汉·青白玉螭虎凤鸟觥

通高约 26 厘米，横长约 19 厘米，纵宽约 4.6 厘米。
山东枣庄汉墓出土。

　　和田青白玉，局部有褐色沁，带有出土时的土沁和包浆。
玉身造型上宽下窄，上部宽，曲线喇叭口，下部较窄，由螭
虎尾和凤鸟尾组成底座。整器造型由高浮雕精刻而成，生动
地刻画了凤鸟和螭虎自由腾越的雄姿。凤鸟纹变化优美，螭
虎造型舒展有力，卷云型凤尾和绳纹形虎尾富于变化，线条
流畅。觥表面锦地刻有蚕连云纹，玉器制作技法运用了高浮
雕、线雕、浅雕、剔地、碾磨、镂雕、切割等工艺手法，造型
宽大立体，饰面曲线优美，工艺精绝。商代觥多为饮酒器，到
了汉代，葬玉造型变化多样。如果说战国玉器装饰颇具神秘
感，那么两汉玉器制作工艺和水平已达到了非常完美的境界。

◎汉·白玉角形杯

通高约 18.1 厘米，横宽约 10.1 厘米，厚约 7 厘米。
清宫旧藏。

　　白色玉质，微闪青黄，玉色温润，局部有褐色沁斑。杯呈圆柱形状，玉杯身似兽角形，中间杯中挖空到底面上，形成较深的杯壁。器的正面雕有一立体龙首，龙首似苍龙造型，宽前额突起圆眼，宽鼻，张口露牙，有下颌长须，首顶双角，形象生动。下呈卷形云形弓形长身，并有犀利的龙爪，为浅雕制作工艺手法。器身呈S形延至器底，而一侧立体龙尾扭转至背面在至上下卷成一结，可做柄执手。龙尾饰纹精细，整器切割、雕琢多采用高浮雕工艺方法，造型具有律动感。

◎西汉·仙人、朱雀、螭虎、蚕连纹白玉笔筒

通高约23厘米，横长约12厘米，宽约6.6厘米。
山东枣庄汉墓出土。

　　玉身呈白色质地，微泛青，色泽润透，带有出土时的包
浆，局部有褐色沁斑。笔筒柱身钻刻成圆空形，有底。外形
是一朱雀头顶仙人，朱雀圆眼鹰勾嘴，云纹展翅，下呈有力
鹰爪做底托。器表面浅浮雕有两只螭虎，造形勇猛，周身锦
地浅刻蚕连纹，器表面纹饰构图有简有繁，装饰华丽而和谐
具有造型美感。整体造型宽大，具有合理的使用功能，是西
汉中期高浮雕文房用具。

◎西汉·白玉朱雀玉花插

通高约 18 厘米，横长约 18 厘米，纵宽约 4.6 厘米。

山东枣庄汉墓出土。

　　玉色呈白色玉质，白中闪表，玉色温润，局部有褐色沁，带有出土时的土沁和包浆。玉身为柱形，表面彩用浅浮雕和高浮雕朱雀雕制而成。器形较宽大，外形雕切精美，双面对称，器形浅雕碾磨光润、阴刻线条清渐，琢工细致。花插处有一扁柱形圆径孔，凤鸟形首，顶冠坡翎。凤身长尾下弯、云纹形凤翅，下呈凤爪。这是一件汉中期墓主人生前所使用的陈设器，为山东地区出土西汉玉器精品。

◎西汉·蓝田玉螭虎觥

通高约 26 厘米，横长约 19 厘米，纵宽约 4.6 厘米。
西安北朝墓出土。

　　和田青白玉，局部有褐色沁，带有出土时的土沁和包浆。玉身造型上宽下窄，上部宽，曲线喇叭口，下部较窄，由螭虎凤尾组成底座。侧面做柄执手，生动地刻画了螭虎自由雄姿，造型舒展有力。器身浅雕卷云型凤尾和绳纹形富于变化，线条流畅。玉器制作技法运用了高浮雕、线雕、浅雕、剔地、碾磨、镂雕、切割等工艺手法，造型宽大立体，饰面曲线优美，工艺精绝。

6

魏晋南北朝时期（公元220～589年）是中国历史上各民族间战争频繁的时期，也是民族大融合时期。东晋以后，江南相继出现了宋、齐、梁、陈四个朝代，历史上将其称为南朝。

北魏太武帝拓跋焘于公元439年统一了北方。历史上将北魏（末年分裂成东魏、西魏）以及后起的北齐、北周合称北朝。南北朝是上承两汉、下启隋唐的一个历史过渡时期，南北朝共存在170余年。

魏晋南北朝玉器考古遗址最具代表性的是：江苏南京幕府山六朝墓、郭家山东晋墓、新云门外象山东晋墓、光华门外石门坎六朝墓、河南洛阳涧西魏墓和十六江区、山西太原王郭村北齐娄睿墓、湖南安乡西晋刘弘墓、江西南昌京山、湖北宜昌三国吴墓、辽宁北票十六国北燕墓等。

魏晋南北朝时期的玉器制作数量品种少，工艺质朴，三国两晋南北朝是中国历史上的分裂时期，社会经济处于停滞状态，直接制约了与礼仪、丧葬器、装饰品等有关系的玉器制造业的进一步发展。魏晋南北朝玉器的造型和纹饰仍然具有汉代的遗风，但和汉玉有较明显的差异，多数带有南北方民族风格特点，其数量和质量也都远逊于两汉时期的玉器。这一时期也出现了一些新的器型，具有明显的时代风格。魏晋南北朝时期礼仪用玉进一步减少，玉璧多素纹，装饰玉器和日用器也出现了一些华美的造型。

玉器考古专家认为，在东晋墓出土的双螭纹玉佩，基本与东汉的扇形佩相同，都是从西汉的韘形佩演变而来的，而韘形佩的心形部分已经消失。在北燕墓出土的玉剑首，其在雕琢流云纹，纹饰简练而实用。总的来讲，此时期无论是传世之作还是后来出土的玉器，都有粗简和精致之作。

魏晋南北朝玉器

魏晋南北朝玉器考证鉴识

　　魏晋南北朝时期，南北朝各国由于政治上的分裂状态，争战频繁，各地交通往来困难，西域的玉材来源十分受阻，另外各国文化水平发展不同，财富多用于战争，所以玉文化发展受到了限制。从各地出土的玉器来看，南北朝玉器风格也十分独特，都带有各民族本身的形态，虽然玉器手工业走向低潮，琢玉发展不繁荣，但也不时有绝品出现，如上海博物馆收藏了一件"白玉透雕龙纹鲜卑头"，是南朝宋文帝所御用带扣上的装饰，背面有铭文，一侧为："庚午，御府造白玉衮带鲜卑头，其年十二月丙辰就，用工七百。"另侧为："将臣范许，奉车都尉程泾，令奉车都尉关内候臣张作。"书体具有南北朝风格。从这件玉饰中不难看出南朝宫廷玉器精美的制作工艺，玉龙造形比汉代龙饰更为写实，造形更为合谐，玉龙头浮雕立体，更富于变化，可谓画龙点精，其玉身阴线琢刻精细，内外形镂雕切割造型娴熟而精美，并镶有宝石圆点多处，此玉饰采用的圆雕和透雕达到了前朝所没有能达到的水平。这也为唐代玉带装饰制作工艺和等级制度打下了深厚的基础。南北朝在实用器上也有长足发展，造形不仅有中亚文化风格，也带有与各地少数民族文化融合之美，这种独特风格也反映在佛教造象、实用金银器和陶瓷上，这些玉器装饰风格也具有西域金银器纹饰特点。

❶ 魏晋南北朝玉器工艺造型

　　魏晋南北朝玉器可以说历数百年战乱，这时的玉器造型和使用绝大多数追随两汉的样式，选料制作水平较低，琢磨精粗不一，水平不等，但都代表了其时代玉器制作的普遍水平及审美。此时一些好的玉器基本上是用透闪石软玉为原材料，多使用新疆和田玉及陕西蓝田玉。常见玉材有白玉、青玉、碧玉、褐玉、黄玉等。据专家考证，民间很多用曲阳石、晋陕地方玉石取代和田玉，雕琢一些玉佛、玉观音及一些佛供用具等。

　　汉代贵族死时穿的玉衣，在魏晋已不使用，迄今也未发现魏晋及其以后的玉衣。玉玲和玉握在魏晋南北朝墓葬中仍有发现，日用的玉器有玉杯、玉盏、玉带钩、玉带具和玉印等。魏晋玉器装饰用玉可分为玉佩和玉剑饰两类，玉佩主要有珩、璜、环、螭纹佩和龙纹佩等，此时期最具有特点的是云头形佩，一般为上中下三件串系成组，光素无纹，但使用蓝田青玉，色彩质地富于变化，十分典雅高贵，为这一时代装饰风格特有之美。

　　六朝前期玉器呈汉代风格，六朝前期至三国、两晋时代的动物玉雕，仍然表现出自然主义的写实风格。六朝前期的容器沿袭汉代玉工的做法，以幻想型动物为主。南北朝受谶纬神学影响，辟邪类玉器增多，以写实为主。

　　日常生活可见的牲畜禽鸟形象，很快转变为神话中的怪兽和辟邪。同时，还出现了玉雕的菩萨、佛像。怪兽玉雕通常以扭曲的外形出现，诸如丑怪模样、半人半兽，似长翅膀的狮子、老虎、独角兽等。魏晋南北朝时期，在战乱和动荡的环境中，宗教迷信思想拥有了适宜的条件，广泛传播开来，道教和佛教都很盛行。在这种情况下，玉雕艺术创作和其他艺术创作都受到影响，如

◎ **魏晋·蟠螭环**

通高约6.8厘米，厚约0.5厘米。
上海博物馆，古代玉器馆展藏。

　　玉质呈褐黄色，局部飘橘红，略光润，玉色纯正。体呈扁圆环状，作盘龙形，首尾相接，盘龙长身长尾，形成优美的卷云形流动图案，长身有羽翅，螭形短脸，弯耳，杏仁眼，造型精美别致，色彩别透。玉身采用镂雕、浅雕、阴线刻、碾磨等制作技巧，造型自然生动。为东西魏佩精品。

同当时文学创作中出现众多的志怪、志人小说，玉雕中也出现了很多鬼怪形象，也就不足为奇了。

魏晋南北朝时期的玉器继承了汉代的制作方法，体现出汉代遗风，新的品种出现得很少，数量也比汉代少了许多。魏晋南北朝用纯粹细腻的和田白玉制作的器物较少，但传世作品也有精美之作。其他也采用南阳玉、透闪石、绿松石和青金石，另有一些玛瑙、琥珀等。制作工艺比汉代简单，主要有镂雕、圆雕以及片形镂雕等。此时期出土的作品特点，追求内外形线条之美的玉饰较多，对玉质色彩和自然纹理要求较高，具有自然审美观。

魏晋南北朝玉器的器物造型主要有几何形和动物形。几何形造型有玉璧和各种造型的玉环等。动物形造型有龙纹佩、螭纹佩、虎、马、玉兽和辟邪等。其纹饰主要有龙纹、凤纹、云纹、谷纹、乳丁纹、羽人纹、螭纹和凤鸟纹等。魏晋南北朝玉雕工艺基本上延续前代风格，但有各方少数民族古朴造型，大多做工简略朴素。

魏晋南北朝玉器种类

目前所见的魏晋南北朝时期的出土玉器精品很少。大致可分为装饰品、礼器、日用器具等。另外，还有佛教题材造型的作品。

魏晋提倡薄葬，从考古发掘情况来看，墓葬出土玉器数量较少，所用玉料差别大，玉料选用品种较多，和田白玉、南阳玉、透闪石、玛瑙都有使用。

魏晋南北朝时期装饰品最具代表性的是玉带钩、玉云头形佩等器物，但工艺水平古朴。这一时期创新的装饰品玉器主要有玉韘、龙形佩、玉带饰、玉剑饰及各种玉雕动物造型等。

魏晋南北朝时期日用器具的常见造型有玉杯、玉耳杯、玉樽、玉辟邪、笔洗、玉盏、玉盘、玉长扳等品种，出土的数量较少，均为当时上层贵族所用。

◎ **南北朝·白玉透雕龙纹鲜卑头**

通高约 6.5 厘米，横长约 9.5 厘米，厚约 0.8 厘米。
上海博物馆，古代玉器馆展藏。

龙纹鲜卑头为皇帝衮服上的腰带扣，"鲜卑"是胡语"带扣"的音译。此鲜卑头呈长方形，透雕盘曲的龙，细线阴刻鳞纹、网纹，龙体上的小孔原是镶嵌宝石的，背面刻有两行铭文，记述了制造时间、制造机构、器物名称、制造工时、监造官名等。从中可知是南朝宋文帝元嘉七年所制的御用之物。玉质为羊脂白，玉晶莹光润，又有铭刻，是传世品中仅见的孤品。

◎**南北朝·白玉龙纹玉笔洗**

通高约 3 厘米，横长约 18 厘米，直径约 13.8 厘米。
北京故宫博物院展藏。

玉料为白玉质，玉色温润，皮色泛淡黄色沁斑。笔洗器形较大，略扁，侧有不对称三角形把，把手上刻有云龙纹，为浅浮雕工艺，内底部呈一圆环凹形，内壁碾磨光滑，光素无纹，造型质朴，具有文房典雅之气。

◎南北朝·白玉龙纹杯

通高约8厘米，口径约6厘米，底径约4.8厘米。

北京故宫博物院展藏。

　　玉料为白玉质，玉色温润光透，局部有淡黄深褐色沁斑。造型带有西域金银器风格，为立体圆雕，杯口圆敞口，外翻沿边，短颈弧形内收。长鼓腹，下收到圈平底，底颈部略高，有直边圈沿边。杯耳与口上方平齐，并出一弯形，下收至鼓复中间，形成杯耳，造型优美。杯耳镂雕龙纹，玉身浅浮雕一组龙饰，形致活泼，雕工精巧，玲珑剔透。龙纹玉杯始于战国，盛于汉代及魏晋南北朝。南朝玉耳杯多呈椭圆形，大口，圆唇，浅腹，一侧或两侧有半月形耳，底为圆形，此杯造型独特，华贵中不失典雅之美。

◎南北朝·青白玉骆驼（上）

通高约 7.6 厘米，横长约 15.2 厘米，纵宽约 7.4 厘米。美国西雅图艺术馆藏。

　　青白色玉质，玉色略闪浅黄色，有出土传世的包浆色，局部有深褐色沁。玉骆驼曲身卧状，砣首呈回望形态，圆眼，宽长鼻和嘴，长耳，背部阴线细雕有毛发，长卷尾至身下，骆驼面部表情和谐自然，玉雕为南北朝文玩摆件。

◎晋·绿松石属肖形玉印（下）

通高 1.7 厘米，横边长 1.5 厘米，纵宽约 1.5 厘米。

　　单面印，印背平坦，兽形钮。兽头微侧，尾卷曲拖地，似作腾跃势。印面阴刻双凤纹。大凤长喙高冠、展翅、长尾，小凤回首观望。东晋和西晋时期总称两晋，此时期官印字形平方正直，字体风格华丽精秀也常有出现。边远民族的官印，有其各自的钮式，私印形式自由丰富，也有图形印和成语印的使用，是当时民间风俗的自由体现。

◎南朝·青白玉辟邪

通高约 3.6 厘米，横长约 4.1 厘米，纵宽约 2.3 厘米。
中国国家博物馆，古代玉器馆展藏。

◎南北朝·青白玉鸠杖首

通高约 7.8 厘米，横长约 8.5 厘米，纵宽约 3.5 厘米。
美国旧金山亚洲艺术馆藏。

◎南北朝·青白玉鸠杖首

通高约 7.6 厘米，横长约 9.5 厘米，纵宽约 3.3 厘米。
美国旧金山亚洲艺术馆藏。

◎南北朝·白玉辟邪（上）

通高约8厘米，横长约8.3厘米，纵宽约5.2厘米。
北京故宫博物院展藏。

　　玉料为白玉质，色淡黄，局部有深褐色沁斑。立体圆雕，两只前爪趴在胸前。作品延续了汉代同类玉器风格，雕刻精致似写意形态。玉辟邪是魏晋南北朝时期较常见的玉饰。商周以来以礼仪用玉和丧葬用玉为主体的中国古典玉器的传统，在汉代后期基本上结束，随之而来的是各种不同的理念和用途，到了唐宋时代，更具有新的文化特征。

◎西晋·蟠龙环（下）

通高约6.2厘米，横宽约5.7厘米，厚约0.4厘米。
上海博物馆，古代玉器馆展藏。

　　呈淡黄色玉质，有褐黄色土沁斑，为透闪石质地，不透明，玉身透雕呈蟠龙环状，卷长龙尾盘至于环内，内外形饰盘卷于周身变形云纹，长扁蟠龙首，长鼻高卷，圆杏眼，高额突起，头顶独角，脊背坡卷长发，玉身表面装饰采用浅雕和阴线刻工艺方法，正背两面造型切割对称，雕琢娴熟，线条优美流畅。

◎南北朝·青玉镂空玉带板

通高约4.8厘米，横长约6.3厘米，厚约0.5厘米。
山西南北朝墓出土。

　　青玉，略泛浅黄色，局部有出土的包浆色，玉带板呈长扁方形，略厚，器表面镂雕夔龙，龙身形呈曲弯形，龙首呈回望形态，长身卷尾，下肢强劲，为卷云宽爪形致。龙首头顶独角，圆眼，长宽鼻下卷，嘴微张，中钻有一系孔，下额飘卷长须，此镂雕螭龙，夔龙有翅翼，龙身浮浅卷鳞纹，其造型及雕琢技法，仍有战国遗风。

◎南北朝·文武跪拜黄玉人

通高约7.5厘米，横长约2.5厘米，纵宽约3.4厘米。
陕西北朝墓出土。

　　黄色玉质，玉色温润，玉表面有出土包浆色。玉人呈跪状，挺胸抬头，面部表情生动，头顶文武冠饰，身披长衫，胸前饰有盔甲纹饰，手扶双腿，光脚足。整器造形独特，外形为立体圆雕，面部用小砣阴刻五官，线条入刀略深，手足略为写实。

255

◎三国魏·青玉组佩

通高约20厘米，横长约10.6厘米，通宽约0.4厘米。

山东东阿曹植墓出土。

中国国家博物馆，古代玉器馆展藏。

　　青白色玉质，由三块玉佩组成佩饰。上一块玉饰上方呈弧形，上边有三个圆弧，并钻有一孔，两端作圆弧状，下底边呈二个圆弧，并钻有二个小孔系。中间二块璜呈半璧弧形，两端各钻一孔系。下面一块呈梯形，上部有三连弧形，两侧斜直，平直底，上有一个小孔。此件组佩为三国特有造型组合，源于战国玉璜佩饰，经三国演变成为玉璜组佩，从玉料质地和制作工艺都明显反映了三国魏的艺术风格。

◎北朝·螭虎凤纹蓝田玉剑饰

陕西北朝墓出土。

　　蓝田玉质，四件玉剑饰外形用砣具切割雕制而成，玉剑饰表面以螭虎纹图案为主要构图形式，均为浮雕工艺表现手法，螭龙形态神秘，带有灵动之感，砣雕工艺精湛。蓝田玉以翠绿、蓝色为主。杂色蓝田温润光泽，有白玉、青白玉、墨玉、黑花斑，微透明，质地致密，细腻坚韧。最早在《后汉书·外戚传》、张衡《西京赋》、《广雅》、《水经注》和《元和郡县图志》等古籍中都有蓝田产玉的记载。明代万历年间，宋应星在《天工开物》中提出："所谓蓝田，即葱岭出玉之别名，而后世误以为西安之蓝田也。"

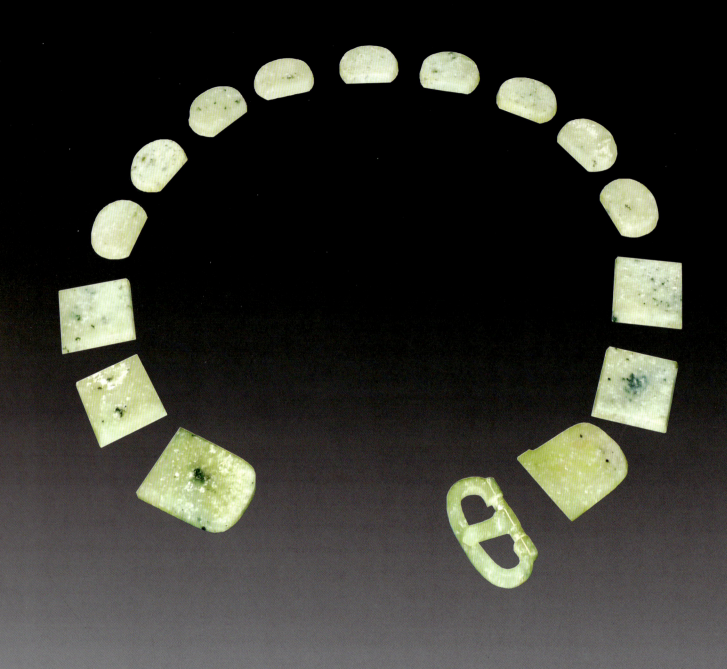

◎唐·"骨咄玉"带銙

16块带銙通长约26厘米，厚约0.6厘米。

陕西出土，陕西历史博物馆展藏。

　　骨咄玉也是昆仑山玉石的一种，也可称作花玉，玉色有浅白色、豆青色、青白色、青绿色等。有学者认为，"骨咄"指文献记载中的"骨咄罗"国，位于今中亚的塔吉克斯坦和阿富汗之间，与唐王朝交往密切。骨咄玉在唐代玉器中十分罕见。

7

公元581年，杨坚建立隋朝，年号开皇，史称隋文帝，定都长安，称大兴城。公元618年，唐王李渊逼隋恭帝退位，在长安即皇帝位，国号唐，是为唐高祖。唐朝是中国历史上国力最强、历时最长的王朝之一，唐文化和科学事业也得到了空前的繁荣，与周围邻国保持着密切的经济文化交流。"贞观之治"和"开元盛世"是唐朝繁荣的典型标志，唐朝历时290年。

隋、唐和五代三个历史朝代中，前后两个朝代历时较短，没有形成自身的玉器风格。隋唐时代玉器随着唐朝的统一，许多前朝时期的玉器已消失或衰落，唯有装饰佩玉和实用器皿得到了繁荣发展和演变。隋代的玉雕基本继承近前代的风格和雕刻手法，唐代玉雕由于受到西亚波斯金玉雕的影响，彻底摆脱了汉代遗留的古拙风格和图案，在新的时代背景下，着重向写实方向发展，玉雕更精美，数量和产量增多。这一时期玉器的主流造型均为唐代高雅、华贵的独特风格。五代时期玉器传承不多，江苏省南京南唐二陵和四川省成都前蜀王建墓所出土文物中有玉飞天纹嵌饰、玉谥册、玉印、玉珩佩和玉龙纹玉带等。

在唐代佩饰中，最富有时代特色的，首推金镶嵌宝石玉带板，它集中了唐代玉雕所有制作工艺，可谓典雅而华美之极。大唐时玉带是朝廷官员等级的礼器，一般二品以上文武官员方许佩用。唐代的佩饰玉梳、玉簪、玉镯也采用隋代玉嵌金的工艺技术，极富豪华感。唐代飞天形佩中的飞天形象为佛教诸神之一，是在东汉时传入中国，是唐代佛教文化信仰者的随身之物。在隋唐五代玉器中，我们都能看到玉器中的动植物和人物，除飞天、胡人形象外，还可见官员像、胡人骑象杂耍像、戏狮胡人像、道士像和宽衣博袖、文人士大夫像等。因受西域丝绸之路及海上丝绸之路影响，大唐玉器文化是多元的，是外来文化与中国传统文化结合的产物。

隋唐五代玉器

隋唐五代玉器考证鉴识

隋唐王朝结束了南北朝三百多年的分裂局面，统一了中国，使华夏帝国走向了繁荣富强之路。在这种社会背景下，玉器文化也发生了新的变化，从隋文帝朝服上使用的革带玉饰来看，当时朝服玉带等级十分严格。在唐太宗时代，三品以上文武官员，官服为紫金玉带，玉带变化随着唐初、中、晚期而演变得更为华美。唐末之后，五代十国玉器的使用基本延续唐代的风格，从南唐的绘画、服饰上，都可以看到玉器后期的演变。隋唐五代文人雅士、贵妇及民间服饰，都喜欢用玉来装饰，所见玉器从传世品、出土墓葬、绘画作品上都能见到玉品文化深深地服务于社会生活，为人们所喜爱。隋唐五代的玉器与当时的绘画、雕塑、工艺美术的发展有着千丝万缕的联系，并有着自己演变的特色，也显示了温润晶莹的玉质之美，使器型装饰雍容华贵，丰富多彩的展示了那个遥远时代玉文化的风貌。从出土的各地隋唐五代墓葬发掘来看，具有代表性的有：陕西省西安李静训墓出土的玉钗、玉兔、金扣玉盏、玉佩饰等；四川省成都市前蜀永陵王建墓出土的白玉云龙纹玉带等；陕西省安何家村窖藏出土的玉器，如龙纹玉带、镶金白玉臂环等；浙江省临安县出土的玉器，如玉梳背多种等；江苏省江宁市堂山东李升墓出土玉佩、飞天纹佩等。从以上这些出土的玉器中，考古学者都能找到隋唐五代玉器的丰富种类，以及用料、雕琢工艺和时代风格。

隋唐五代玉器工艺造型

隋唐五代玉器的发展迎来了中国玉器文化的又一个高峰。玉匠全然抛弃六朝诡谲玄怪的风格，并且力求在写实的基础上做出一些具有艺术描绘的玉器风格来，隋唐五代玉器材质从各地出土的玉器来看，多采用新疆和田上等白玉、青玉、玛纳斯玉。多见仔玉、羊脂玉，玉器材质以玉为主，其他还有玛瑙、玉髓、绿松石、蛋白石、水晶、紫晶、琥珀、珊瑚、大理石等。

隋唐五代这一时期的玉雕，实用器占很大比重。实用器多以圆浮雕、阴线刻、镂雕为主，另有镶宝石和金属工艺，也就是金镶嵌制作手法。雕工图案精湛，造型也新颖别致。具体可分为装饰艺术品、生活用器皿、玉礼器、文房用具等，从出土的各地玉器来看，艺术价值极高。具有代表性的是西安雁塔区曲江池唐鞓蓉园遗址出土"青玉龙首"，结合其凹槽形制和穿孔部位来看，应属御用游船上的嵌式玉件。这标志着唐代玉雕已发展到民居家具、建筑装饰及游船局部装饰当中。这些装饰的使用功能和运用是现代人不可想象的，这也证明了大唐繁荣的各种文化现象及其具体审美的表现。

隋唐五代时期玉器选用的玉料，绝大多数仍是新疆昆仑山系玉。贵重的玉，出于和田、葱岭（昆仑山主要山脉）。玉器的琢磨工具使用大中小圆砣和勾砣，金属器具和解玉砂等，都相应有了长足的发展，考古出土的玉器很能证明这一点。

隋唐五代时期的玉器造型可分为几何形纹、人物、动物、宗教器物等。常见的纹饰有花草纹、鸟纹、龙纹、凤纹、鱼纹、莲瓣纹、云纹、伎乐纹、狮纹等。这些纹饰具有明显的时代特征。

隋唐五代玉器鸟纹中尤其常见的有凤鸟、大雁、仙鹤、鸽子等鸟类纹饰。鸟的翅膀大都是圆弧形，冠顶和鸟尾的羽毛卷长，多用简单的阴刻线表示，动感十足。翅膀靠近鸟尾，颈部微长，线条流畅优美。鸟的嘴里一般口衔瑞草，有的颈部微长，圆眼，也有的为丹凤眼，线条细多阴刻技法来表现。

明代之前的龙纹都是侧面龙的形象，隋唐五代玉器上的龙纹也是如此。唐代的龙纹主要造型特点是龙的嘴巴长，上颚突起，龙首头顶有高双角，龙圆眼上的突额飘动长眉发，脊背飘有长须。腿部超长，龙爪为三趾，腿伸展，有毛状似须。蛇形卷尾。四周常刻以火珠或云纹装饰。

唐代的人物形纹饰主要为胡人形象，以吹奏乐器者为多见，席地而坐。造型多用浅浮雕手法雕琢。其他细部均用阴刻线表示。衣服纹饰的皱褶多用弯形浅线条来表现，具有在唐代人物服饰工笔线描绘画所使用的风格。

唐代玉器多以写实肖生图案为主要装饰，肖生动物有玉羊、玉鹿、玉狮、玉象、玉狗、玉猪、玉马、玉孔雀、玉雁、玉鸳鸯、玉鹦鹉、玉鹤、玉鸭、玉鱼等，与人们的日常生活关系密切，大多以人们喜爱的民俗图案为主，与人们推崇向往的社会伦理道德有直接相关。

隋唐玉雕顺应宗教的盛行，还创制了一些精美的宗教器物，最典型的当是玉菩萨、玉法轮和玉飞天。隋唐五代的玉器在数量、规模上，是远不及汉代的，但玉匠们的聪明才智得到了充分发挥。这个时期，千里运河开凿并通航，地处长江、运河交汇点的扬州，玉雕工业非常繁荣而发达，许多来自西域的珠宝玉器商人在那里开店设铺。这不仅促进了南北玉雕技艺的直接交流，也为中外玉匠交流技艺提供了方便。从整个中国玉器发展史来看，隋唐玉雕工艺由此实现了一个新的飞跃。

隋唐五代玉器种类

隋唐玉器按其功能，可分为礼仪器、装饰品和日用器具等，组玉佩中的装饰，玉珩和玉璜延续南北朝的风格。其他出现的玉器更多是新的造型与形式。其中具鲜明时代风格的有双股玉簪，由于受到西亚波斯金玉雕的影响，装饰一改以往单股为叉之形，对宋、元玉簪有重要的影响。

佩饰玉带之用早在南北朝和隋代已有传承，迄今所知最早出土的陕西省咸阳北周王士良墓出土的一套玉带保存最为完好，其上嵌缀的带板从10块至16块不等，至唐代不仅沿用其品制，而且非常流行。陕西长安县南里王村发掘了一座唐贞观元年墓葬，墓主窦皦为唐朝将军，此墓出土了迄今仅见的一条完整的"金框宝钿玉带饰"，玉框四角各錾一孔，透以金钉将玉框、金板、铜板钉在一起，玉框内为"金框宝钿装"，玉带饰华贵而精美，充分显示了唐代玉器精湛的制作工艺和审美。

隋唐五代玉器，装饰艺术品成为时代主流，其他生活日用器具增多，有礼仪玉器、殉葬品等。

隋唐五代生活日用器具主要有玉杯、莲花杯、单耳圆杯、人物图圆杯、流云圆杯、八瓣花形杯、玉盅、玉碗、玉洗、玉盒、玉砚、玉盏托、金扣玉盏、玉簋、玉

◎隋代·白玉羊
通高约3.9厘米，通横长约3.9厘米，宽约2.1厘米。
中国国家博物馆，古代玉器馆展藏。

◎唐代·白玉勺
通高约18厘米，横长约3.4～1.3厘米。
北京故宫博物院玉器馆藏。

瓶、玉香炉、玉汤匙、玉罐等。这些作品在造型上具备隋唐五代装饰艺术的时代风格，制作精细并融入许多西域特色。

隋唐五代玉礼仪器主要有玉璧、玉琮、玉璜、玉圭等传统造型种类，但其纹饰已经发生变化，多为云龙纹，与此前的玉礼器很易区别。

隋唐五代的玉器装饰品是时代的主流，其品种丰富，还有佛教题材玉器造型。唐代玉器中的人物图形，除飞天、胡人形象外，尚见官员像、胡人骑象杂耍像、戏狮胡人像、道士像和宽衣博袖、文人士大夫像等。

隋唐五代玉器装饰品种主要有玉钗、玉簪、玉镯、玉璜、玉珠、玉笄、玉步摇、玉耳坠、玉带銙、玉带钩、玉附饰、玉佩、玉人、玉梳和玉梳背等。另外玉器纹饰带有浓郁的生活气息，还有的具有异域风情色彩。隋唐五代佛教玉器是自汉代通过陆海两路传入我国，在隋唐五代，佛教玉器也有不断的发展，主要表现有少量的玉佛，造型各异。玉飞天的造型较为丰富，凌空飞舞，婀娜多姿，为佛教信徒所佩戴，所用玉质多为上品和田白玉，琢刻典雅而精美。总的来讲，隋唐五代玉器具有时代特色，造型和纹样丰富多彩，也真实反映了隋唐盛世的物质精神面貌。

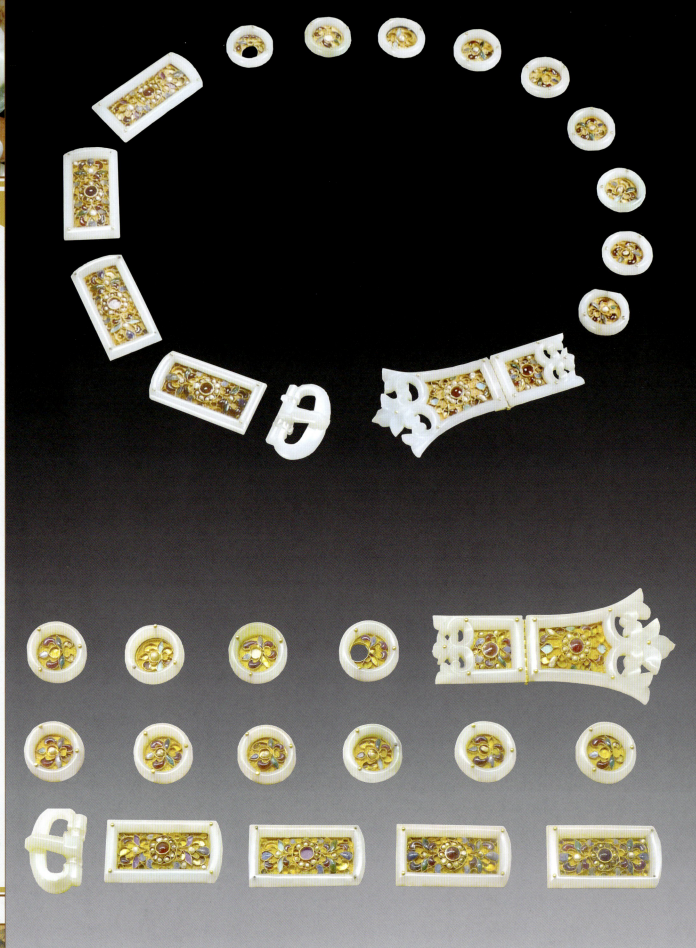

◎ **唐·白玉伎乐纹带銙**

带銙通长约 90 厘米，单块长约 4.6 厘米，宽约 3.5 厘米，厚约 0.5 厘米。上海博物馆，古代玉器馆展藏。

白玉质，玉色温润白透，由 12 块玉板组成，其中尾 1 块，玉板扁薄，正面以浅浮雕加饰阴线纹琢刻成奏乐胡人形象，肩身披飘带，身着短衣，足穿尖靴，或跪或坐，神态逼真。背面平素，有与衣带结扎的穿孔。玉带是古代上层贵族用以表示等级的腰间佩带，唐宋时只有三品以上的官员才能使用。唐代《太平广记》卷二四三宝间条引《乾馔子》记载曾有胡人米亮如玉工为宝间治玉带出售，使宝间致富之事。地方玉器作坊可自行制作玉带，所以普通人在坊市内也可买到。五代孔光宪《北梦琐言》逸文卷一："湖南帅马希声，在位多丛率。有贾客沈申者，常来往番禺间，广主优待之，令如北中求宝带。申于洛汴间市得玉带一，乃奇贸了。"

◎ **唐·青白玉镶金嵌珠宝玉带饰**

玉带通长约 98 厘米，厚约 0.5 厘米。
陕西西安南里王村出土。陕西历史博物馆展藏。

白色玉质、圆首矩形框。背面平整，正面为起脊的两面坡形，在边框四角的脊线上各钻一透孔，通体抛磨光洁，玉身内镶金纹饰并嵌珠宝石，玉带饰工艺华的，带有西亚金属工艺特点，为唐代中晚期玉带绝品中的上品。

◎唐·击鼓伎乐纹白玉带板

通高约 5.5 厘米，横长约 6 厘米，厚约 0.5 厘米。

◎唐·击鼓伎乐纹青白玉带板

通高约 7.3 厘米，横长约 6 厘米，厚约 0.5 厘米。

青白玉色玉质，局部有深青色浸斑，并有土色包浆。体呈扁平正方体。浅浮雕加细密的阴线纹琢刻一胡人，身着紧衣肥裤，脚蹬长靴，席地而坐。两手持铜锣。纹饰注重阴线深刻，雕工娴熟，风格带有西域少数民族特点。

◎**唐·吹箫伎乐纹青白玉带板**

通高约5.3厘米，横长约6厘米，厚约0.5厘米。

　　青白色玉质，玉色温润，玉质中可见纹理，局部褐色沁，此带板为扁平正方体，四边光润，中减地并浅浮雕加阴线琢刻一少数民族人物，席地盘腿而坐，双手置于嘴前，似在吹奏某种乐器，双目紧闭，神情非常投入。衣纹及身披的飘带，以阴刻线表现，风格独特，雕工粗犷。

◎**宋·吹笙伎乐纹青玉带板**

通高约6.4厘米，横长约5.6厘米，厚约0.5厘米。

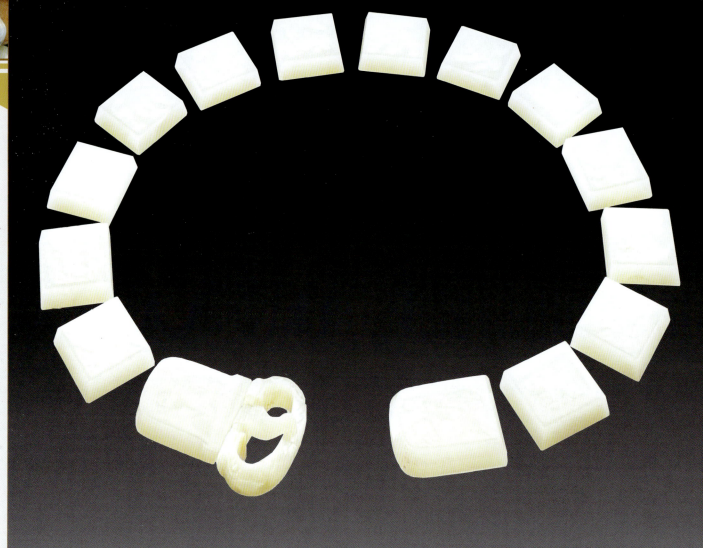

◎**唐·狮纹白玉带板**

玉板通长约80厘米，单块长约4.6厘米，宽约3.5厘米，厚约0.5厘米。西安南郊何家村唐代窖藏出土。
陕西历史博物馆展藏。

此玉带是由和田白玉制作，玉色光透，温润洁白，造型简练而华美，为唐中期玉带板。根据文献中西域进献玉带之记载，这些胡人纹玉带之制作法及饰纹风格，与非胡人纹玉带板形式构造等相比有一定区别；而且在一些胡人纹使用的玉带板背面，考古学家也曾多次见到琢刻汉文"十一、十二"或"一、二"等铭文，这与当时西域丝绸之路中国玉文化传播遗存有关，也是当时中外文化交流的结果。

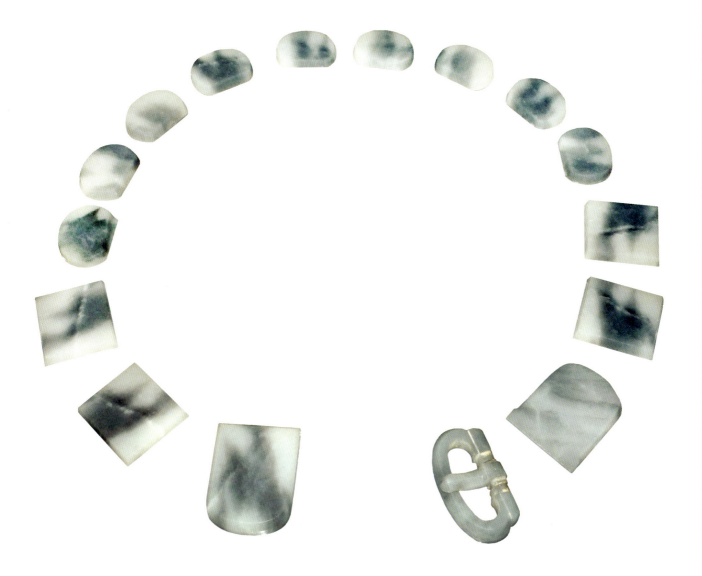

◎唐·"深斑玉"带铐

玉板通长约80厘米，单块长约4.6厘米，宽约3.5厘米，厚
约0.5厘米。西安南郊何家村唐代窖藏出土。
陕西历史博物馆展藏。

　　何家村窖藏出土的玉带按照形制用途的不同，大体有
"更白玉带、斑玉带、深斑玉带是用玉色定名的玉带，其组成
数量、形制基本相同。出土时放置在银盒内，银盒盖内有墨
书题记，明确记载了玉带的玉质、形制和组成数量。唐代革
带上的带铐质地有玉、犀、金、银、鍮石、铜、铁等多种，质
地的不同代表不同的等级。《通典·礼典二三·天子诸侯玉佩
剑绶玺印》："上元元年八月，敕文武官三品以上，金玉带，十
二铐；四品，金带，十一铐；五品，金带，十铐；六品、七品，
并银带，九铐；八品、九品，服并石带，八铐；庶人，服黄
铜铁带，六铐。"

◎唐·白玉花簪头

通高约11.0厘米，横宽约3.5厘米，厚约0.2厘米。
西安唐代遗址出土，西安博物院展藏。

　　白色玉质，白中闪微青绿色，玉色润透，呈扁片状。镂空平面浅浮雕，玉身表面琢雕一组石榴果，果下有多朵盛开的石榴花，石榴花采用浅雕和阴刻方法，玉簪头整体花卉叶脉，雕琢娴熟，阴线随意自如，底尖部有一孔。虽然是扁片形致，但平面十分立体，层次分明，刀法娴熟洗练，风格典雅大方，不失华贵。为唐玉饰上品。

◎唐·白玉花卉纹梳背

通高约4.9厘米，横长约14厘米，厚约0.35厘米。
上海博物馆，古代玉器馆展藏。

　　白色玉质，玉色温润。整器作半月形，平端有嵌痕，两面刻花。正面上部排列作三朵荷花，两侧饰有一对相向而立的鸳鸯，下饰荷花一朵。背面装半开状荷花，两侧刻一对瑞兽或瑞禽。整器由隐花和阴线组成。

◎唐代·白玉花卉纹梳背

通高约5厘米，横长约14厘米，厚约0.4厘米。
中国国家博物馆，古代玉器馆展藏。

　　白色玉质，玉色温润，玉质有浸色。片状，璜形，半透明。上部呈弧形，下部较宽平。在随形开光内，两面均减地隐起形态不同的六瓣花三朵。凹雕花瓣，花下及左右对称雕花叶，叶边刻细密整齐的阴线。

◎ **唐·白玉龙纹环**

外径约9厘米，内径约3.2厘米，厚约0.4厘米。
上海博物馆，古代玉器馆展藏。

　　白玉晶莹光润，局部有褐红色沁斑，扁圆形。玉身采用浅浮雕和阴刻技法琢制纹饰，一面浅浮雕团龙，头上的角、眼、发、嘴、须等用阴刻线琢成。周身饰鳞纹，背鳍排列整齐，身有翼，腿弯处有毛，三爪，蛇形尾呈弯曲状，头尾间雕琢火焰状宝珠。另一面浮雕四朵如意形云纹。纹饰细密流畅，所饰龙纹为唐代典型的风格。此玉环纹雕琢工艺精细，所用浅浮雕工具是极薄的小型圆砣，阴线琢刻线条繁荣，线条变化细微，刀法清渐可见，为唐代龙纹环上品之作。

唐代纹饰

　　中国古代玉器中，上古时期除了神兽纹和几何纹外，是很少见到花卉纹的。花卉纹玉器在中古时期才逐渐兴盛。战国时期，一些玉器上有少许花叶纹出现。到了唐代，花叶纹被广泛应用于玉器的装饰上，和绘画相比，还要早一些。绘画中的花鸟是在宋代形成的。唐朝玉器的花卉图案比较完整，在花蕾、花叶、花茎等方面都有比较完善的形制。一般装饰性的花卉图案，常用于人体、花、鸟旁的装饰上。与之同时流行的还有如意云纹。玉器上的云纹，有灵芝草一样的标准纹样，上面像三瓣花，下面加一条带形托柄，这是在东周或汉代的对勾形卷云纹的基础上发展完善起来的。两个标准形的云纹连接在一起，形成二方连续图案的变体云纹，或紧密或疏朗，富有变化韵味。鸟纹在唐朝的玉器上也是用得最多的，有大雁、鸽子、仙鹤等，更多的是具有美丽长尾巴的鸟纹，如凤纹，大多为圆弧形的翅膀，羽毛和尾巴上的毛都向上，鸟的细羽用阴刻线方格网纹表现。鸟衔瑞草，以示吉祥。鸟纹与花草纹结合起来，体现多重含义。比如将牡丹花纹和凤凰纹结合，表示"富贵吉祥"的含义。唐代玉器上的一些人物纹饰，最多见于一些玉带板上，最典型的一件就是在陕西西安出土的玉带板，上面用浅浮雕方式表现坐着吹奏乐器的胡人形象，以细浅的弯曲阴刻线表现唐朝特有的衣物褶皱。

◎ **唐·青白玉双鸟纹梳**

通高约3.8厘米，横长约10.5厘米，厚约0.4厘米。

　　玉呈白色，微闪青，玉质润泽，局部有褐红色沁斑，带有包浆。玉身呈薄的片状，上为半圆形，梳背外镂雕一组花鸟图案，左右沿边饰飘式卷草纹。玉梳用直线切割而成，线条对称比直。唐代发梳的材质一般因用途而别，实用梳子一般用竹、木制成，而装饰用的插梳，制作则比较考究，材料也异常丰富。一般用金、银、玉、牙等珍贵材料制成。"斜插银篦慢裹头"、"镂玉梳斜云鬓腻"、"独把象牙梳插鬓"等传世诗句，不但体现了唐代妇女插梳的风尚，也说明了插梳材质的丰富。小梳子具体的插戴方法，在唐代绘画和敦煌莫高窟唐代供养人壁画中都能看到。

◎唐·白玉镶金臂环

外径约8.4厘米，内径约6.5厘米，宽约2.1厘米，厚约0.9厘米。西安南郊何家村唐代窖藏出土。

陕西历史博物馆展藏。

　　臂环为羊脂白玉，玉色纯正，光透润洁。玉臂环由三段弧形白玉衔接而成，每段玉的两端均包以金制兽首形合页，并以两枚金钉铆接，节与节之间由三个中空穿扣合，穿内用小金条作辖相连，可以自由活动。臂环利用了黄金、白玉不同的质地、色彩、光泽、互相衬托，交相辉映，尽显华贵富丽。唐郑处诲《明皇杂录·逸文》载："我祖破高丽，获紫金带、红玉支二带，朕以……红玉支赐妃子，后以赐阿蛮。"《格致镜原》将"玉支"作"玉臂支"。

◎隋·白玉束发双股钗

通长约9.9~8.1厘米，横宽约1.8厘米，厚约0.5厘米。
西安李静训墓出土。中国国家博物馆，古代玉器馆展藏。

◎唐·红宝石

西安南郊何家村唐代窖藏出土。
陕西历史博物馆展藏。

随形块状，色泽由淡入深，不均匀，透明度高，光泽亮丽，其上钻有一孔。

◎唐·青白玉鹅

通高约5.6厘米，横长约7.5厘米，厚约0.6厘米。
上海博物馆，古代玉器馆展藏。

◎唐·绿玉髓

西安南郊何家村唐代窖藏出土。
陕西历史博物馆展藏。

造型各异，未见穿孔，可能为用于镶嵌的装饰物。

◎唐·黄宝石

西安南郊何家村唐代窖藏出土。
陕西历史博物馆展藏。

造型不规则，其上留有切割面，并钻有一孔。

◎唐·蓝宝石

西安南郊何家村唐代窖藏出土。
陕西历史博物馆展藏。

分为深蓝和浅蓝两种色彩，蓝宝石上均有穿孔，可能曾用作装饰品，后被收藏，这是唐代蓝宝石数量最多的一次发现。

◎唐·青玉鹰首（上）

通高约7厘米，横长约11厘米，纵宽约6厘米。

西安市唐大明宫遗址出土。

　　鹰首圆雕，粗眉紧锁，双目凝视，鼻翼微凸、阔口勾喙。口部两侧有对应的管钻圆孔和楔形凹槽，似喙微张。腮部以偏斜刀勾勒，其后以阴刻直线和卷云纹表示颈部羽毛。鹰首后部呈方形，顶面有五个圆孔，后面管钻一大圆孔，顶面后部的一个孔与后面的大圆孔纵向贯通，这些孔可能是用来将鹰首固定在车辕或其他器物上的。此鹰首采用长方形玉料经简单加工雕琢出轮廓，再以阴线勾勒出眼、喙、羽毛等细部，线条粗犷有力，砣具碾琢入刀深，中间粗直，收刀较细，刀法硬朗，表观手法简约传神。

◎唐·青玉龙首（下）

通高约10厘米，横长约18厘米，纵宽约7.4厘米。

西安雁塔区曲江池唐鞭蓉园遗址出土，西安博物院展藏。

　　青白玉质，玉色纯正温润，为唐代御用游船上嵌式装饰玉件。龙首近似长方体，"臣"字形双目，长眉梢尾端上卷，宽鼻，阔口龇牙，上唇翻翘，大耳后抿，头顶近平，上镂雕后伏长角。齿、眉、吻等部位以细阴线刻划出胡须和眉毛，运用砣具碾琢的特征非常明显，刀法劲健有力，造型逼真，形象威猛，雕塑感极强。

◎晚唐·和田白玉兽

通高约 8.3 厘米，横长约 10.5 厘米，纵宽约 2.6 厘米。
美国旧金山亚洲艺术馆藏。

　　上品和田白玉，温润泛黄，外有包浆色，质地细润，半透明。玉兽雕琢用多层云纹，兽面做工精巧，玉身采用浅高浮雕尾部有圆雕镂空来表现，碾磨光润，玉兽带有西亚雕琢风格。中国古代，有"祥禽瑞兽"的说法。一般来说，龙、凤、龟、麒麟被称为四大瑞兽，以用石头或玉料雕琢的瑞兽为多。狮子是一种外来的动物，经过中国民间的加工，也成了现在所见的瑞兽形式。汉代，玉兽一般被当作玉镇。当时人们坐席或坐在榻上饮食，在坐席和坐榻的前面放上玉镇，这种习俗在战国时期就形成了。不过，玉兽也常被用来做葬玉，被当作镇墓之宝，很多唐墓中都有较高大的玉兽守在门前，有辟邪镇墓之用。唐代，玉瑞兽大多是写实动物形，与其他玉器一起，用来摆饰鉴玩。

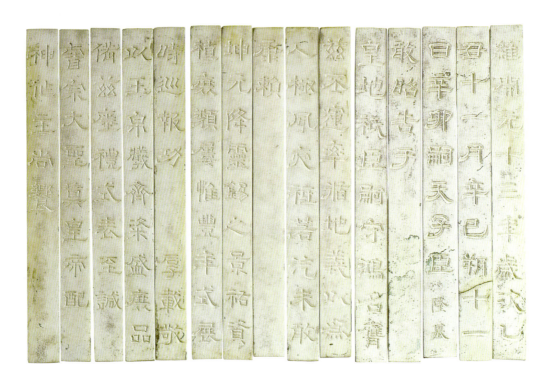

◎ 唐·唐玄宗禅地玉册

通高约29.8厘米，横长约48厘米，厚约0.6厘米。

中国台北故宫博物院藏。

　　青玉质，用有文字的玉册作为一种新的礼器种类，于唐代得到完善，并对后世产生一定影响。泰山出土的"唐玄宗禅地玉册"即为"玉册"的一种：有15根玉质简片，每片简上刻隶书一行，凡九字，字口内填金；五简连成一排，三排叠放在匣内；匣就是《旧唐书》中所说的"金匮"。金匮外面镶饰的白玉也雕琢得非常精美。唐以后，封禅时就都用玉制简册了。"封"是天子登泰山祭天；"禅"则是在泰山旁的小丘祭地的典礼，向天地神宣告天下太平。

◎ 唐·兽首玛瑙杯

通高约6.5厘米，口径约5.6厘米，横长约15.6厘米。

　　此杯选用稀世的红色玛瑙雕琢而成，在深红色中夹糅淡红、乳白色，质地莹润，器体采用角杯造型，杯身下端雕出生动的羚羊首，羊眼圆睁高凸，嘴鼻部另镶金饰，羊角弯曲连接杯口，整个器形巧致而稳重，是唐代玉制品中的绝美之作。

◎唐·青玉七梁发冠

通高约 13 厘米，横长约 18 厘米，纵宽约 8 厘米。

首都博物馆，古代玉器馆展藏。

　　此冠表面为青玉飘雪花点，玉质温润淳厚，色彩富于变化，冠形自然大方，冠呈圆筒卷形，顶脊上有七条突起圆线向后卷起，下部有二条圆线，中央穿一圆孔，可插入一长簪，冠首脊上的七条线代表首大唐王川山河，上面一条线代表着地地江域。发冠造型立体，圆雕精美，这种造型礼仪用器被沿袭下来直到明代。

◎唐·青白玉双凤纹牌

通高约 5.5厘米，横长约10.55厘米，厚约0.35厘米。

上海博物馆，古代玉器馆展藏。

◎**唐·白玉莲花瓣纹碗**

通高约 4.3 厘米，直径约 6.6 厘米，底径约 3.9 厘米。

北京故宫博物院玉器馆藏。

　　白色玉质，玉色温润。碗呈圆柱形，圆口，平圆沿，深腹，外腹下收敛，呈椭圆形，高圈底，外微撇。碗外壁用小砣具浅雕莲花瓣纹图案，剔地精细，碾磨光润，并在莲花瓣上用阴线雕有花瓣的细纹，形致精美，造型富于装饰之美，此器造型多出现于唐代越窑青瓷茶盏之中。

◎**唐·白玉忍冬纹八曲长杯**

通高约 3.8 厘米，口径约 10.1 厘米，厚约 0.23 厘米。

陕西历史博物馆展藏。

　　玉杯以和田白玉制作而成，玉质洁白莹润，玲珑剔透。八曲椭圆形口，口沿一圈磨得很薄，厚度只有半毫米，从杯口至杯底，器壁逐渐增厚，纹饰雕琢繁复优美，反映出唐代高超的制玉技艺。其形制完全模仿萨珊式多曲长杯，而装饰纹样则直接继承了南北朝时期已经流行的忍冬纹，因此这件白玉杯堪称中西文化交融的杰作。

　　在之后的朝代中，只有大清王朝出现过这样纯正的制作工艺器形，如印度莫卧儿王朝礼贡大清国的"豆青色白玉"各种玉盘和碗，才有这种制作工艺，之后被乾隆皇帝的玉匠所仿制，为皇帝举行重大庆典时，御殿赐茶之用。称之为仿"痕都斯坦玉器"。从这件玉器中可以看到大唐制玉工艺数千年后还在延用。

◎ 唐·白玉镶嵌金边碗

通高约 4.6 厘米，通横长约 4.7 厘米，口径约 4.8 厘米，底径约 3.3 厘米。中国国家博物馆，古代玉器馆展藏。

白色玉质，玉色纯正，为新疆和田羊脂白玉。此白玉碗造型是来自唐代白瓷碗的造型。碗为圆口、沿平、唇外折、深腹，腹向下敛，底为实足平底，口沿包镶金片。外壁光滑，素面无纹饰，器体有斑点和墨纹。制作工整，造型精美，在唐代玉器中颇为罕见。

◎ 唐·青玉云形玉杯

通高约 5.7 厘米，口径约 10～12 厘米，横长约 19.5 厘米。

青白色玉质，玉色温润，略透。通体雕琢成优美图案，由云纹及海水纹组成，玉杯造型如大海行舟，动感很强，带有唐代金银器，金属工艺浮雕的造型特点。玉身采用多层浮雕，琢刻深浅有致，玉杯耳呈舞动云状，镂雕立体。所采用雕工充分体现了唐代制玉工艺高超技术和水平，为唐代玉器绝品。

◎唐·羊脂白玉镂空飞天

通高约 4.8 厘米, 横宽约 8.5 厘米, 厚约 0.8 厘米。

上海博物馆, 古代玉器馆展藏。

羊脂白玉质地温润纯正, 玉色呈半透明。唐代飞天造型变化较大, 出现了祥云伴舞形象, 飘带加长。或双手合十, 踏云而去; 或双手过头, 头上有云。又有作伸臂如飞鸟者, 受云彩之托, 慢慢升降。悠悠曼舞, 飘飘九霄, 风格淡雅萧疏。从玉质上看, 唐朝时期飞天玉的玉质优良, 多采用软玉制成, 玉质匀净。从做工上看, 采用了镂空、多层浅雕、圆雕等多种工艺, 在打磨上精工细琢, 将玉质之美完全发挥了出来。

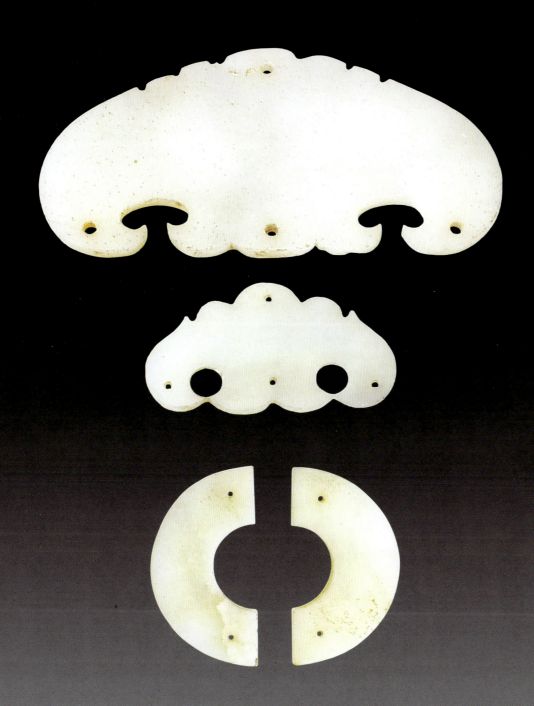

◎唐·玉蝙蝠形珩

通高约5厘米，横长约10.4厘米，厚约0.4厘米。
通高约3厘米，横长约5.4厘米，厚约0.35厘米。
西安永泰公主墓出土，陕西历史博物馆展藏。

　　这组玉佩，为青白玉质，玉色光润，上蝙蝠形佩，一
大一小，下半圆形珩各半对称，合成组玉佩形致。此佩上
部两块形致，在南北朝时就有这样的造型，也称"云头片
状"。这件玉佩呈扁平体，形似卷云似蝙蝠，光素无纹。脊
部为三连弧形边，尾翼之间相连，钻有圆孔，尾端有三连
弧形边，下面玉珩各分两侧，造型为羊弧形。在西安乾陵
懿德太子李复润墓石椁上有一幅线刻宫女图上，有两位宫

女腰部均配有完整的组玉佩，形制十分相近蝙蝠形珩和玉
璜，较大的玉珩在上端玉璜在下方左右，均用串珠接连。在
唐代，"珩、璜、琚、禹、衡牙之类"也称杂佩。

◎唐·半璧形玉璜

通高约5.8厘米，单璜宽约2.5厘米，厚约0.25厘米。
西安永泰公主墓出土，陕西历史博物馆展藏。

　　青白玉，半璧形，两端各钻一孔。造型与战国玉璜演变
有明显的联系。这是唐代仿制古人的作品，但从用玉料的质
地上和制作工艺上来看，都明显反映出唐代工艺风格。

◎宋·青白玉镂雕双童佩

通高约 4.1 厘米，横长约 3.6 厘米，厚约 0.8 厘米。

中国国家博物馆，古代玉器馆展藏。

◎宋·青白玉镂雕双孔雀纹饰件

通高约 3.4 厘米，通横长约 5.8 厘米，厚约 0.7 厘米。

中国国家博物馆，古代玉器馆展藏。

8

　　两宋时代因历史原因,形成中国历史上多国割据的局面,此时宋、辽、金各国共存(公元960年～1234年),在这种时代背景下,北方游牧民族走向发展与融合的繁盛时期。而在此之后,金国被蒙古国成吉思汗所灭,蒙古军随后来西夏,攻入南宋,统一了中国(公元1206年～1368年),实行了新的民族政策,以蒙古人为首,规定了色目人、汉人、南人等级制度,由此产生了中华多民族文化大融合时代。宋代在延续唐代玉雕工艺基础上,创造了自己独特的风格,在造型、图案、工艺等方面日益走向世俗化、装饰化。两宋时期,由于拥有一个比唐代更为庞大、更有文化修养的统治阶级,宋徽宗赵佶就曾提倡文人山水画,加上宋代文人书画兴盛,许多文房用具也成了玉匠们精心雕琢的对象。当时在东京城汴梁、扬州、杭州,都有专卖玉器的商市及店铺,朝廷在京城设立了"皇家玉院",由宫廷指定优秀的玉工们制作种类丰富的玉器。在宫廷影响下,此时收藏玩赏玉器的人,由内廷扩大到贵族、文人士大夫、工商阶层、玉作坊生产玉器均要拿到市场上作为商品出售。

　　北方辽金两朝在制度上基本采用了汉民族的机制,其礼仪除保持传统外,更多吸取了汉民族文化的丰富精华,来繁荣影响北方少数民族文化,因此,辽金墓葬出土的大量具有北方游牧民族特色的玉器,让世人惊叹!

　　这一时期,辽金元的民间用玉、制玉丝毫不亚于两宋,从目前考古发掘和传世品看,辽金时代的宫廷贵族礼制用玉主要有玉带、金玉带、玉束带及玉饰等。金代用玉相比辽代更为严格,制作水平更为精湛。

　　元代玉器文化风格是在宋、辽、金玉器的基础上发展起来,并将其推向新的高峰。在元代中期元代社会(包括宫廷及各阶层)收藏玉器已形成民风,从山西大同冯道真、安徽安庆范文虎、江苏吴县吕师孟、苏州张士诚墓等墓葬所出土的大量玉器来看,元代玉文化已走入民间,成为民俗文化中一种不可缺少的精神嗜好。故宫博物院所收藏的元代传世玉器,真实反映了元代制玉工艺水平的多种异域风格。

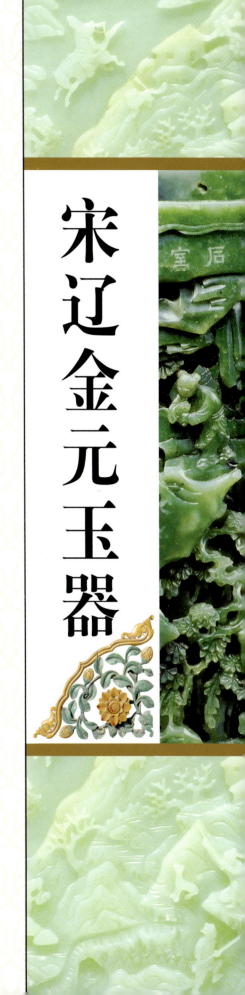

宋辽金元玉器

宋代玉器考证鉴识

　　宋代无论是在经济还是在文化方面都继承了唐代的精华，并有创新的发展。宋人喜欢玉器文玩，也促进了民间和皇家收藏文化的繁荣。北宋学者吕大临就是当时著名文物收藏鉴赏家，他还在宫廷内兼职文物收藏专家，并编纂了《考古图》十卷，其中就有关于宋代玉器鉴定的考证鉴识图录。另如宋代著名画家李公麟也是博雅鉴识古玉研究名家，在《东京梦华录》等宋人笔记中，都有记载当时北宋汴梁，南宋绍兴、杭州等地商业兴旺，贸易繁荣，商贾买卖出售玉器宝石等珍贵古董商铺的场景。宋廷所用玉料来源多为西域诸国朝贡及从和田运输而来，其他也有全国各地的玉石来源，宫廷作坊在南宋和北宋时都设"玉院"，南宋时有著名的修内司玉作所，设立于杭州，其他民间作坊在东京汴梁、平江、金陵、福州等地。在传世宋代玉器遗存中，北京故宫博物院收藏的宋代玉器，也为鉴定提供了丰富的研究实物，如青白玉镂空双鹤衔芝佩、白玉龙纹带环、白玉镂空云龙带环、白玉人物带板、白玉鱼龙带钩、白玉镂雕人物鹤炉顶、白玉螭耳十角杯等，实为绝品传世之作。另外，还有考古出土玉器，如河北省定州市静志寺塔基地宫出土的北宋青云雁纹铊尾、青玉镯、青白玉环等。北京市房山区长沟峪石椁墓出土的北宋青玉镂空竹拔佩、青玉镂空折枝花锁佩、青玉双鹤衔芝佩、青白玉孔雀形钗、青白玉双股钗等。江苏省吴县金山天平出土的南宋白玉发冠和碧玉簪。安徽省休宁县朱晞颜夫妇合葬墓出土的南宋青玉兽面纹卣。浙江省衢州市王家乡瓜园村史绳祖墓出土的南宋白玉兽钮印、白玉荷叶杯、青玉笔山等。西安市东郊田家村出土的北宋白玉螭龙穿花图等。这些墓葬出土的玉器都证明了两宋时期玉文化是一个繁荣兴盛的时代。

● 宋代玉器工艺造型

　　两宋及辽金玉器的品种多与唐代相似，仍以佩饰和实用器具为主，但具体的器物比隋唐五代又有新的发展和变化。宋代宫廷设有"玉院"，玉料多由西域诸国进贡而来，皇家用玉比隋唐更为流行。宫廷礼仪朝服规定要有玉束带、玉佩，车有玉辂，乐有玉磬，祀有玉圭、玉册等。民间百姓服饰礼仪也有一定的规范。宋代民间用玉比隋唐盛行，皇家、达官贵人及民间均收藏古玉，古董行仿造玉器盛行。如江西上饶南宋墓出土的青玉池面人物玉带板，反映了宋代玉器具有形神兼备的艺术风格。

　　宋代在用玉的玉色上非常考究，比汉唐时代使用玉，在美学上更加完美。从出土的宋代传世玉器来看，宋代的玉料多为新疆和田玉、白玉、青玉、碧玉、黄玉、墨玉等。此时优质的和田玉也就成为首选玉材。宋代玉器用玉品种比较丰富，其不仅使用和田玉，也使用南阳玉、蓝田玉等不同色彩的玉质，宋代玉器用玉有它独特的审美特点。

　　宋代玉器沁色特点为水沁法，即在玉器沁有一层云雾状白色物质，渐变到局部色较深厚，有条纹丝状深赭色、浅黄褐色沁纹线痕迹，或红色、朱红色直至深褐色，变化丰富。专家认为一般沿玉质绺缝沁内间染入各种色彩，应是宋代人工巧染色的技巧，而后染色随年代推移看上去十分自然，这正是宋代玉器的独特之处，后世仿品很难做到这种巧色水平。另如在各种白玉云状的雾斑，非常像鸡骨白色氧化斑色沁在玉器上的赭色条纹，跟使用玉石玉质的自然状态山料和水料有直接关系，沁入玉

器局部色彩苍劲古朴。传说中的黑色水银沁，表面发亮，工艺方法多样，传世说来源现无从考证。

　　宋代玉器所使用的纹饰主要有龙纹、云纹、鸟纹和花卉纹等。宋代玉器上的龙纹有很明显的特征，窄长的龙首，龙的嘴较大而且后靠，上下唇较薄，上唇一端翘起，唇尖上挑并后卷。圆眼细长，龙发后飘，身子犹如蛇形，较为细长。有的龙身上用阴刻网格状鳞饰，各有一条阴刻线呈现在龙身两侧。细长而有毛的腿，腿部缀有火焰纹，有鸟爪一般的三趾爪，龙的造型如在空中、海里苍劲飞舞。在宋代玉器上，常见有苍龙、穿花龙、坐龙、行龙，各种龙纹饰等。宋代螭纹，头形狭长略显扁宽，螭首的前部则雕琢五官，额顶上雕琢耳朵，螭发往后飘而且后卷。龙可以与凤结合，体现龙凤呈祥的意义。

　　宋代玉器上的龙纹在继承前代的基础上，又有所创新，主要表现为圆雕、浮雕和镂雕增多，出现了多层镂雕和立体镂雕技法。多层镂雕是指玉器上采用三层镂雕及镂空纹图形比较复杂的图案。而立体镂雕则是指从玉器周身各个方面皆可观赏的圆雕和镂雕全景造型。宋代开始出现留皮巧雕制作技法，这种技法在汉代时曾经使用过，宋代的玉匠们巧妙地运用玉璞上的沁色，通过工艺处理，使得玉器更为绚丽多姿，色彩自然古朴而典雅。

　　宋代玉器最为常见云纹饰有变形云纹、双岐云、三岐云、单岐云、卷云、灵芝云等。

　　宋代玉器上的鸟纹饰常见有大扁头鸟，细颈或长颈，冠首上有一根翎毛，鹰状嘴下弯形，前尖后宽。眼部呈细长的丹凤眼、阴刻小圆眼。羽毛多为阴刻细腻长线，翅上有阴刻多条斜线。鸟尾为勾云状似孔雀尾形

制，阴刻细密尾线。

花卉纹，主要有折枝花、牡丹花、牵牛花、莲荷花和菊花等，在表现形式上有许多的创新。这些花卉纹常与鸟纹有机和谐地结合在一起，形成了花鸟纹，充满着自然的生机和趣味。这些表现形式也带有唐代风格延续及审美的突破。

宋代玉器上的植物纹饰常见于各种实用玉器上，如松、竹、梅、梧桐、水草、芦苇、牡丹、荷叶、莲花、桃、石榴、荔枝、灵芝等。常见动物纹有虎、鹿、羊、狗、兔、鸭、鹅、鸟、鹦鹉、鸳鸯、天鹅、鹤、龟、鱼、蝴蝶等。神灵动物除了上述龙、螭，还有凤、辟邪、神兽、四方神灵等。

宋代玉器种类

从传世的玉器看，宋代玉器的种类主要有礼仪器、装饰品、观赏陈设器、日用器具等。

宋代在出土的礼器中，常见使用的礼仪器有玉苍璧、玉黄琮、玉圭、玉瓒、玉磬、玉册等器物。在装饰玉器中也很丰富，常见有玉首饰、玉带饰、玉佩饰、玉璜饰、玉环饰、玉珩饰、鱼饰、花饰、鸟饰、兽饰、人物形饰等佩坠形式。传世和出土的宋代玉饰不是很多，有玉簪、玉钗、玉梳、玉戒指、玉镯、玉钏和玉发冠等，其他还有鸟形玉佩、兽形玉佩、花形玉佩、玉坠等。宋代玉雕多采用圆雕、浮雕、镂空和阴刻等技法进行制作，表现了宋代饰品造型纹饰神形并貌、美妙绝伦的特色。

宋代日用玉器主要有玉酒器、玉茶器、玉食器、玉文房用具及其他玉器皿等。传世的有玉花高足钟子、玉瓜棱杯、玉圆临安样碟儿、玉高足杯、玉枝梗瓜杯、玉盆儿、玉香鼎、玉碗、玛瑙杯、青玉双耳鹿纹八角杯、玉龙耳杯、白玉夔龙把葵花式碗、青玉兽耳云龙纹炉、白玉云钮圆盒、白玉大角碟儿、白玉橡头碟儿等。宋代的玉制日用器制作工艺精湛，用材上乘，装饰细致，美不胜收。

◎ 北宋·白玉莲瓣形发冠

冠高约 8.5 厘米，横宽约 11.6 厘米，纵宽约 8 厘米。首都博物馆，古代玉器展藏。

白色玉质，玉色润泽。整个器物线条圆润，造型立体而线条清晰，好似高山大川，顶天立地。此玉冠雕琢精美，冠为古代男子束发之物，唐代盛行。这件发冠面雕重叠的莲花瓣，互相对称，正面下部琢有一圆孔，与冠背圆孔相对，其中有一圆簪贯通其中。

◎南宋·白玉龙首钮押印

通高约 7.3 厘米，底边横宽为长约 6.1 厘米。
上海博物馆，古代玉器展藏。

　　白玉质地，上呈龙钮，下呈方底座。宋代龙头形宽长，五官集中在头的前部，结构简单，头顶龙角，耳朵在额边两侧，周身有鳞片，蛇形尾后飘。此押印做工精致，采用了多种制玉艺印座呈方形，龙四足伏地，躬身、龙首微垂、长发后坡、三岐尾卷西侧，为典型北宋压印造形，白玉有深浅多处深褐色沁色，为北宋条丝状及斑沁基本特征形式，许多专家辩识认为是宋代宫廷所用之物。

◎ **北宋·青白玉莲瓣云纹盒**

通高约 2.1 厘米，口径约 6.3 厘米，厚约 0.5 厘米。
中国国家博物馆，古代玉器馆展藏。

    青白色玉质，玉色光透，温润。此盒为子母口，圆口沿口内收，直圆壁面。平底微内收，盖面扁平呈斜梯形突起，直壁外圆一周，整器上下沿口周边、盖边、圆底光素无纹，碾磨光滑，造型简练，很有立体感，而且做工精美，是北宋时期文房用具。

◎ **北宋·青白玉兽形砚滴**

通高约 6.4 厘米，横长约 13 厘米，纵宽约 6 厘米。
首都博物馆，古代玉器馆展藏。

    青白色玉质，局部有深褐色沁，为典型宋玉沁色表现形式的特点。玉身采用立体圆雕形式来表现琢玉手法，碾磨精细。玉兽蟆口衔小匜，上有孔，腹部中空，注水后可流入匜中，背上有盖，上浮雕螭纹，通体碾琢卷毛，关节部位饰以云纹，器形厚重朴拙，造型立体。宋代常见的有龙、螭、凤、辟邪、神兽等兽形玉器。

◎ 宋·玛瑙花口茶盏

通高约 4.3 厘米，口径约 9.6 厘米，底径约 6.8 厘米。
中国国家博物馆，古代玉器馆展藏。

　　桔红色玛瑙，富于色彩的变化，色泽光透，器上部为一茶盏，圆口深腹，外壁高长，下收到圈底，圈底略高。下有莲花瓣口盏托，底盏托深腹，口呈五曲弧形花瓣，高足外撇，造型立体。是仿北宋定窑花瓣口盏的造型所制。此盏制作工艺精美，壁面只有 0.3 厘米厚，造型对称，碾磨光润，为宋代玉雕上品之作。

◎ 宋·玛瑙花口柄洗

通高约 1.8 厘米，横长约 10.6 厘米，厚约 0.25 厘米。
中国国家博物馆，古代玉器馆展藏。

　　青白色玛瑙，色泽光透，质地纯正。敞口，呈长圆花瓣形，略高，浅腹呈半弧形，外壁面雕琢成花瓣形致，壁面微薄似纸，口部一端出一菱形柄平沿，其下有一执环耳。这种雕工只有在唐代有此精绝的制作工艺，外形切割对称而规整，挖空和剔地十分精湛，此器是仿宋代钧瓷月白釉单柄洗的造型，为宋代文房用具，也是宋代玉雕传世之作。

◎**宋·白玉龙耳葵花形杯**

通高约 7.3 厘米，口径约 14 厘米，厚约 0.3 厘米。

　　白玉质地，玉质润透，局部有深褐色沁斑。杯呈六瓣外翻花口，外壁凸起六面花瓣形，内壁挖空至半圆内底，杯壁极薄，雕工琢制极为精美，小圈底呈六瓣形，一侧镂雕龙耳，卧龙神态细腻，造型极具动感。此杯无论是玉质、沁色、造型、雕工，都为宋代传世绝品。琢刻形态写实，葵花形刻画自然精细。

◎**宋·白玉双螭耳杯**

通高约 4.8 厘米，横长约 14 厘米，口径约 8.1 厘米，底径约 4.1 厘米。中国国家博物馆，古代玉器馆展藏。

　　白色玉质，玉色润泽，局部有褐色沁斑，并有包浆色。杯口直圆，直壁鼓腹下收略窄，形成椭圆形圆底。两侧镂雕双螭耳，螭头及前爪伏于口沿，下双爪蹬在杯壁腹上，长卷也飘卷于壁面之上。杯表面外壁用小砣具浅雕及阴刻卷云纹、连云纹和网纹等，装饰图案雕琢精美，为宋代耳杯精品之作。

◎ **北宋·青白玉狗**

长约7.4厘米，高约5.2厘米。

　　玉料青白色，下局部有赭色沁斑，犬长身瘦采，双腿卧伏地状，回首，大耳牵下。此玉狗造型的玉器在内蒙古地区出土有辽代云卧兽，为宋辽时期玉雕动物风格。宋代玉器的纹饰极为丰富多彩，自然界常见的和传说中的神灵几乎都有。常见走兽动物纹有狗、虎、鹿、羊、兔等。巧妙地运用玉璞上的沁色，多采用圆雕、浮雕和立体镂雕技法。

◎ **宋·白玉山鹿**

通高约3.1厘米，横长约4.3厘米，厚约1.7厘米。
中国国家博物馆，古代玉器馆展藏。

　　白色玉质，玉色白中闪浅黄色，局部有沁色，并有传世的包浆色彩。山鹿呈伏卧状，宽头昂起，头顶花角，圆目略扁，目视前方。四肢蜷曲于腹下，身宽体大，肌体丰满，身旁饰有灵芝一株。此器为宋代文房用具摆件，可做镇纸式笔架之用。

◎宋·青白玉兽

通高约 7 厘米，横长约 14 厘米，纵宽约 6.4 厘米。
美国旧金山亚洲艺术馆藏。

青白玉色，微泛黄色，玉色温润，玉身局部有条丝状赭色沁斑，造形立体可爱，玉兽方圆脸带有长发，长眉，眉端上折，圆眼、宽上下颔。四肢卧坐状，长尾，脊背卷长须发。整器用立体圆雕琢制，碾磨光润。宋元一些文献称玉兽为辟邪，玉辟最早邪出于南北朝时期，此兽浓眉大眼，具有宋代风格。

◎南宋·青白玉虎摆件

通高约 6.5 厘米，横长约 12 厘米，纵宽约 3.8 厘米。

玉身为青白玉质，青白中闪微黄，玉色光透而温润，局部有沁色。扁方形虎头，嘴微张，并露牙齿，弯眼，方形上下颔，有一双耳，前足外伸，后腿卧状，尾部身压腹下而卷出，造型神态活泼可爱。玉身整体彩用圆雕方法来制作，雕工精美，造型立体动人。宋代玉器动物造型丰富，常见的有虎、鹿、羊、狗、兔等。

◎宋·霞帔坠子

通高约8厘米，横长约6厘米，厚约0.6厘米。
中国国家博物馆，古代玉器馆展藏。

◎宋·青白镂雕玉花果佩

通高约7.1厘米，横长约5.6厘米，厚约0.6厘米。
中国国家博物馆，古代玉器馆展藏。

◎宋·白玉飞天

通高约8厘米，横长约9.6厘米，厚约0.6厘米。

　　宋时随着民间用玉渐多，玉佩饰走上了世俗化的道路，出现了大量各类以动物、人物、花鸟和龙凤为题材的品种，常见的有"连生贵子"佩、"连年有余"佩、飞天佩等。飞天佩在唐时已开始出现，此类玉器多为青白玉质，皆镂空而成，形作一美女像，下托祥云空中。宋玉飞天有大量的传世品，先后出土于宋辽金墓。

◎宋·镂雕云龙玉佩

通高约7厘米，横长约5.7厘米，厚约0.6厘米。
中国国家博物馆，古代玉器馆展藏。

　　白色玉质，玉色光透，白中闪微青，色彩美丽。内外造型采用镂雕切割方法，造型为一条苍龙，上下飞舞。龙呈长嘴形，微张口，圆眼细长，头顶双角，龙发后飘，身如蛇形，长身、长足三趾爪，腿部有火焰纹，龙身有鳞，阴线浅雕。佩呈扁片形致，雕工精湛，碾磨，阴刻通体，美感具有苍劲和律动，为宋代玉佩上品。

◎宋·云鹤纹玉饰

通高约8.8厘米，横长约10.5厘米，厚约0.4厘米。

上海博物馆，古代玉器展藏。

　　骨白色玉质，厚片状，双鹤、灵芝云纹，卷草式，细密的阴刻线，采用立体镂雕切割技法。在宋代的玉饰中，更多的是云鹤、孔雀形玉器，雕刻成圆形或者半圆形，有的则雕琢成片状，体现了宋代鸟纹的基本特性：头部较小，笔法简练明了，但是在翅膀上着意描绘。形体较大的鸟的翅膀上，则雕琢出细长阴线，来表示密密的羽毛，雕琢得极其细致精美。

◎宋·青白玉镂雕孔雀衔花佩

通高约 5.1 厘米，横长约 8.3 厘米，厚约 0.5 厘米。

中国国家博物馆，古代玉器馆展藏。

◎宋·荔枝纹镂雕饰件

通高约 3 厘米，横长约 4.3 厘米，厚约 0.6 厘米。

中国国家博物馆，古代玉器馆展藏。

◎宋·石榴纹镂雕饰件

通高约 5.3 厘米，横长约 6.8 厘米，厚约 0.6 厘米。

中国国家博物馆，古代玉器馆展藏。

◎宋·碧玉龙首簪

通高约 1.8 厘米，横长约 13 厘米，厚约 0.7～0.4 厘米。
中国国家博物馆，古代玉器馆展藏。

　　簪为和田碧玉色质，内飘墨点。身细长，簪头圆雕一龙
首，造形立体。此簪长而秀美，用材为上品玉质，雕琢精细，
充分表现了宋代首饰超凡脱俗的审美观。簪分为古代男性和
女性专用两种，是古人用来簪发和连冠用的饰物，在贵族和
民间都有使用，选择的材质十分讲究，装饰也很丰富。

◎宋·白玉骑凤仙人

通高约 9.3 厘米，通长约 7.2 厘米，厚约 1.3 厘米。
北京故宫博物院玉器馆藏。

◎宋·孔雀形白玉镂雕簪首

通高约 5.3 厘米，横长约 3.5 厘米，厚约 0.5 厘米。
中国国家博物馆，古代玉器馆展藏。

　　这件簪首为宋代仕女所使用，一般来讲多为贵族妇女的
头饰品，是由唐代鸟形佩演化而来，五代时期有凤衔花形佩，
形致扁长。到了宋代造型发生了变化，成为长条扁形簪首，
常见妇女装饰在头上，小巧精美，凤鸟形致，头部微宽，长
尖嘴，丹凤眼，长细颈，长尾，短足凤爪，羽翅伸展。制作
工艺主要为镂空、阴刻及浅雕方法造型精美。

◎宋·鱼藻白玉镂雕巾环

通高约 3.5 厘米，通横长约 4.5 厘米，厚约 0.5 厘米。
中国国家博物馆，古代玉器馆展藏。

　　白色玉质，玉色润泽，玉身有包浆土色。鲤鱼形致活泼，长宽身形，长翘尾，背鳍，尾鳍，腹下四鳍装饰阴线，雕出鳍骨纹饰，鱼身上部周边镂雕有芦苇做装饰纹样。巾环名"玉屏花"，宋代始流行，两枚为一副，底边留有大孔，作为男子头巾上束巾之带相互穿过系结之用。

◎宋·白玉鸟佩

通高约 5.5 厘米，横长约 6.5 厘米，厚约 0.6 厘米。
上海博物馆，古代玉器展藏。

　　白玉，玉色润泽，局部有褐黄色沁。玉饰呈扁圆形，鸟头大宽，鹰勾嘴，长颈，凤眼，长身丰谀，有伸展形短尾，翅羽前展，下隐爪足。玉面采用浅雕及阴刻工艺，造型似变形的玄武鸟，构图优美，具有朴实大方的丰格。宋代鸟形佩，最具代表性的双鹤佩、玉鸟佩、鸳鸯佩、绶带鸟佩，这几种常见种类，制作工艺主要采用镂雕、多层浅雕、圆雕、多层镂雕、阴线刻、剔地等雕刻手法。

◎**宋·青白玉镂雕莲花童子佩**

通高约 6.8 厘米，通横长约 5.4 厘米，厚约 0.5 厘米。
中国国家博物馆，古代玉器馆展藏。

◎**宋·白玉镂雕莲花童子佩**

通高约 7.6 厘米，通横长约 3.6 厘米，厚约 0.5 厘米。
中国国家博物馆，古代玉器馆展藏。

◎**宋·白玉执莲童子佩**

通高约 8 厘米，横长约 6.5 厘米，厚约 0.4 厘米。
上海博物馆，古代玉器展藏。

◎**宋·青白玉镂雕莲花童子佩**

通高约 6.1 厘米，通横长约 5.2 厘米，厚约 0.5 厘米。
中国国家博物馆，古代玉器馆展藏。

◎宋辽·白玉龟鹤纹饰

通高约7.5厘米，横长约9.3厘米，厚约0.8厘米。

上海博物馆，古代玉器馆展藏。

　　青白色玉质，玉色至上白色渐变成浅青色，色彩光透而润洁，有巧色玉质之感，底边局部有沁色。玉身呈长方扁形，采用立体镂空多层雕琢的方法。画面主体为一飞鹤，长嘴，扁宽头，圆眼细长，长颈，似展翅腾飞状，腹身下有一双长腿和鹤爪。鹤身下是一朵朵荷花，在秋风中舞动，荷叶上乘坐一只小乌龟，活泼可爱，真像是由大自然生灵组成的一幅宋代花鸟画卷，从中可以体会到宋代文人画在玉饰作品中的深刻影响。

辽金玉器考证鉴识

　　辽代（公元916年～1125年）契丹首领耶律阿保机称帝时期，已经统一了东北各部的游牧民族，后其次子耶律德光取了幽燕十六州，耶律德光深受北宋中原文化影响，吸取了北宋汉人的礼仪制度形式，如百官上朝，穿汉衣冠，皇帝朝服玉束带，五品以上官员以饰金玉带等。辽代玉器主要分为礼器用玉、日用器、装饰玉器，观赏玉器等。在各地出土的辽墓遗址中，最具有带表性的有内蒙古翁牛特旗解放营子辽中期墓出土白玉带，共有12块方玉，其中包括计铊尾、銙头、銙十块，每块中间有镂空扁方形尖孔，四角用铜钉穿在草带上，具有明显北方游牧民族风格。另有辽宁省喀左自治县白塔子辽墓出土的白玉镂空飞天，人物造型为透雕，飞天俯身昂首挺胸，双掌合于胸前，肩身披卷绸带似云状，玉身有飘云托浮，腕戴镯、臂有箍、腰系丝带造型，雕工都极为精湛。从这两件玉器造形和装饰来看，明显反映了辽代玉雕吸取宋时期中原文化的风格，并演变成辽代别具一格的特点。

　　金代（公元1115年～1234年）女真族是北方游牧契丹族的一支部落，酋长完颜阿骨打于1114年起兵反辽，后于1127年进攻北宋汴梁，以准汉为界，形成了与百年南宋对峙的局面，百年后金代被蒙古帝国所灭。金灭辽国后取得了政权，北宋当时有才能的百工艺人都被金朝征用，此时金代的经济文化也达到了历史最高水平。金人吸取了辽宋典章礼仪制度的宝藏，从《金史·志》可考证这一时期的玉器礼仪，祭祀、宝册、车骑、服饰等都有广泛使用玉器的记载。最能实际证明的是出土文物，如吉林省扶余县金代墓出土的金扣白玉带，金带由十八块长方形光素玉块组成，这件金玉带是金代在官员礼仪制度上的严格规范的缩影。另如北京丰台区王佐金代乌古伦墓出土的青白玉龟游佩，佩作椭圆形一对，正面略呈弧形凹面，镂雕多层荷叶及水草纹，中间高浮雕两片大荷叶，单线阴刻叶脉，清晰可见，两个荷叶中间各凸雕一只伸展长颈爬行的小龟，龟背双线阴刻背纹，此玉佩造型奇异独特而生动，镂雕精绝，这也真实反映出金代中期，玉雕的精湛工艺和审美情趣。

辽金玉器工艺造型

　　辽金时代是与两宋历史时期并存的年代，作为独立的北方少数民族政权，此时的辽金文化深受到两宋中原文化影响。这种强大的文化影响使辽金少数民族更加速了与中原文化大融合，在这种历史背景下，辽金内廷建立了专门的玉作坊，也称"制造册宝所"，以满足朝廷对玉的需求。目前可以看到的辽金传世玉器，其雕工制作工艺略为粗犷，但玉器制作的水平体现了那个时代的审美。

　　辽金玉器用材多以和田玉、青玉、白玉和玛瑙为主，其中选择玉材更为严格，所用玉质皆纯洁、温润、无瑕疵，材质之美，也十分讲究。

　　辽金玉器的造型主要有几何形、动物形和植物形等。反映北方游牧民族典型风格的纹饰有鹿纹、海东青纹、虎纹、牡丹纹、荷花纹、水鸟纹、天鹅纹、大雁纹、鹿纹、虎纹等。辽金玉器奔鹿纹表现的鹿极具桀骜不驯的游牧文化特征，具体多反映在玉佩、玉山子、玉实用器上面。辽金玉器，充分表现为镂雕和玉质自然留皮工艺。其雕刻简洁，也有复杂的圆雕和多层层雕工艺，刀法粗放，不甚追求造型和形具的细部刻画，以沉实的线条，使形象苍劲有力，塑造出剔透与浑然一体的感觉，艺术价值极高。

辽金玉器种类

　　辽金时期玉器承前启后，玉器画面构图复杂，层次多，形神兼备，玉雕向绘画性转变，带有北方游牧民族写意风格。除了大量仿制中原玉器之外，也有民族特色的玉器，这其中的典型代表就是"春水秋山"。辽金玉器的种类繁多，主要有装饰品、观赏陈设器、日用器具等类别。

◎ 辽金·秋山玉饰

通高约6.5厘米，横长约6.2厘米，纵宽约1.8厘米。

　　青白玉质，玉饰有皮色。该秋山饰线条粗犷，雕琢山林双鹿，是元代典型的秋山饰，很好地继承了辽代秋山饰的艺术风格。元代秋山玉的玉质多为带有皮色，有秋色的感觉，如同元代山水画面，器身为镂雕多层，局部有阴刻线条，具体表现画面细节，刀法粗犷洗练，豪放中带有精细的造型结构，为元代秋山玉特点。

◎辽·白玉生肖佩

通高约14厘米，横长约15厘米。

内蒙古自治区博物馆藏。

辽金装饰玉器有春水玉、秋山玉、玉臂鞲、金玉蹀躞带、玉飞天、玉迦楼罗神鸟佩、花朵形佩、鸟形佩、龟形佩、雁形佩、摩羯鱼形佩、龙形佩、凤形佩、鱼形佩等，其中还有皇宫贵族的玉束带、金玉带、草带等。

辽金玉观赏陈设器有玉马、玉山子、玉兽和玉童等。

辽金玉日用器具有各种各样的玉碗、玉杯、玉盒、文房用具等。

白玉泛青色，光透温润，玉质纯正，局部有褐色纹沁斑点。造型简洁，线条凝练，风格粗犷古朴，方佩中有镂雕璧图，外边饰云饰云纹和绶带纹，正背阴刻纹线，下有五系孔，系鎏金银链，银链下挂有五件生肖动物造型玉坠。这五件生肖造型立体而活泼，坠为白玉制作，透亮洁白，形制各异，此玉佩造型吸取了唐、宋、辽、金玉佩精华，并结合了北方游牧民族特点，采用了立体圆雕、镂雕、阴刻等造形表现手法，表现了辽金民族生活无限的活力，为玉佩中的绝品。

◎辽·架鹘白玉童子饰件

通高约5.3厘米，横长约2.3厘米，厚约1.7厘米。
中国国家博物馆，古代玉器馆展藏。

　　白色玉质，采用圆雕表现手法，碾磨光润，造型
立体简练，刀法粗放，线条沉实。玉童为立形，头面
光圆，五官隐起，大双耳，头顶发辫，长衣襟，衣褶
简洁，下穿长靴，左手托海青鹘。此玉饰在辽金时期
为民间常见贴身佩饰，也体现了北方少数民族浓厚的
生活情趣及其与自然生灵和谐共存的生命观。

◎辽·青白玉镂雕飞天

通高约3.1厘米，通横长约5.1厘米，厚约0.4厘米。
中国国家博物馆，古代玉器馆展藏。

　　青白色玉质，玉色温润，局部有深青色纹理变化。飞天
呈扁片状，略厚。整体采用镂雕工艺雕制而成。飞天人物五
官刻画清晰，鱼形宽身，身披飞天飘带，下层飞云游动。此
飞天是辽代吸取宋代飞天造型特点，并加以演变，形成的辽
人对飞天的理解，这也是北方少数民族吸取中原文化派生出
来的玉雕作品形式。

◎金·缠枝花卉孔雀纹奁盒

通高约 16 厘米，口径约 7.9 厘米。

北京丰台区王佐乡金乌古伦窝伦墓出土。

首都博物馆，古代玉器馆展藏。

　　岫岩玉质，层与层之间以子母口套合，外壁阴刻花卉与覆叶纹，盖面刻折枝牡丹，花间山石旁，刻一孔雀驻足回望。画面颇有宋画"折枝写生"的意趣，反映出女真族入主中原后受中原文化的深刻影响，该器为研究金代贵族妇女的生活习俗提供了重要的实物资料。

◎辽·青白玉龙柄魁

通高约 4.3 厘米，通长约 17.5 厘米，口径约 13.2 厘米。

北京故宫博物院玉器馆藏。

　　青白色玉质，玉质温润。器呈高扁圆形，圆直口，壁面下收至底，平圆底，壁较厚，壁外侧浮雕双龙纹，龙细长颈，发长而后飘，四足短粗，回首状。右侧有一龙首柄，龙首雕琢精致、圆润，似兽头而有角长发下垂。上唇长，口微张，目视前方。整器采用立体圆雕制作工艺，造型带有北方少数民族玉雕博大精深之气。

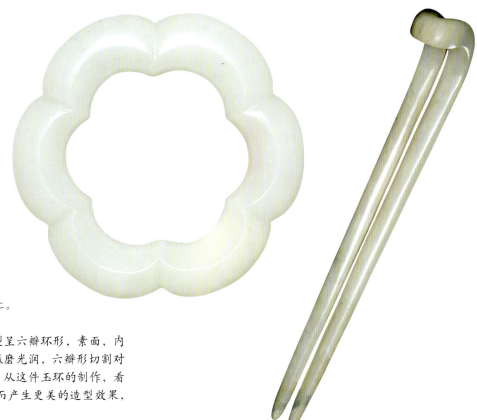

◎辽·白玉六瓣玉环

外径约7.5厘米，厚约1.8厘米。
北京丰台王佐公社乌古伦窝伦墓出土。
首都博物馆，古代玉器馆展藏。

　　白玉制成，玉色洁白光润。造型呈六瓣环形，素面，内壁呈斜弧开，外圆呈扇弧形。玉环碾磨光润，六瓣形切割对称，造型规整。为金代装饰之精品。从这件玉环的制作，看到了金代玉环怎样运用几何形圆体而产生更美的造型效果，体现了金代玉器造型美学智慧。

◎金·青玉钗

横长约17厘米，纵宽约1.8厘米，厚约0.6~0.4厘米。
北京房山长沟峪墓出土。首都博物馆，古代玉器馆展藏。

　　玉料呈青色，局部有褐色沁蚀，体作两股平行的圆柱形，一端尖，一端弯曲并相连，造型自然大气。从这件玉钗来看，所使用的玉质为辽宋的岫岩玉，玉质光透，玉色纯正，造形虽为简洁，适用性极强，并且带有游收民族金银器的特点，更具北方少数民族审美特点。

◎金·青白玉镯

外径约8厘米，厚约0.65厘米。
北京房山长沟峪金代石椁墓出土。
首都博物馆，古代玉器馆展藏。

　　玉料呈青色，玉质温润，造型素面、朴实、大气。此件玉镯，展现了北方少数民族在使用装饰品上的独特品位。造型简洁，外边轮廓较宽大，玉身较细，微扁圆，碾磨切割对称。与金代墓室壁画，金人所戴手镯造型十分一致，这种造型也正是那个时代最普遍的民间玉镯风格之一。

◎辽·白玉耳饰

通高约2.6厘米，横长约2.6厘米，厚约0.6厘米。
中国国家博物馆，古代玉器馆展藏。

　　耳饰呈白色玉质，玉色温润，局部有沁色。此耳饰造型独特，带有北方少数民族特有的粗放风格，但在造型和做工上吸取了北宋玉饰的精细内涵，碾磨、镂空精美，是辽金玉饰上品。

古玉收藏图鉴

◎辽金·萱草花白玉镂雕佩

通高约 6.8 厘米，横长约 8.2 厘米，厚约 0.7 厘米。

中国国家博物馆，古代玉器馆展藏。

　　玉色白透光润，玉佩主要面由两朵萱草和三个花叶组成图案，画面由镂雕、多层雕、浅雕、线雕工艺琢刻而成。整体造型装饰立体，雕琢细致，碾磨精美，是金代玉佩代表作品。从出土和传世金代玉饰来看，金代玉佩装饰图案多为写实，表现了当时北方各民族民众对大自然花草植物的热爱，也是他们精神追求的体现，同时带有唐宋造型特征的遗风。

◎辽金·葡萄纹饰

横长约9.5厘米，宽约7.8厘米，厚约0.5厘米。

上海博物馆，古代玉器馆展藏。

　　玉为青白色玉质，玉色深浅变化有致，玉身巧雕有皮色，玉饰呈长方扁形，微厚。整体采用多层镂雕、圆雕、阴线雕等，琢刻工艺的手法，画面立体，主画面由三片桔红葡萄叶和二片浅色葡萄叶为主题，叶下有三串长圆葡萄，后衬枝藤，带有丰收景色。金代北方少数民族玉饰，其文化深受到宋文人山水风的影响。此玉器巧妙地运用玉璞上留皮巧色多层镂雕，通过巧色镂雕处理，使得玉器更为绚丽。

◎辽·绥带结形白玉镂雕佩

通高约 3.6 厘米，通横长约 4.6 厘米，厚约 0.7 厘米。
中国国家博物馆，古代玉器馆展藏。

◎辽·白玉神鸟

通高约 8.2 厘米，横长约 4.9 厘米，厚约 0.5 厘米。
上海博物馆，古代玉器馆展藏。

　　白色玉质，玉色光透，温润。玉身呈厚片状，正面凸起
一神人，眼孔圆而且大，镂空，阴刻火焰形肩，并饰有发箍、
短臂，双爪微收于口前，收翅，背面为凹环形，有四个穿孔。
这种图纹的嵌件盛行于辽金时期，"神鸟"也称金翅鸟，是北
方少数民族辟邪用的图腾鸟。

◎金·鸳鸯白玉镂雕饰

通高约 4.9 厘米，通横长约 7.8 厘米，厚约 0.3 厘米。

中国国家博物馆，古代玉器馆展藏。

◎金·青白玉母子熊饰件

通高约 5.6 厘米，通横长约 3.9 厘米，厚约 0.8 厘米。

中国国家博物馆，古代玉器馆展藏。

◎金·白玉虎

通高约 3.2 厘米，通横长约 6.6 厘米，通宽约 2.8 厘米。

中国国家博物馆，古代玉器馆展藏。

◎金·白玉绶带鸟衔花佩

通高约7.8厘米，横宽约7.8厘米，厚约0.5厘米。

北京丰台区王佐乡金乌古伦窝伦墓出土。

首都博物馆，古代玉器馆展藏。

　　白色玉质，白中闪微青。玉佩采用多层镂空技法，雕琢出五瓣形花朵、花蕾、枝叶，叶脉清晰，叶齿整齐，背面碾琢粗犷，光素。叶面和花瓣有浅阴刻线，并向里内凹。此器物造型新颖，碾磨精细，从此佩的造形和镂雕、浅雕、层雕和线雕来看，琢刻工艺已超越了唐、宋、辽的制作水平，在图案构图和运用上，更较宋代的花鸟绘画，雅俗共赏，为金代玉佩绝品。

◎金元·海棠花白玉镂雕佩

通高约 6.5 厘米，横长约 6.3 厘米，厚约 0.7 厘米。

中国国家博物馆，古代玉器馆展藏。

　　白色玉质，玉色温润，局部有纹理沁色。此佩呈扁圆形致，为多层镂雕、雕制、切割而成，主题装饰画面为朵海棠花，具有花压枝的特点。这种表现手法是由宋代玉雕玉艺演变而来，海棠花后面衬托花枝，花枝上饰有长形花叶，花叶上阴刻浅叶脉纹，花朵上采用镂雕及浅雕方法，并雕刻出花蕊，雕工精湛，线条优美。

◎金元·白玉秋山饰

通高约 7 厘米，横宽约 5.6 厘米，纵宽约 2.3 厘米。

上海博物馆，古代玉器馆展藏。

　　白玉泛青色，局部飘有深褐皮色。由一块水料仔玉雕制而成。玉饰主题画面纹样以秋林树丛两只小鹿为多层镂雕方法来琢刻，运用了皮色巧雕工艺，画面反映了双鹿在林中溪边悠然自得的情景。造型既夸张又写实。秋山指女真等北方游牧民族秋季的游猎活动，此玉饰表现的是北方秋天山林中的动物悠闲共处的景象，流行于金、元。

◎辽金·青白玉仙人贺寿山子

通高约8.9厘米，横长约11.3厘米，纵宽约4.1厘米。

中国国家博物馆，古代玉器馆展藏。

　　青白色玉质，玉质带有皮色，皮色为深褐色及桔黄色色彩。山子成一高三角形，纵宽较厚。整器采用小砣镂空成雕方法，造型十分立体。山子主体构图为奇石形，中间有一仙人骑马在林间小路之上，后随书童，仙人头顶帽冠，身穿长衫，坐骑骏马，造型传神。前面有一书童拱手迎接仙人，此玉山俗称仙人贺寿。

◎辽金·青白玉仙人乘鹤山子

通高约9.2厘米，横长约18厘米，纵宽约3.3厘米。

中国国家博物馆，古代玉器馆展藏。

　　青色玉质，玉色温润，带有桔黄色皮色。山子为镂空巧雕，主题构图为一仙人乘鹤踏云游于森林之上，林荫下有两只活泼的山鹿，山鹿中间有一童子在采摘山林果实，脚下的小路和树木组成一北方山林优美秋景画卷。此山子雕工较为粗犷，带有写意画的特点，为北方少数民族游牧生活的现实写照。

311

元代玉器考证鉴识

元朝统一中国（公元1206~1368年）。蒙古统一之后，元太祖成吉思汗先后出兵灭金、西夏、南宋，改中都为大都。元世祖忽必烈征服中欧、中亚等大片土地，势力范围延伸至中亚和欧洲广大地区。忽必烈仿效唐、宋、辽、金之精华，定官制、修都城、兴礼乐、制定了一代典章制度，元朝在贸易和交通上成为当时世界最发达国家。此时海外贸易非常繁荣，外国使节、商人、传教士纷纷来到中国访问，国内经济繁荣。除大都外，杭州、成都、扬州、苏州、福州、泉州等地商业及海外贸易十分兴旺。元朝皇帝也比较重视玉器礼仪及其在装饰器物上的使用，皇帝从头到脚及出行坐卧之器具，也都十分喜爱用玉制品来装饰。百官公服用玉饰十分严格，朝廷规定一品官员用玉为素玉带八铧，从一品到三品可用金饰玉带等。这从近年出土的玉器实物中可找到证据，如元代张士诚父墓出土的青玉带板25块，从中反映出元末官服制的演变。另如元代高官范文虎墓出土的玉带板及玉虎钮押印，这都真实体现了蒙古王公、贵族、后妃等使用玉器等级制度。据专家考证，元朝在大都、杭州等地设立了多处官办玉作坊，为宫廷提供大量玉器用品。朝廷用玉可分为：玉礼器、玉佩饰、陈设器、文房用器等。元代玉器在品种上丰富多彩，造型、纹饰及制作工艺都继承了唐宋之后的先进工艺，在审美上更重视中外文化结合，也反映了元朝多元文化的综合艺术，在审美上和造型上出现了新的文化风向，也为明清玉器文化的繁荣确定了新的起点。

◎ 元代玉器工艺造型

元代玉器继承了宋、辽、金玉器的时代特色，我们可从元代绘画中体会到其既有蒙古民族的粗犷，又有元代文人画的精细，也有西域及波斯风格的内涵。

元代的玉雕工艺造型，把中国玉器文化推向了新的审美高峰。元代对玉材的选择也十分讲究，宫廷达官贵人所用玉器多用以和田玉制作，也有较少数量的仿古玉器。元代玉器仍以和田玉为首选材料，如白玉、青白玉、青玉及墨玉等。除此之外，还有独山玉、水晶、玛瑙、绿松石、青金石及玉髓等。

元代玉器造型和图案纹饰主要表现形式为花鸟、山水、动物、人物和一些实用器这几个方面，在工艺上制作精美，极具时代特色。在辽金春水玉和秋山玉的基础上，元代春水玉、秋山玉形式结构更趋于简化，构图疏朗，形象概括简练，神形兼备，刀法洗练，风格奔放有致，简中有繁。雕刻手法包括浅雕、镂雕和圆雕，并均为阴刻相承。这也充分表现了元代工匠的高超雕琢工艺水平。雕刻技法有粗有细，有的刀法浑厚，具有仿古风味，有的作品则细得出奇，别具一格。

元代玉器中，装饰品多为动物形、人物形、花卉及花鸟形制。圆雕和片雕为常见造型，另外还有圆形、椭圆形及椭形等。纹饰有虎纹、螭纹、鹿纹、龙纹、凤纹、鱼纹、花朵纹、凌霄花纹、鸟纹、人物纹、雁纹、天鹅纹和海东青纹等。

◎ 元代玉器种类

元代玉器种类非常丰富，继承了宋、辽、金三个时代的精华，创造性地演变成元代独特风格。元代的玉器种类主要有四种基本类型：装饰品、日用器具、观赏陈设器、文房用具。装饰品类主要包括玉带板、玉带钩、玉带扣、玉飞天、玉鱼形佩、玉羊形佩、玉熊虎纹饰、玉螭纹饰、玉花朵形饰、玉笄、玉项链、玉双童坠、春水玉和秋山玉等。

观赏陈设器，有玉海、玉山子、玉肖生、玉鱼、玉瓶、玉壶、玉杯、玉洗、玉炉顶、玉雁和玉兽等。

装饰品以带饰和佩饰为常见，造型纹饰带有传统蒙古民族的文化特色。另外，产生了一些创新品种和表现形式，如帽顶、炉顶之类，也是这一时期佩饰玉的特有风格。而飞天、春水玉、秋山玉、玉肖生、大玉海、仿古礼器、花式环等，都体现了这一时代造型以及使用功能的变化。

元代观赏陈设器不仅有传世作品，也有墓葬出土作品，其著名精品有：仿古彝青玉龙纹双耳活环尊，大型器渎山大玉海。另外还出现了不少玉山子，使元代观赏陈设玉器增添了很多精绝的作品。

日用器具更为丰富，如白玉双耳礼乐杯、白玉兽面云纹杯、青玉火炮珠把杯、青玉雁柄杯、白玉山茶花杯、玉十角双耳杯和青玉龙柄杯等。其各有特色，多采用高浮雕和浅雕、镂空、阴刻、碾磨等技术工艺，造型更为立体，线条流畅，是元代玉器皿中的精品。

文房用具则有玉砚滴、玉砚、玉笔山、玉镇纸、玉笔洗和玉臂搁等。从传世和出土的情况来看，元代的日用器具纹饰雕琢精湛生动，风格明显。

◎金元·立鹿纹白玉镂雕佩

通高约5.5厘米，横长约5.3厘米，厚约0.6厘米。
中国国家博物馆，古代玉器馆展藏。

　　这是一件秋山玉，玉呈白色，玉身正面呈弧扁圆形，表面呈桔黄玉皮色。图案采用多层镂雕和阴刻法，琢制一只秋鹿，圆眼、头顶双角、长身、下有四足。鹿四周饰有柞树秋叶，造型很有层次感。辽、金时期，北方契丹、女真民族的帝王都有不同季节游牧渔猎的习俗，以这种春、秋捕猎为题材的玉器被称作春水、秋山玉。春水玉主要表现用鹰捉天鹅的情景，秋山玉则多以虎、鹿、熊和柞树象征山林的狩猎活动。元代蒙古族的狩猎活动在社会生活中也占有重要地位，其玉器亦不乏此类题材的创作。

◎元·青白玉云龙镂雕饰件

通高约 5.6 厘米，横长约 5.6 厘米，厚约 0.6 厘米。
中国国家博物馆，古代玉器馆展藏。

　　青色玉质，玉色温润，局部有深青色。玉饰成扁圆形，微厚，装饰图案采用多层镂雕工艺方法雕制而成，由一只苍龙构成主题画面。这只苍龙弓身藏背卷尾，回头戏珠，凤眼长眉，头顶独角，背飘棕毛，立爪，脚踏祥云于翻江倒海之中，造型传神。

◎元·卧虎纹青白玉镂雕饰件

通高约 5.3 厘米，横长约 5.1 厘米，厚约 0.6 厘米。
中国国家博物馆，古代玉器馆展藏。

　　青色玉质，带有桔黄皮色，局部有深青色。佩饰为圆片状，巧雕工艺，镂雕山石、树木，其下伏有二虎，大虎后呈足坐卧，前足撑于地，低头张口品尝山中美味，幼虎伏于母虎宽背之上，活泼可爱。二虎身皆饰虎皮纹，利用巧雕皮色，使画面富于色彩变化之美。

春水玉和秋山玉

春水玉、秋山玉是辽、金、元时期玉器制作的代表，带有明显的北方游牧民族特征。

契丹、女真均是北方游牧民族。春水、秋山原为契丹族春、秋两季的渔猎活动。契丹族本无定所，一年之中依牧草生长及水源供给情况而迁居，所迁之地设有行营。女真族建立新政权后，承袭了契丹的旧俗，并将渔猎活动改称为春水、秋山。

常见的春水玉常表现残忍的狩猎场面，通常是海东青捉天鹅的情景。海东青是一种神鸟，又名鹰鹘、吐鹰鹘，主要生长于黑龙江流域。它体小机敏，疾飞如电，勇猛非凡，自古以来深得我国东北各民族人民的喜爱，有专人进行驯养，用以捕杀大雁及天鹅。

秋山玉表现女真族秋季狩猎时射杀鹿的情景。在表现手法上，秋山玉有繁、简、粗、细之分。场面不像春水玉那般残酷无情，而是动物与山林自然共处和谐，一如山水画中世外桃源的北国秋天景色。

辽、金、元时期玉器在雕琢技法上，常留玉皮色作秋色。多采取管钻镂空法、多向打孔的工艺，作品层次较多。还有个特点是，秋山里面的植物是柞树，是对北方少数民族生活有深刻了解的玉工才雕琢得出来的，更符合契丹人的生活特点。

◎元代·双鹿白玉镂雕纹饰件

通高约 4.8 厘米，通横长约 2.9 厘米，厚约 1.2 厘米。中国国家博物馆，古代玉器馆展藏。

青白色玉质，玉色温润，有包浆土沁色。玉饰为长扁长方形，略厚，玉表面镂雕及层雕出森林、树叶及小鹿的秋山画面。小鹿造型较为立体，活泼可爱，雕工复杂而精美，具为北方少数民族秋山的特点。

◎元·卧鹿纹青白玉镂雕饰件

通高约 4.3 厘米，通横长约 5.8 厘米，纵宽约 1.8 厘米。中国国家博物馆，古代玉器馆展藏。

青白色玉质，玉色温润，局部有桔黄色及褐色皮色。玉饰为扁片山形，纵宽略厚，山林椴树的秋叶下，卧坐一只传神玲珑小鹿，鹿首成回望式，扁圆形眼，长圆尖嘴，头顶鹿角及长耳，表情生动。长身藏盖四足，鹿身雕边饰有灵芝纹及树干等，此玉饰为典型的秋山玉。

◎元·青白玉莲鹭春水饰

通高约7厘米，横宽约9厘米，厚约0.7厘米。

上海博物馆，古代玉器馆展藏。

元代玉饰很多使用动物与花卉的图案，除了用圆雕形式制作外，有的制作成片状，有圆形、椭圆形等。花卉纹、凌霄花纹、鸟纹、人物纹、雁纹、天鹅海东青纹等都是元代玉器中最常见的纹饰，雕制工艺略为粗犷，具有放达写意的艺术审美境界。

◎元·青玉镂雕双鹿灵芝佩

通高约4.8厘米，横宽约7.3厘米，厚约0.9厘米。

青白色玉质，玉质润泽光透，玉色从浅白色到浅青色，局部漂有青黑色斑点，是巧雕的上品玉色。玉佩主体画面为双鹿卧于山地之上，回首相顾，头作鸣呼状。双鹿之间衬托一柞树枝叶，树下衬托灵芝云纹。此佩鹿的姿态灵动，栩栩如生，形象传神，反映了蒙古游牧民族浓郁的豪放风格。

◎ **元代·白玉凌霄花镂雕饰件**

通高约 3.5 厘米，通横长约 6.3 厘米，厚约 0.6 厘米。
中国国家博物馆，古代玉器馆展藏。

　　白色玉质，玉色温润，白中略泛浅青。玉饰为椭圆扁片形致，微厚。镂雕四朵凌霄花构成主题画面，画面采用花压枝的构图方法，花形之下镂雕出细长花枝，前面的花朵为装饰细部为浅浮雕形式。玉饰内外形镂空，切割精细，线条流畅，雕工娴熟。

◎ **金元·景宗隆虎青白玉镂雕摆件**

通高约 4.9 厘米，横长约 6.3 厘米，纵宽约 2.4 厘米。
中国国家博物馆，古代玉器馆展藏。

　　青白色玉质，玉色温润，局部带有桔黄色皮色。此摆件成山形，纵宽略后，画面有一仙人，头顶帽冠，长穿长衫，手扶膝下，直身坐立于山林奇石之洞中，在洞外有一只山虎守后于洞前，陪伴于仙人，修炼于山中。此摆件采用镂空、层雕等多种砣雕工艺手法，造型粗犷，以形写神。

◎ 元·白玉龙首螭纹带钩

竖长约 12 厘米，横宽约 4.6 厘米，厚约 1.3 厘米。
首都博物馆，古代玉器馆展藏。

　　白色玉质，玉色温润。带钩呈琵琶形致，龙首为钩，长眼，精眉上卷，宽鼻，鼻梁凸出，大嘴微张，其头首顶长双角。钩背螭身贴地匍匐状，螭首钩着间有弧形间距，而钩钮后呈卷云纹，镂空造型。琵琶形长身上面浮雕一只小螭龙，似爬行形致，周边琢刻云朵纹，碾磨、琢雕精美，造型立体，为元龙首螭纹带钩上品。

◎ 元代·白玉龙首雕螭绦钩

竖高约 2.4 厘米，横宽约 4.3 厘米，厚约 1.6 厘米。
中国国家博物馆，古代玉器馆展藏。

◎ 元代·玛瑙龙首雕螭绦钩

竖高约 3.3 厘米，横宽约 6.3 厘米，厚约 1.8 厘米。
中国国家博物馆，古代玉器馆展藏。

　　元、明官员闲居或平民服饰流行系绦带。绦带可直接缚结，也可两头装上环、钩勾括。

◎ 元·白玉龙纹带钩

竖高约 4.2 厘米，横宽约 4.5 厘米，长约 1.8 厘米。
西安雁塔区七胡同元墓出土。
西安博物馆，古代玉器馆展藏。

　　白色玉质，微闪青色，玉质光润。带钩呈琵琶形，钩头为龙首状，龙头宽扁。龙的眉、眼、鼻、口都集中在面的前部。钩身上高浮雕一口衔灵芝的螭龙，其周围饰云朵。螭龙呈爬行姿，鬃毛横向飘拂，躯体丰圆，四肢做匍匐行走状，关节和双肩饰云纹，背部中间的双阴线表示脊柱，尾分叉向两侧卷曲。钩头和钩身上一大一小二龙，俗称"苍龙教子"。

◎元·青白玉龙首螭纹带钩

竖高3.1厘米，横长约约41.8厘米，厚约1.8厘米。

带钩是革带端部的饰件。此玉带钩以龙首为钩，细线阴刻浓眉、凸眼，琵琶形的钩体上浮雕一螭龙，口衔瑞草，关节部位装饰细阴刻线。

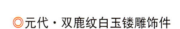

◎元·白玉孔雀开屏饰件

通高约6.8厘米，横长约3.4厘米，厚约1.1厘米。
北京海淀出土。

◎元代·双鹿纹白玉镂雕饰件

通高约3.2厘米，横长约7.8厘米，厚约0.8厘米。
中国国家博物馆，古代玉器馆展藏。

◎元代·青白玉双兔饰件

通高约2.9厘米，横长约6.6厘米，厚约1.4厘米。
中国国家博物馆，古代玉器馆展藏。

◎元·鹘啄鹅白镂雕带穿
通高约3.2厘米，通横长约6.2厘米，厚约1.6厘米。
中国国家博物馆，古代玉器馆展藏。

◎元·鹘啄鹅白玉镂雕带环
通高约8厘米，通横长约4.3厘米，厚约0.8厘米。
中国国家博物馆，古代玉器馆展藏。

◎元·雁穿秋水莲荷白玉镂雕扣
通高约3.4厘米，通横长约5.3厘米，厚约0.5厘米。
中国国家博物馆，古代玉器馆展藏。

◎元·鹘啄天鹅纹刺鹅青白玉锥柄
通高约6.8厘米，通横长约1.3厘米，厚约0.5厘米。
中国国家博物馆，古代玉器馆展藏。

◎金~元·山石卧虎白玉色皮摆件
通高约7.6厘米，通横长约8.9厘米，厚约3.2厘米。
中国国家博物馆，古代玉器馆展藏。

◎元·白玉鸿雁

通高约2.8厘米，横长约2.9厘米，厚约0.6厘米。

　　白色玉质，玉质外有包浆和土沁斑。鸿雁姿态各异，分别为振翅欲飞、展翅飞翔，身上各部位羽毛以细阴线勾勒。雕刻手法娴熟，形态逼真生动，达到了出神入化的视觉效果，其雕琢和碾磨技艺高超。

◎唐代·白玉云雁佩

通高约5.5厘米，通横长约8.5厘米，厚约0.5厘米。
中国国家博物馆，古代玉器馆展藏。

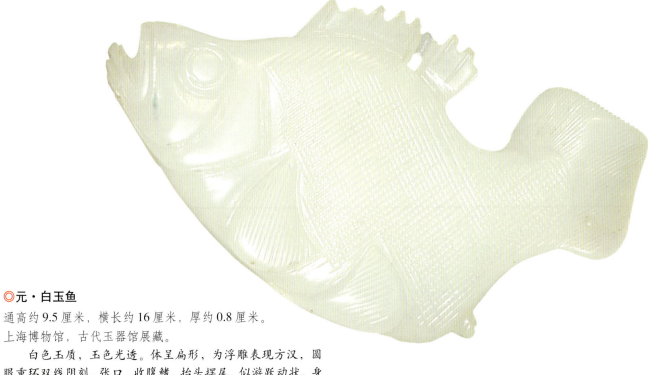

◎元·白玉鱼

通高约9.5厘米，横长约16厘米，厚约0.8厘米。
上海博物馆，古代玉器馆展藏。

　　白色玉质，玉色光透。体呈扁形，为浮雕表现方汉，圆眼重环双线阴刻，张口，收腹鳍，抬头摆尾，似游跃动状，身两侧阴线及刻密网格鱼鳞，鳍和尾阴刻线条线，背上鳍雕琢骨纹，口下及鳍中间有穿孔，可穿绳系，是一件坠饰。寓意"富贵有余"之意。

◎**元代·鹭鸶荷莲白玉镂雕炉帽顶**

通高约 4.6 厘米，横长约 4.2 厘米，厚约 4.2 厘米。

中国国家博物馆，古代玉器馆展藏。

元代玉炉顶分春水炉顶和秋水炉顶，为宫廷和民间所喜爱，造型图案有龙凤纹、云纹、荷花纹、莲蓬纹、飞雁纹、天鹅纹、海东青纹、鹿纹、植物纹等，为元时期玉炉装饰特有的一种精美造型及风格。

◎**元代·孔雀花卉白玉镂雕炉帽顶**

通高约 3.8 厘米，横长约 3 厘米，厚约 3 厘米。

中国国家博物馆，古代玉器馆展藏。

这类玉器为元代官服上的帽顶，为元代服饰所独有。明清时，由于服饰发生变化，帽顶多被改作他用，成为炉顶或其他器盖钮。器底部都有供固定的穿孔。

◎**宋晚期~元初期·青白玉云龙纹兽耳香炉**

口径约 12.8 厘米，高约 7.9 厘米，底径约 8.5 厘米。
北京故宫博物院展藏。

　　青白玉质，色泽温润，局布有深青色纹及褐黑色沁班，体
呈圆形，口外撇，圈足，镂雕龙首双耳，浮雕一动感极强的
升龙，下衬水波纹，旁饰朵云纹，正背两面纹饰相同，炉内
底部阴刻清高宗弘历御题诗一首。宋代云龙纹玉香炉的数量
最多。元代初期，香炉也仿制前朝制作的风格，吸收了宋代
的造型特点，杯外有仿古或应时之纹饰，有的杯带有双耳，有
的杯内还琢有云龙纹，形象自然，风格朴实。

◎元晚期～明初期·青白玉条纹兽耳簋式炉

炉通高约 8.8 厘米，口径约 13.2 厘米，足径约 9.4 厘米。
北京故宫博物院展藏。

炉顶呈青白色玉质，圆柱形镂雕一组云龙。多层炉顶镂
雕是指炉顶玉器上采用所谓双层乃至三层镂空纹图。此炉帽
为紫檀香木镂雕而成，雕刻精细，如透过镂空放出香味之器
的帽顶、炉顶等。玉炉口沿下饰一兽面纹，左右有一对称龙
首耳，腹部为凸起直线纹，圈足光素，有洞底边。玉色为青
白玉质，光润微透。

◎元·青白玉兽面云纹杯

口径约7.2厘米，高约6.3厘米。

此杯为青白玉质，温润透泽，局部褐斑为自然沁色，为立体圆雕，刻工细腻，杯身表面分三层，为浅浮雕，仿制商代云纹、回纹及兽面纹为装饰纹样，是元代晚期玉器雕刻精品。元代有很多实用器型，多仿制汉唐风格造型，礼器多仿制商周风格，这正体现了此时制玉工艺有别于前朝，在宫廷用玉品种上产生很大的变化，有吸取前朝精华之处并加以创新。

◎元·玉凤柄洗

口径11.8厘米，长16.7厘米，高5.1厘米。

青白色玉质，玉色温润，有传世包浆色，局部有褐色沁。器口呈圆形，下收至锥形圆底，随形有圆边，一侧为凤首，鹰勾形凤嘴，口衔外壁、双爪攀于器缘边、长颈成弯形，双翅开展环抱器身的凤鸟成成持手，平底。凤首略长，凤眼有神，头顶凤冠，整器采用立体圆雕制作工艺，洗口挖空至圆形底面上，外壁为浅浮雕图案，浅雕、别地及阴刻精美，造型立体。

325

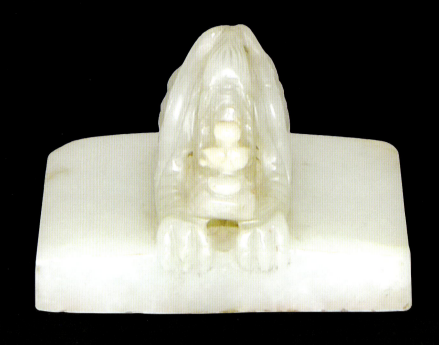

◎元代·白玉龙钮押印

通高约 3.8 厘米，长约 4.3 厘米，宽约 4.3 厘米，印座高 1.1 厘米。
北京故官博物院玉器馆藏。

　　白色玉质，玉色纯正，边缘有纹理缝，局部有有褐色沁。印
呈长方形片状，其上有一镂雕苍龙形钮，龙四足伏于下，长躯身，
头低垂，长发后披，三岐尾，两岐卷向两侧，中间一绺长而上冲，
与顶发相接。元代的私印也分汉文和八思巴文两种，私印中以押
印最为流行，开始签字式的花押，丰富了印文表现形式。

◎ 元·青玉莲托蹲龙

通高约 13.8 厘米，长约 6.6 厘米，座径约 6.6 厘米。

北京故宫博物院玉器馆藏。

青色玉质，玉色富于变化，局部有沁色。蹲龙为立体圆雕，龙作坐状，双角，粗长眉，圆凸眼，上唇翘，张口露齿，身饰火焰纹，挺胸，额尾翘起。一前爪踏宝珠，一前爪踏莲台，后肢屈蹲于莲台上，莲台为圆形，束腰，圆台壁凸雕四层莲瓣纹，形成连续图案，底面为荷叶形，阴刻叶脉纹。底中心并排一大两小圆孔，似为插嵌孔。可能是某种家具或建筑的装饰佩件。

◎元·白玉双童耳礼乐杯

通高约 9.2 厘米，口径约 11 厘米，横长约 13.5 厘米，底径约 6 厘米。北京故宫博物院玉器馆藏。

　　玉料呈白色玉质，玉色温润，局部有褐红色浸痕。杯呈体圆，敞口圆沿边外卷沿，壁腹下收到圆圈底，壁两侧镂雕一对称的童子人形耳，脚下托祥云。器口洞饰圆珠纹一圈。腹部外壁锦地，浮雕通景的十仕女奏乐图。仕女有坐有立，各持不同的乐器。杯腹内及底部列有三十二个如意头形朵云，皆浮雕而成。整器造型立体，带有西亚装饰风格，这也是元朝吸取外来文化的一个典型表现。

◎**宋晚期～元初期·青白玉龙纹活环尊**

通高约 22.9 厘米，口径约 8.2 × 5.2 厘米，底径约 9 × 6.3 厘米。北京故宫博物院展藏。

　　青白色玉质，玉色上浅下深，玉身局部有深色纹沁。外造型仿制商周环尊形致，纹饰微有创新，尊为直口，颈两侧镂雕兽吞式耳，耳下套有活环。尊身口下两面，浅浮雕云龙纹饰，尊颈中间凸雕两组回纹，纹中间琢一卧"王"字形夔龙。腹部层雕变形回纹锦地四组纹饰，锦地上阴刻唐草连续图纹。方圆底，底边上方呈斜形，阴刻三角纹，下底边外出方沿，底呈长方圆形，阴刻回纹。目前在安徽地区考古发现，有宋、元时期的仿古尊、瓶、卣等器皿，这也证明了元代仿古陈设器具的特别丰富的一面，足以反映元代制玉工艺水平的发达。

◎明·玉春式白玉执壶

通高约 19 厘米，盖沿口径约 6.5 厘米，腹横长约 9 厘米，纵宽约 8.7 厘米，底径约 4.3 厘米。浙江慈溪许氏藏。

和田上品白色玉质，体为六棱圆柱形，细颈阔腹，莲花形圈足，壶身西侧浮雕有八仙人物图案，下圆腹下饰莲花变形浅浮雕图案，八仙人物下锦地饰云纹。长直流饰盘龙和花枝环绕，大执柄上盘绕一苍龙和环绕花枝，有"花下压枝"造型之美，六棱盖隆起浮雕寿星与鹿图案。

9

明代（公元 1368～1644 年）统一中国后，宫廷采取了一系列有利于发展生产的措施，调动了生产者的劳动积极性，大明经济走向繁荣，城市建设不断发展，也促进了航海和各国贸易往来，使国威大振。

明代从皇家用玉到民间用玉都特别广泛，玉器制作生产也比元代更加丰富，出现并形成了工艺美、装饰美及商品化的新特点。另外，朝廷文武用玉品级也有一定的等级章法，据大明文献记载，明神宗洪武二十六年规定，凡一品以上官员才可使用玉带，带板上可以光素无纹，也可装饰花纹图案。皇帝朝服玉带可以琢雕祥龙、蟠龙、祥云、海水等图案，这也证明了皇帝对用玉装饰朝服的重视。明代玉器中的佩饰，多是从宋元时延续下来的，而在数量上却有巨大的变化，仿古佩饰比宋元时期增加很多，在仿古玉佩中，以仿春秋、战国和魏晋南北朝常见的成套组玉佩为主，形式特点各有区别。明代在玉制礼器使用上明显减少，生活器具则向各个方面探进，世俗化、装饰化成为玉雕的主流。玉制礼器主要在上层社会使用，北京定陵所出土的礼器主要是玉圭和玉璧，在造型装饰上也有了具体演变，玉圭多长方形，大乳钉纹。玉璧多饰凸起谷纹、乳钉纹，背面多浮雕双螭纹等，北京故宫博物院所收藏的传世玉璧，最能证明这一现象。

明代屠隆著的《文房器具笺》中介绍了很多玉质文房用具，如笔格、笔洗、笔砚、水中丞、水注、印章、印色池、镇纸、压尺、秘阁等，从中反映出明代文人使用文房用具发展的演变过程。

明代碾玉技术取得了许多技术上的突破，在宋元玉器的基础上，将玉器生产推向了一个更新的高度。明代玉器制造的成就与特点主要表现为：玉质器皿种类增多，并制作出大量的杯、碗、盘、碟、文房用具和仿古鼎彝的造型。装饰品更具有实用与装饰功能，如纽扣、发簪、帽正和佩坠等，一改古拙之风，日趋世俗化，在形式上与现实生活极为接近，玉雕在人物和动物题材方面出现许多新形式，表现手法着重于动态表现和灵活性。民间玉器艺术品中的发展和制玉高手的不断出现，开创了明代玉器生产的繁荣局面。

明代玉器

◎明·白玉嵌宝石玉带板

明神宗定陵出土。首都博物馆，古代玉器馆展。

明代早期仍延续元代玉带板的风格，但在纹饰上有严格的制度。洪武二十六年规定：凡一品以上的官员可使用玉带，带板上可以光素无纹，亦可装饰花纹图案。明代玉带嵌玉据考家考证并无明确规定，但从国内出土发掘的明代玉带和清宫传世玉带对比，以缀玉20件的最为多见，一些窄小的玉带，在周围的金饰框镶嵌宝石等装饰。北京定陵出土的玉带多为素带。据《大明会典》记载："永乐三年定玉带，青绮鞋，描金云龙纹、玉事件十，金事件三"。这也证明了帝、后皆用玉带来装饰朝服。

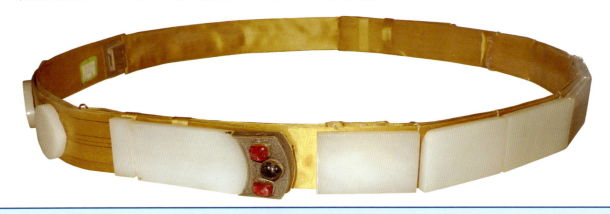

明代玉器考证鉴识

　　大明朝不到三百年的历史，开创了中国工艺美术、装饰艺术的崭新风貌。此时代玉器、青花瓷器、剔红漆器、金银器、明式家具上都带有显著的明代工艺美术装饰风格。明代玉器工艺发展进程历经初期、中期、晚期三个不断创新开拓的阶段。明初期（1368～1464年），洪武、建文、永乐、洪熙、宣德、正统、景泰、天顺时代的玉器鉴识，最具代表性的是1971年山东省邹县出土的朱檀墓葬。此墓葬主人殁于洪武时期，其墓中宫服装饰玉器有一副25节"白玉金镶白玉镂空灵芝带板"，另有一副23节"白玉素而玉带板"，都反映出明初新王朝使用玉带特有的形式和规格。在礼玉方面有"墨玉圭、白玉圭"，玉质色彩为上品，在玉质审美观上有了新的变化，玉质追求品质及色彩，均为光素质地。其中有"白玉龙觿"，器身饰细长弦纹，呈羚羊角形状。另有"白玉镂空蟠龙带环"蟠龙为环形，有云纹装饰。另有一组"青白玉金龙纹组佩"一副两件，每件由珩、瑀、琚、玉花、璜及玉珠等用丝线穿连而成。还有青白玉的文房用具，如玉砚、玉花形砚滴、玉管笔、玉笔仙、水晶鹿镇、白玉葵花杯等，均出于朱檀墓，这些玉器精品都反映了明初期玉器工艺最高水平。

　　明中期（1465～1566年），成化、弘治、正德、嘉靖时代的玉器鉴识，最具代表性的是1969年上海市陆琛琛墓。此墓为嘉靖时期，出土的有"白玉观音插杆"，白玉观音用纯金莲托及金丝组成，如意云纹、火龙纹环绕于观音玉身，胸前金丝缠绕并嵌月红宝石，造型工艺十分精美。一起出土的还有白玉蝶、白玉鸡心佩、玉菊花扣、玉四瓣花、玉耳坠、玉戒指、玉道冠、玉簪、白玉童佩、白玉鱼佩、白玉幻方（伊斯兰教徒使用的护身结物，上刻阿拉伯文真言）玉严卯（仿汉造型，有八面、四面造型，上刻铭文篆书）等。从这座明中期富商墓所用玉器可以证明，嘉靖年代玉器使用多为上层有财富、有权势人所拥有。从1958年江西省南城县明益壮王朱烨墓出土的"白玉龙纹带"和1955年甘肃省兰州市上西园彭泽墓出土的"青玉花鸟纹带板"来看，前者用玉雕工和后者切割工艺水平各有地方风格。而故宫博物院所收藏的明中期各种玉带、玉佩、玉生肖、陈设玉器、文房玉器等，都实为精品中的上品。这也说明了上品玉器传世之作多在皇宫内廷中，明代玉匠多云集北京、苏州、福州等城市，雕琢出了许多令人称绝的精品。

　　明晚期（1567～1644年）隆庆、万历、泰昌、天启、崇祯时代的玉器鉴识，最具代表性的是1956年北京定陵万历皇帝墓，出土玉器精品十分丰富。在万历墓中出土的还有"金盖托白玉碗"、"金托玉爵"、"金托玉执壶"、"镶珠宝玉花金蝶鎏金银簪"、"金托玉花耳杯"、"白玉龙首嵌宝石带钩"、"白玉龙玉带"及后妃生前所用玉器等大量玉器。此时期玉器特点在于精选白玉、青白玉、黄玉、碧玉的使用，在制作水平上，雕工精湛，金镶玉、玉嵌宝石工艺精绝，从中反映出万历朝皇家玉工水平高超。另外，从江西、苏州、南京、上海所出土的各种同时期玉器来看，当时全国玉雕不断创新，将玉器工艺生产推向了普遍的高度，成为明玉器文化一种雅俗共赏的审美现象，这也为清代玉器奠定了更广阔的繁荣空间。

古玉收藏图鉴

明代玉器工艺造型

明代传世及出土的玉雕多以金银镶嵌宝石为明显特色。北京定陵出土的明万历孝端皇后的凤冠、金盖玉碗和金镶宝玉兔耳杯，金玉相辉，璀璨华贵到了极致。明代玉器的镂雕工艺相比汉、唐、宋、元工艺制作水平更加进步，在宋、元时期开创的"花下压花"的造型琢制技艺，到明代更加完美，出现了以人物为中心，花树禽鸟前后衬托的更为精巧、复杂的装饰图案。多向打孔的管钻镂空法，在明时也得到广泛的运用，出现了立体的带扣和透雕双钮及金嵌宝石风格的装饰品及观赏陈设器等。

明代玉雕，在雕琢艺术和风格上，玉匠很注重玉材的质感。很多玉材都来源于河中圆形玉石。由于质地细腻圆润，玉匠追求婉约流畅的轮廓线条，用以表现人物、动物形象。明代琢玉风格，雕胎体一般都较厚重，并以粗犷浑厚著称，特点为"粗大明"。"粗"指不注重细部的表现，"大"即厚重风格。

大明玉饰特点多以动物和人物形为主体，新增加的一些造型更具有写实风格，如玉蟹、玉蟾蜍、玉蝙蝠、寿星、观音、弥勒、罗汉、太白醉酒、八仙等。明代玉器的纹饰图案已达到了无所不包的境界，凡此前的所有都在明代玉器中见得到。仿古器上的纹饰，有战国至汉代流行的谷纹、云纹、卧蚕纹、蒲纹、蟠龙纹和螭龙纹等。而宋元以来和明代新出现的纹图互相融合，产生了富有时代气息的新纹图。其中有天体自然界的日、月、星、辰、云、水、河、石和山等；以花草树木为本摹作的松、竹、梅、梧桐、桃、牡丹、山茶花、莲荷、菊、凌霄花、灵芝、芦苇、水草、荔枝、葡萄、芭蕉等；几何式纹图中有回纹、墙壁纹、窗格纹、圆圈纹、变形云纹、变形螭纹、兽面纹、网纹、纽丝纹、乳钉纹、凤纹、龙纹、云龙纹、生肖纹及其他多种植物纹等。

明廷通过进贡和交易的方法获得新疆多种玉石，出产有美玉的地方有火州、吐鲁番、曲先卫、撒马儿罕、别失八里、哈烈、于阗、黑娄、把丹沙、天方等多处，但极品白玉产地只有和田。

明朝人依玉材颜色的不同而给玉取以不同的名字，分别为白玉、黄玉、碧玉、黑玉、赤玉、绿玉、甘青玉和菜玉等。明代玉材以白玉、黄玉为上上品，碧玉、青玉稍差，而瑕斑夹杂石较多则玉价较低。

明朝玉器沁色方法很多，有造黄土锈法、造血沁法、黑漆古、渠古、甄古。古玉专家认为黑漆是水银沁，黑色如同黑漆光亮，与墨玉自然色彩完全不同。甄古、渠古为何种沁色的颜色尚不明晰，还有待科学考证。明代玉器的沁色，考古发掘多为铁锈色的沁色，而传世古玉中却能见到带血沁的玉器，如今也是古玉之谜，这种沁色之美正是明人吸取了宋人的美学工艺智慧的结果。

明代玉器器物造型，装饰品多以片形为主。玉圭为尖首式，和上古造型相同。玉带和玉带板造型多样，有光素的，也有龙纹及花卉等纹饰。日用玉器和观赏玉器多为圆雕，造型硕大，雕工十分精湛。明代仿古玉器比宋元时期更加丰富，仿古玉器繁多。

◎明·白玉玉带板

西安碑林区南廊门出土，陕西省历史博物馆展。

这套玉带板由8件矩形带锊、3件长方形带锊、5件桃形带锊和2件铊尾组成，皆为扁平片状，素面无纹，玉质为上品仔玉料制作，玉色光透温润。矩形带锊各有三个象鼻孔，长方形和桃形的各有两个象鼻孔，铊尾的四角均有象鼻孔，其中一个铊尾方形一端两头各有三个孔，三个孔的底部两两串通。正面和侧面研磨精细，背面较粗糙，正面的边棱均斜削。

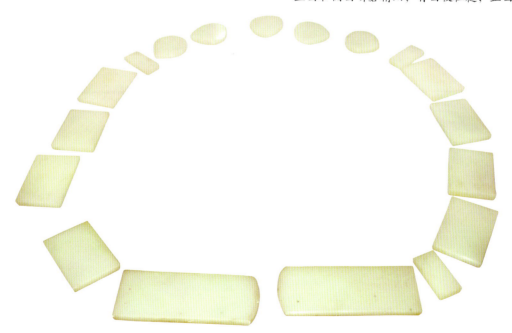

明代玉器的雕刻工艺特别丰富，包括多层镂雕、浅雕、阴刻、剔地浮雕和圆雕。据古玉专家考证，此时制玉工具使用"足踏圆盘使转"，指的是镟车使用剖玉所添的砂，即"解玉砂"。所谓"镔铁刀"可能是硬度很高的砣钻工具，能做高难度的镂雕技法。从出土和传世玉器中都能见到这种雕制工艺痕迹明显的玉器。此时玉器上嵌宝石工艺盛极一时，更增加了玉器的华贵及富丽堂皇，并带有宋、辽、金、元遗韵。

明代玉器种类

明代，在观赏陈设玉器皿的生产上，得到了很大的发展，并且创造出许多新的品种，其中较多的是香炉、舷、鼎、文具、盒匣和茶具。这些玉器皿，外形沿袭宋代玉雕传统，表现飞禽走兽、鱼鸟果瓜，但制作更形象、更生动。乍看上去是一种玉器摆设，实为插花的器皿。明代的玉装饰品体系相当广泛，玉带钩多为龙首螭纹带钩，一般长达10厘米左右，也有圆形、长方形造型，带扣更为精美，装饰纹饰多浅浮雕及镂雕工艺，图常见龙纹、嫰龙纹、植物纹等，多为上好和田玉料制作。此期的仿古玉佩以仿春秋、战国和魏晋南北朝常见带钩等的成组玉佩为主。

明代玉器装饰品种类有玉带钩、玉带扣、佩饰、玉坠、别子、玉牌子、玉环、手串、玉簪、玉头饰、玉笄、玉发冠饰、玉戒指、玉花朵形佩、玉花鸟形佩、玉鱼形佩、玉童子佩、玉螭纹佩、玉龙纹佩、玉凤纹佩、玉耳环、玉耳坠、玉挂佩等，另外还有各种玉生肖、玉坐龙、玉坐狮子及玉坐虎等。

明代玉带板作品仍保留宋元的遗风，有的块数不定，亦见有"蹀躞"带板。明宣德年始，带板的数目已确定，一套玉带上附有的玉带板共20块，分前后两节缀。其中以玉带饰、玉佩饰、玉饰和玉肖生为主要组成部分。明代玉带板上的纹饰极为丰富，有龙纹、螭纹、飞龙纹、麒麟纹、婴戏纹、松竹梅纹、鹿纹、凌霄花纹、狮子纹、瓜果纹及其他植物纹等。

明代观赏陈设玉器有玉熏炉、玉炉、玉舷、玉爵、玉簋、玉鼎、玉狗、玉马、玉骆驼、玉瑞兽、玉辟邪、玉鸳鸯、玉菩萨、玉麒麟、玉羊、玉鹿、玉龙、玉凤和玉龟等。

明代日用器具品种十分丰富，其中包括文房用具，常见器型有玉壶、玉盘、玉杯盏、玉瓶、玉罐、玉碗、玉盆、玉砚滴、玉砚、玉笔山、玉水丞、玉笔架、玉镇纸、玉笔杆、玉洗、玉盒、玉卮、玉花插和玉提梁卣等。

明代的仿古器具，玉壶在造型上特征鲜明，有方壶、圆壶、玉春壶等。古玉壶多带盖，造型较为复杂，古意很浓。明代玉壶在造型上借鉴礼器时代的玉壶。但很少直接仿造礼器时代青铜壶或者玉壶的造型。玉工们从青铜壶的造型上汲取灵感，并总结前朝的图案和造型，在雕琢工艺上加以创新，玉壶被雕琢得更加精致实用。

明代礼仪器有玉圭、玉琮、玉璧、两圭有邸等。礼仪玉器传世品中较多，常见的是玉圭和玉璧。在出土的玉圭中，有墨玉、白玉、青白玉质较多，有光素者，也有刻谷纹、乳丁纹、山川纹、海涛纹、江崖纹、星宿纹等，尺寸大至26厘米，小至15.8厘米。长方形，上呈三角形，此造型来自仿商周玉圭，后历代在纹饰工艺上略有变化。

◎明·和田羊脂白玉冠

通高约3.8厘米，横长约5.9厘米，金簪长约10.9厘米。

玉冠由新疆和田羊脂白玉琢制而成，玉色为鱼肚白，玉色温润，光透，冠内挖空，外部琢有五道精弦纹，故称五梁冠，冠底中间琢有一穿孔，可穿入金簪一枝，为明代江西婺源汪氏墓出土，为明中期玉器传世精品。

◎明·青玉组佩

组佩通高约26厘米，宽约18厘米。

北京海淀区董四墓村明神宗妃嫔墓出土。

首都博物馆，古代玉器馆展藏。

　　玉料呈青色，微泛黄，质地温润，局部有褐黄浸色。该组佩为仿古玉制作，变形凤鸟云纹以阴刻锦地为衬等形式进行雕琢，形体仿春秋战国，别具一格。明代仿古玉器比宋元时期更加丰富，仿古玉器繁多。此期的复古玉佩中以仿春秋战国和魏晋南北朝常见的成组玉佩为主。

◎明·青玉乳钉纹圭

高约25厘米，宽约6.6厘米，厚约0.8厘米。

北京海淀青龙桥董四墓村出土。

首都博物馆，古代玉器馆展藏。

　　青白色质，玉圭呈长方形主体，均为三角形尖首顶，玉身布满凸雕乳钉纹。玉圭产生于新石器时期，作为礼器。《周礼·大宗伯》记载："以青圭礼东方。"此件玉圭是仿西周古玉圭造型。在定陵万历皇帝墓出土的两件青玉玉圭，形致较大，上面阴刻四组山形纹，另一件通体凸起两道相同平行弦纹，出土时两件皆内包藏锦，外套丝锦。据明文献记载，饰山川者是皇天祭天地宗庙所用。四山指四镇名山，取安定四方之意。

◎明·青白玉夔凤纹子刚款樽

通高约 12.5 厘米，口径约 6.8 厘米，横宽约 8.8 厘米。
首都博物馆，古代玉器馆展藏。

玉料呈白色泛青，质地温润，局部有褐黄浸色，呈圆柱形。盖沿饰云龙纹，外沿有三个昂首卧狮，杯外腹满以蚕纹为地子，并饰浅浮雕旋涡蚕纹、云纹，边沿饰凸出的变形夔龙纹，上隐起螭虎纹和三个夔凤纹，杯内壁为直筒形，杯底平，外侧有三个兽首吻向下为足，把下有阳文篆书"子刚"两

字款，是迄今所知北京地区出土的唯一带"子刚"款的玉器。樽是礼器时代的一种重要的酒器，明清时期许多仿古的玉樽造型就是仿青铜樽，不是完全的模仿，只是在轮廓上有些相似而已。明清樽的造型多以商代、汉代造型作为仿制的理想造型，并加以创新，做工更为精致，用玉更为讲究。

明代仿古玉器

明代制作仿古玉的技术趋于炉火纯青，一些仿沁、致残等手段也显得十分高明。高濂在《遵生八笺》中就记述了当时苏作仿古玉的制造情景。他说："近日吴中工巧，模拟汉宋螭玦钩环，用苍黄、杂色、边皮、葱玉或带淡墨色玉，如式琢成，伪乱古制，每得高值。"明代最优秀的制玉工匠陆子刚，专攻仿古玉，技术更为精湛。他所仿制的古玉器"工侔致古"，"与古尊罍同"。

仿古玉制作发展到明代，产生了三种基本类型，一种继承和发扬宋元仿古传统技术的基础，仿造古代玉器或者青铜器的外形，但是在纹饰上不拘泥古法，竭力体现本朝的时代风格，力求在仿古中创新。这一类仿古玉器传世作品很多。一种则无论在造型还是纹饰上都体现本朝特色，但经常使用各种做旧形式，如仿沁、致残等，在民间大行其道。还有一种是完全照搬古代玉器，并且将作伪手段做到登峰造极，使人真伪莫辨。这一类尽管是完全仿古的，但是很少见，它所体现的是明代玉器最高的制作水平，直接影响了清代仿古玉的制作。

在明代的仿古玉器中，多是一些器皿类，有的是一些仿制商周时期的代表性彝器，其代表性的作品是清宫收藏的玉出戟方觚，以回纹、龙纹、三角纹和凸凹弦纹等装饰器身，体现浓厚的古典韵味。明代仿古玉鼎彝内容丰富，上古所流传器皿从造型到纹饰，几乎无所不仿，并取得了辉煌成就，促进了玉器制作在明代的繁荣。玉山子在元代已经出现，到了明代，随着工艺的不断改进，玉山子的制作进入了一个辉煌的发展时期。

◎**明·和田玉四方出戟花觚**

高约 20.5 厘米，长宽约 9.8 × 9.8 厘米。

此觚为青白玉色，微泛浅青色，局部有浸色。作方为筒形，上大下小，中腰略宽，下收腰，上下呈喇叭形，底座四方，顶端有一方口，器形分三节，器身四周阴刻回字绸，颈部、腰腹部，下座部有几组凸块出戟，与锦地回纹对比，十分立体。该器以和田青白玉为材料进行制作，玉色纯粹，仿照三代青铜觚的形制，四方出戟，上有绺纹。戟纹，器物表面或边侧凸起的方形齿凸，排成列，称为出戟，它是古代器物上的一种装饰法，商代青铜器上已有线戟装饰。古铜器上近似"回"字形四方连续排列的方形锦纹称为云雷纹，明代玉上往往出现组排列，单排列"回"字形纹，工艺美术家称作"回纹"。

◎明·青白玉豆

通高约14.6厘米，口径约8厘米，底径约7.6厘米。
美国旧金山亚洲艺术馆藏。

　　玉质为青白玉色，局部有褐色纹沁。豆为圆柱形，口微
侈，颈口下段略收、长颈下收扁圆腹。颈部上一侧有云纹形
执耳手，颈中上部剔地浅雕凸起双龙和一圆形流云纹，双龙
独角，曲身，尾部向后延伸、圆眼、张口、作爬形状。圆腹
下呈高足圈底，带有仿古青铜器造型缩影。为春秋战国时期
造型，略有变化，战国时期豆有盖，盖有捉手，在礼仪活动
中，豆以偶数与鼎相配。

◎明·玉觯

通高约8.9厘米，横长约4.3厘米，纵宽约3.3厘米。
美国旧金山亚洲艺术馆藏。

　　玉为青白玉质，局部有多处纹沁褐色。玉身呈长扁圆
形，器体瘦高、收口、扁圆形腹，上盖隆起半椭圆形，上有
圆形流口，有四圆系，腹下高长足外撇，有足边立起。腹身
一周浅雕兽面纹、凤纹、锦地阴刻网线纹，长足颈部有凸雕
线三组一周，外敞足面阴刻变形回纹连续图案，足边有两条
阴线。觯为商周至春秋战国造型，此觯为仿古玉器演变而
来，古代觯为饮酒器，春秋晚期曾一度出现在南方，后成为
礼仪活动之用。

◎明·白玉金托玉爵

通高约 16.5 厘米，爵横宽约 10.2 厘米，底托直径约
17.8 厘米。首都博物馆古玉珍品馆藏。

　　爵身白色玉质，爵呈元宝形，深腹至圆底，两柱蘑菇形，
顶刻涡纹。底呈三柱足，与商周青铜爵造型相仿，一侧附透
雕龙形把手，龙作攀附状，弓背，两足前爪抓在爵沿部，口
与柱根相连，后爪立于爵腹，尾上卷，龙腹与爵壁之间有插
孔空隙，可容双指插入，便于持爵，具有实用功能。爵流及
尾的外壁各刻一正面龙纹，龙的两只前爪上托一字，流的部

分是"万"字，尾的部位是"寿"字。两龙间刻一组四合如
意云纹。三柱足根部各刻一如意云纹。整个爵身布满云龙
纹，气魄雄浑，雕刻线条圆润流畅，富于流动感。爵下有一
金托盘，沿边内卷，浅弧腹，中间突起树墩形柱，三爵足插
入。盘外壁向内压出浮雕式纹饰，主纹为二龙戏珠，下部
为海水江崖，上部为云纹，并嵌有多颗红蓝宝石，显示出明
朝宫廷玉器之华贵精美。

◎明·青玉卧鹿衔灵芝纹笔架

通高约 4.5 厘米，横长约 13.5 厘米，纵宽约 1.5 厘米。
北京艺术博物馆藏。

    青白色玉质，局部有褐黄色。笔架是一只活泼的小鹿，身足卧伏于地，鹿颈回首衔灵芝草，一双凤眼，首顶双角，双耳，造型优美。在鹿尾部边处有莲花和桃叶、鲜桃作衬托，山石地上卧座一只雁鸟，长嘴、宽头、圆眼、长身有翅膀，有一双长爪，回头长颈望鹿，似人间仙境。此笔架为镂空圆雕，为明代文房笔架精品之作。

◎明·青玉异兽

通高约 5.5 厘米，宽约 8 厘米，纵宽约 3.3 厘米。

◎明·青玉兽形水丞

通高约 4.1 厘米，横长约 9.2 厘米，纵宽约 3.8 厘米。
北京艺术博物馆藏。

    青白色玉质、白中闪浅青，局部有褐色沁。水丞为一卧伏状神兽，圆头、长身、四足、卷尾上盘，玉身上部有水丞圆口。玉兽宽头有双角，一双圆眼、长眉、宽嘴、圆鼻孔，器身为圆雕和别地，阴刻，造型勇猛。水丞又称水中丞，是用来贮水的，研墨时用小匙将水提出。在丞圆口上常一只小瑞兽扣座在圆口之处，此水丞上有小瑞兽扣座已经丢失。

◎明·青玉卧鹿衔灵芝纹笔架

通高约5.2厘米，横长约13.3厘米，纵宽约1.5厘米。笔通横长15厘米，笔径约0.7～1.3厘米。北京海淀清代黑舍里氏墓出土，北京艺术博物馆藏。

笔架为青白色玉质，略闪青黄，呈山形。笔架上有一卧鹿，口衔灵芝，左有镂雕奇石，并在奇石两侧浅雕飞禽雁鸟，刻画的和谐生动，如诗如画。玉笔造型简练，笔帽凸雕六角形花纹，两端阴刻细回纹。笔管上阴刻云纹及花鸟图案，笔管两端刻有一周阴线，笔管内钻有一空孔，使笔更方便书写及绘画。

◎明·云龙纹白玉圆筒盒

通高约5.5厘米，外径约8厘米。浙江慈溪许氏藏。

◎明·青白玉鹿鹤同春笔架

通高约5.3厘米，横长4.6厘米，厚约1.6厘米。中国国家博物馆，古代玉器馆展藏。

青白色玉质，玉色温润。笔架呈太湖石形状，外为山形，中间有多处镂空雕琢，奇石两侧各雕琢一鹿一鹤，造型自然生动，碾磨光润，为明中期典型笔架。

◎明·碧玉砚

通高约 5.8 厘米，横长 5.3 厘米，厚约 0.8 厘米。
中国国家博物馆，古代玉器馆展藏。

◎明·青白玉云螭纹笔

通横长 15 厘米，笔径约 0.7～1.3 厘米。
中国国家博物馆，古代玉器馆展藏。

◎明·青玉镂空海棠式杯

通高约 7.4 厘米，口径约 8 厘米，横长约 17 厘米。
北京故宫博物院展藏。

　　青白玉质，局部有桔褐色沁，杯呈花葵形，口外花压枝
镂雕花枝，有花蕊、花朵、花叶、叶枝相连，缠绕于杯外壁
四周，叶枝稍少处成为杯执柄。整器简中带繁，繁中不乱，错
落有致。明代实用玉器中，镂雕海棠式杯形式变化最大，造
型变化多端，其双耳均镂雕而成，呈对称状，别具一格。宋
应星的《天工开物》、张应文的《清秘藏》、高濂的《燕闲清
赏笺》、曹昭的《新增格古要论》、陈继儒的《妮古录》和《群
碎录》、文震亨的《长物志》、谷应泰的《博物要览》、杨慎的
《杨慎外集》，都从各个角度介绍玉器，使人对明代文房玉具
的认识大大提升，这些著录对研究古玉器形制有很大的价值。

古玉收藏图鉴

◎ 明·青白玉桃形洗子

通高约 6.1 厘米，口径约 9.5 厘米，横长约 18 厘米。
北京故宫博物院展藏。

　　青白色玉质泛黄，玉质有黄褐色沁斑，杯为桃形，镂雕花下压枝叶为柄，部分枝叶缠绕于杯身并作圈足。双耳桃形洗为明代文房用具中一种典形器物，数量较多，但造型各异，用玉料讲究，多用青白玉、白玉、黄玉等，为文人墨客所珍爱。如明代玉雕艺人"子刚"款桃形洗，多有四言诗一首于壁面，并署刻"子刚制"三字篆书款，在明中晚期，许多江浙、苏杭玉雕艺人以仿制子刚款玉雕为荣。

◎ 明·三枭水盂

通高约 6.8 厘米，沿口径 3.9 厘米，腹径宽约 15 厘米。
浙江慈溪许氏藏。

　　白色玉质，局部有沁色。器呈三枭形致，扁圆形上有一圆孔，口沿凸起，盂内挖空。器扁部浅浮雕有卷云及寿带图案，腹部三侧高浮雕枭形头首、鹰勾嘴、凤眼、头飘长冠，展翅如飞，下呈鹰爪。整器造型构思独特，做工精湛，为明代实用器上品绝作。明代新出现的玉制器陈设主要的有杯、碗、执壶、壶、盂、瓶、笔、筷、砚滴、洗、砚、笄等。非实用的器物主要有磬、插屏、山子、鼎、如意等。

◎ **明·白玉瑞兽镇**

通高约 4.2 厘米，长约 7.2 厘米，纵宽约 3.6 厘米。
北京海淀清代黑舍里氏墓出土，北京艺术博物馆藏。

　　白色玉质，玉色润泽，局部有微桔黄浅色及皮色，并有深褐色沁斑。瑞兽浓眉、大眼、宽鼻、独角、双耳。兽耳雄壮，四肢卧于腹下，脊背披卷毛发，长尾，造型可爱。整器采用圆雕方法，器身结构线条琢刻多为浅雕，线条和剔地精细，碾磨光润，运用巧色艳美，雕琢及选材合谐，形象生动。

◎ **明·白玉卧虎镇**

通高约 3.6 厘米，长约 8.5 厘米，纵宽约 2.3 厘米。
北京海淀清代黑舍里氏墓出土，北京艺术博物馆藏。

　　此卧虎镇特点为长方扁形，玉虎造型动感十足，宽头、圆眼、大耳、嘴微张、露牙，四肢腹卧状，后卷尾，脊背卷发，整器造型由先秦卧虎的神态。外形切割规整，两面琢刻对称。玉身表现技法采用浅浮雕、剔地方法，碾磨精细，结构线条流畅，局部琢刻精湛。玉色纯正，白中闪微青，沁色色彩自然而高雅。

◎明·青白玉瑞兽水盂

通高约4.6厘米，长约8.2厘米，纵宽约3.5厘米。
浙江慈溪许氏藏。

　　青白色玉质，玉色润透，局部微闪浅青，尾部有深色沁，色彩富于变化。瑞兽呈爪动状，抑头腹身，四肢爬动，宽额、双角、双耳、扁眼、宽鼻、嘴微张，下额飘有长须，四足健壮有力，长尾阴刻细毛，脊背上卷长发，形态传神。整器采用圆雕方法，器身有局部镂雕，十分立体。器身表面多使用凸雕和浅浮雕等工艺制作技法，雕工独特，是明代玉雕常见题材。

◎明·碧玉"莲叶"随形砚

高约7.8厘米，宽约15厘米，纵宽约7.6厘米。
通高约7.8厘米，横长约15厘米。

　　此砚巧用玉料依材而作，不雕纹饰，造型自然，采用奇石自然美的特点雕制而成，侧起边栏，刻有"莲叶"两字。在新疆和田玉石中，碧玉色彩最为神奇，它的外形可谓千姿百态，水料和山料有不同的造型和富于变化的纹脉色彩，这正是玉工所独具慧眼，以形写神，构思雕琢成一个自然晶莹如峰峦起伏的棱石纹理，天然造化，叠彩流韵，冰青玉洁。此砚碧玉为山流水料，具有很高的艺术价值。

◎明·白玉仙人出行山子

通高约 11.5 厘米，横长约 13.5 厘米，纵宽约 6.4 厘米。

　　白色玉质，白中泛青，局部有烧色浸斑。山子外形呈三角形，一面琢高山叠峰，山间有高松翠柏，石阶盘山通其道，有一策杖老人在山路行走，后面跟一书童，山路弯转。另一面雕琢峰峦错落，山石丛树之上飞来一苍鹰，更增诗情画意，山林景色自然优美。此玉山子以形写意，就三角形前后造型，采用层雕及浮雕方法，琢工技术精湛，层雕略深，山石树木松柏画面构图较为装饰，富于变化，以形写神，人物在整个画面上比较突出，但不失构图完美。另一面在山石层叠的松林上刻有一较大的山鹰，有画龙点睛之意，创意构思巧妙，为明代玉山子代表性作品。

◎明·达摩面壁玉山子

通高约 18 厘米, 横长约 14 厘米, 纵宽约 4.4 厘米。
浙江慈溪许氏藏。

　　青白玉质, 山料, 不光透, 外有色皮, 玉色微闪浅黄。玉雕呈柱圆形致, 中间采用浮雕工艺手法, 表现佛家达摩面壁修炼的画面, 人物周边挖空洞形, 达摩表情庄重, 身披袈裟, 立身盘座, 手印向内, 打座于洞山之间。此玉山子特点为充分运用了玉石外皮巧雕色彩, 自然而古朴, 人物造型刻画写实, 把达摩这一主题人物自然情感反映在这一立体画面之中。达摩人物造型, 雕琢的洁白高雅, 与玉石外层皮色对比自然天成, 如达摩修炼的山野之峦就在此玉石之中。这件达摩面壁玉山子外形敞阔, 内形精雕细刻, 也反映出明代当时佛教文化的审美情趣, 具有很高的艺术文化价值。

◎ **明·白玉螭耳角杯**

通高约 15.9 厘米，横长约 7.8 厘米，纵宽约 7.3 厘米。

美国旧金山亚洲艺术馆藏。

白色玉质，玉色润泽，局部有深褐色沁，并有传世带来的包浆和土沁色。角杯呈圆柱形，上宽下窄，中间挖空至圆底，杯口为敞口，长身下收至底，底座由螭虎尾巧妙组成托座。杯身锦地表面浅浮雕两只螭虎图案，造型生动，具有动感，螭虎头首上方披动长发，大耳圆眼，宽额鼻、嘴，曲身长卷尾，身形轮阔有阴刻一面坡线，线条优美。在角杯一侧由一爬立的立体螭虎组成的杯耳，镂空处可将手伸入之中，具有把手功能，螭虎生龙强劲，四肢攀爬于杯壁之上，造型十分可爱。在明代玉器制作中，在玉料上将上下各层的不同纹饰雕刻出来。制作立体器物时采用镂雕的方式，将里外多层纹饰进行叠错，相互交融兼顾，非常和谐。明代玉器上最常见的螭纹，一种是浅浮雕的螭纹，螭形的头部犹如鼠头一般，有一卷弯形的角伸在脑后，螭首回顾，颈部如同扭曲的树干。

◎ **明·青白玉狮熏炉**

通高约 18 厘米，通长约 15.8 厘米，通宽约 6.2 厘米。

北京故宫博物院玉器馆藏。

青白色玉质，玉色富于变化，有深浅不一的纹理色彩，造型具有创意，构思巧妙，带有明代民间风俗感，更富于世俗化。狮形呈站立状，四肢宽壮，宽圆头，张口露牙、大鼻、圆眼、粗眉、独角。下额颈长须，脊背旋卷毛发，尾上端呈火焰纹状，身披鳞甲，造型生动活泼。此器采用圆雕、镂雕、碾磨、挖空、别地、阴线刻等技法，雕工精美，为明代传世玉器精品之作。

◎明·乳丁纹青白玉龙耳簋炉

高11厘米，外耳宽约8.5厘米，口径10厘米。

上海博物馆，古代玉器馆展藏。

　　青白玉，玉料呈白色泛青，质地温润。局部有褐黄浸色，圆柱形，簋耳上隐起螭虎纹，簋外腹满以乳丁蚕纹为地子，云纹，外沿边沿饰形夔龙纹。此器造型仿制商周青铜器形致，并加以变化，造型大气，为明代供具必备香炉，具有较高的收藏价值。

◎明·青玉香箸、香铲

通长约16厘米，厚约0.6厘米。

明神宗定陵出土。首都博物馆，古代玉器馆展藏。

　　青白色玉质，青白中带有深青色自然条纹，玉色润泽，是青白玉较好的玉质材料。其外形切割对称而规整，在用器前端和中间嵌有铜饰，造型简炼，典雅高贵，为明代供具玉器上品。此套物为焚香用具。古人所焚之香为香面或香条，焚香所用器物包括香炉、香盒、箸瓶，俗称"瓶炉三事"。香箸、香铲用来撮取香面或香条到香炉中，箸瓶用来放置香箸和香铲。

◎明·碧玉香瓶

高约16.5厘米，直径约15厘米。

明神宗定陵出土。首都博物馆，古代玉器馆展藏。

　　碧色玉质，碧绿色略闪微黄，局部有深色的自然纹理。器呈宽圆口，长颈，阔肩，直腹下收到圆底，瓶中间挖空至圆底上。整器造型简练，形似明代龙泉窑青瓷风格，外形切割碾磨精美对称，为明代皇家所用供具，典雅之中不失华贵。

◎明·鱼龙花草纹玉带饰

周长约110厘米，玉饰最大一块长约7厘米，通高约5厘米。
清宫旧藏。

　　本组带饰为白色闪玉质，共二十块，十分完整。以多层
次镂空技法雕琢，主要纹饰为一龙首、蛇身、鱼尾、有四爪
双足及开展双翅的动物，一般称之为鱼龙。然而根据推测，此
纹应是《明史》中所记载、在明中叶时甚为流行的"飞鱼"纹。
除此之外，尚配花果、海波、山岩纹，并以卷云锦地为衬，就
其风格分析，应为明中期的作品。明代玉器中，可以见到很
多花卉纹、鸟纹、龙纹、云龙纹以及松竹纹、兰花纹、菊花
纹、蝴蝶纹、兽面纹等丰富多样的纹饰，大大增添了明代玉
器的艺术美感。

◎明·白玉龙纹玉带饰

通高约6.2厘米，周长约90厘米，厚约0.4厘米。
北京故宫博物院玉器馆展。

　　据史料记载，大明律制规定，只有帝王及帝王特赐官员
的才可使用雕琢有龙纹的玉带。在明代中后期则相对固定为
二十块成一套，且各块的形式及在腰带上排列的位置也有规
定。古代官服制度中，腰带上的片状装饰品，即带板、带銙
等，其质材、数目及纹饰乃是区分佩戴者官阶的依据。自唐
开始，带板的质材于金、银之外，再添玉质一项。最初为三
品之服，随后日益尊贵，至金、元、明时，已成皇室及一品
官员的服色。

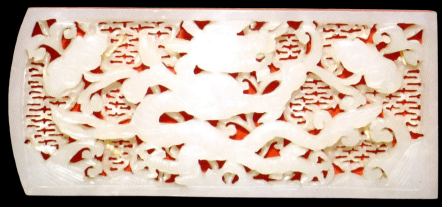

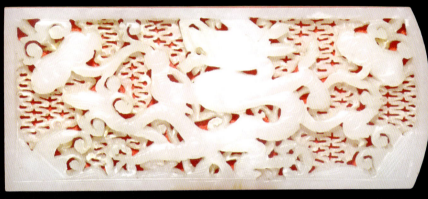

◎明·白玉龙纹璜（局部）

通高约 6.2 厘米，通长约 8.8 厘米，厚约 0.4 厘米。

北京故宫博物院玉器馆展。

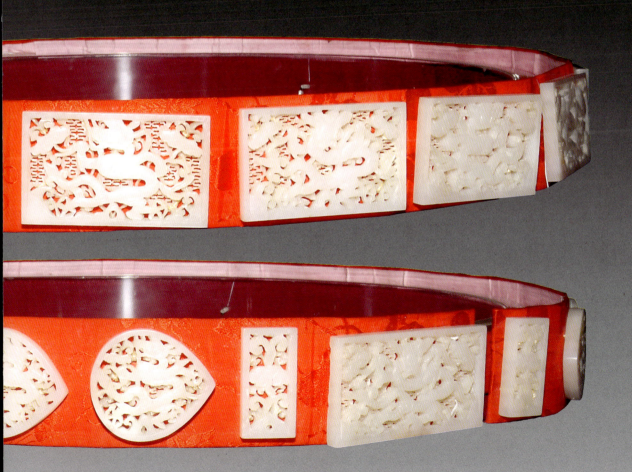

◎明·青白玉花卉纹带板

通高约4.2厘米，横长约8.2～5.2或4.3～2.8厘米，
厚约0.5厘米。北京海淀明代太监墓出土。
首都博物馆，古代玉器馆展藏。

　　和田青白玉，玉色温润，此套玉带板正面琢刻深凹齿状细叶、细长花蕾，以不规则的浅阴刻线显示花叶脉络纹，出土时只有十八块。明永乐之后的玉带皆为二十块，其中，铐十八，铊尾两块。明中叶以前玉带铐纹饰极为丰富，多用镂雕法。明中叶以后，刚以素面居多。此套玉带板构思新颖，琢刻规整，光亮度好。全套二十块，都是深雕地子，有边框。其中十块浮雕人物戏狮图案，六块桃形雕刻人物或狮子，四块小长方形雕刻如意云纹。

◎明·青白玉镂空荷花带板

通高约4.2厘米，横长约8.2～5.2～2.1厘米，厚约0.5厘米。
北京东郊方锐墓出土。首都博物馆，古代玉器馆展藏。

　　和田青白玉，玉色温润，玉带板的制作始于唐代，五代、宋、辽、金、明时期都沿袭玉带制度。玉带由铐和铊尾（带头饰件称铊尾）组成，两者统称为带板。明早期是玉带板的鼎盛时期，晚期开始衰落，它是官场礼服必不可少的组成部分，不同的铐数和纹饰标志着佩戴者不同的身份地位，明代只有皇帝、皇后、妃嫔、太子、亲王、郡王、公、侯、驸马、伯及文武一品官才有资格使用。

◎明·白玉透雕菱花形龙纹带铐

通高约 5.3 厘米，横长约 6.7 厘米，厚约 0.7 厘米。

　　和田白玉雕制，玉色光透，带銙呈菱花形，纹饰双层透雕。上层镂雕一龙盘绕于云中，龙眼斜线排列，眼睛用管钻工具雕琢。龙发上冲，尾如蛇形。躯体及四肢细长，颈部有密集的阴刻短线，一直延伸到爪部，这是明代玉龙的一个显著特征。下层镂雕缠枝花卉。背面菱形的四角均未钻孔。在《大明会典》所记"玉带"、"玉革带"等，其形制。另如《明史·舆服》所记"大巨之服玉带"一品玉，或花，或素。而在《明宫史》所记："冬则光素，夏则玲珑。三月、九月顶妆玉带也。"所谓"玲珑"专家考证为属透雕图案，顶妆玉带，可能是有浮雕图案的玉带。

◎明·龙穿牡丹带饰板

高 9 厘米，宽 9 厘米，厚 0.8 厘米。
上海松江区西林塔地官出土。

　　明代晚期，皇帝曾大量制作玉带赏赐群臣，以致制度混乱。而从出土与传世宝物来看，明朝确实是玉带发展的极盛期。纹饰从龙凤、花鸟到神仙、婴戏，包罗万象。而在表现方式上，大多采层次镂空之法，以营造精巧华丽的装饰效果。

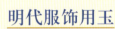

明代服饰用玉

　　《大明会典》记述了明皇帝、后妃及皇子的服饰，有关玉饰的使用大致可分为头部、上身、腰部、下身等部位用玉。头部用玉见于冕与弁。冕为礼仪用冠，皇帝用冕上部呈长方形版状，前后垂有玉串，称为旒。皇帝冕服用玉："玉佩二，各用玉珩一、瑀一、琚二、冲牙一、璜二、瑀下有玉花，玉花下又垂二滴子，琢饰云龙纹，描金。"《大明会典》绘明代宫廷使用的腰带，有大带、革带、束带、素带，据图可知，大带之上无装饰，其他带上嵌有饰件。文武官员朝服革带，因品秩不同而不同："一品玉，二品犀，三品、四品金，五品银钑花，六品、七品银，八品、九品乌角。"玉带又可分为光素、饰泛雕图案、饰透雕图案等几类。玉带的纹饰主要有以下几类：1. 龙、飞龙、麒麟、多层花枝、卷草，或有较平的锦纹地；2. 狮、马、驼、鹿等动物图案，以透雕作品为常见；3. 云鹤、花鸟；4. 花卉图案；5. 人物，如百子、百臣；6. 喜、寿字。除了带板，明人使用的玉带饰还有多种，主要有带扣、勾、勾环、带钩、挂饰等。除宫廷外，明代民间佩戴玉器的风气也很盛。按照古代传统，佩戴玉器是全民性的活动，宫廷有宫廷的用玉方法，读书人有读书人的用玉方法，一般劳动者也有自己的用玉方式。

　　　　——引自中国文博玉器考古鉴定
　　　　名家张广文所叙语录

◎明·青白玉龙首螭纹带钩

通高约3厘米，横长约12厘米，纵宽约3.5厘米。

首都博物馆，古代玉器馆展藏。

　　玉色白中泛青，玉质润泽微透，晶莹剔透。带钩头部饰以龙头，龙角龙眉突出，线条清晰有力。器身上镂雕一蟠螭，呈盘曲状，毛发飘拂，圆眼细眉，腿部线条弯曲，身形动感十足，卷云长尾，带钩身下有一圆形钮扣，整器造型雕琢、碾磨、浅雕精细，造型美观。已知明代玉带钩，多为龙首带钩。

◎明·青白玉龙首螭纹金扣带钩

通高约4.6厘米，横长约11.5厘米，纵宽约3.4厘米。

首都博物馆，古代玉器馆展藏。

　　青白色玉质带钩头部饰以龙头，龙角龙眉突出，线条清晰有力，龙首一部为一蟠螭，呈盘曲状，毛发飘拂，镂雕精细，造型美观。在宋元时期，有鹿首、羊首、花瓣、兽形、螭首、龙首带勾等。宋元带勾特点为腹部薄，微宽，上凸形，琵琶形，钩头略薄而宽，钩头与钩距离较大。另一种钩头宽而厚，钩头与钩距离很小，而钩头回弯处较厚。还有一种是钩腹窄而厚，上弯呈大弧形状，钩头厚而高，与明带钩相比有明显区别。

◎明·青玉蛇首纹带钩

通高约3.8厘米，横长约10.5厘米。

　　青白色玉质，微闪浅黄，钩作蛇首状，鼓腹。用几条阴刻线即表现出蛇的眼睛及头部特征，腹下有圆形钮，钩身光素。此带钩造型简练，有曲线之美，器身碾磨光润，为大明常见带钩造型。明朝带钩造型非常丰富，有蟠螭龙首带钩、龙首带钩、螭纹兽首带钩、云纹龙首带钩、蟠龙首钩环等，多采用圆雕、浮雕、镂空刻琢制作工艺，在大明宫廷所用的玉带钩中，有很多嵌有红绿宝石精品之作。在传世品中有很多精品出现，形成了大明装饰带钩特有的风格。

◎明·白玉桃形镶铜带扣

通高约6厘米，横长约7厘米，厚约1.2.厘米。
首都博物馆，古代玉器馆展藏。

　　白色玉质，玉色的中闪浅青，表面带有传世包浆土沁色。带扣呈桃形由铜扣做底托，托后有钮。桃形玉饰表面浅浮雕，颇为立体的海兽图案，形似龙或似麒麟，在海涛中翻舞，有神兽之形态。

◎明·青玉螭纹钺佩

通高约7.5厘米，横长约5.2厘米，厚约0.4厘米。
北京密云田各庄出土。首都博物馆，古代玉器馆展藏。

　　明代玉佩是古代冠服制度中不可缺少的内容，古代君臣都佩戴。明代皇帝冕、弁服、皇后礼服均服玉佩，公、侯、驸马、伯、亲王、文武大臣朝服也各依等级不同服不同玉料的玉佩。《明史·舆服制》记载，皇帝冕服有："玉佩二，各用玉珩一，瑀一，琚二，冲牙一，璜二。瑀下垂玉花一，玉滴二；琢饰云龙纹描金。自珩而下系组五，贯以玉珠。行则冲牙、二滴与璜相触有声。金钩二。"

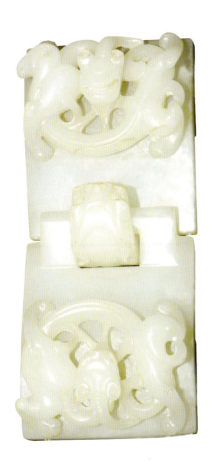

◎明·白玉螭虎纹龙首带钩扣

通高约5.1厘米，横长约12厘米，厚约2.1厘米。
首都博物馆，古代玉器馆展藏。

　　白色玉质，玉色润泽，呈长扁形造型，两端饰件能扣金钩扣在一起。钩扣一面饰有螭首，长方扣板饰一螭虎盘动，另一扣板有一镂雕方口，版面饰一对称螭虎，整器采用镂雕，浮雕剔地方法，造型精美而立体。带钩扣造型早见于秦，汉代玉带扣已经较为流行。玉带扣与金、银、铜等其他质地的带扣，在造型上相互借鉴，它们都是人们物质文化生活日益丰富的见证。玉带扣在魏晋南北朝时期非常流行，直到隋唐宋元明时期依然盛行。

◎明·白玉双喜压头簪

竖长 13 厘米，宽 1.6 厘米，厚约 0.3 厘米。

首都博物馆，古代玉器馆展藏。

白色玉质，玉色润泽，呈长扁形，上宽下窄，造型简洁，上端饰有一双喜图案，为镂雕工艺。明代玉簪十分兴盛，有后妃玉簪和民间玉簪两大类，后妃玉簪利用玉、珠、宝、金、银贵重材料，工艺精细；民间玉簪常用青白玉琢成，簪头变化多端。

◎明·嵌宝石白玉龟金簪

通长约 15 厘米，玉龟宽约 2.8 厘米。

明神宗定陵出土。首都博物馆，古代玉器馆展藏。

此簪造型华丽精美而大方，长形簪上宽下窄，玉龟为和田白玉，头含叼两颗宝石，龟背上嵌有一颗宝石呈六方形，金簪中间镶有两颗宝石。此种嵌玉方法源自大唐西亚镶嵌工艺制作法，造型高雅而华美，这也反映了大明皇家玉工延续唐代金属工艺传统，并创新和发展了玉簪的制作工艺，体现了大明镶嵌技艺特有的风格。

明代佩玉特点一改古拙之风，日趋世俗化，玉器制造的成就与体系有极大发展。实用与装饰功能具备于纽扣、发簪、帽正和佩坠等等服饰之中，形式和花样与现实生活极为接近。

◎明·"寿比南山"簪

竖长约 13 厘米，横宽约 1.6～0.4 厘米。

上海市陆家嘴明陆深墓出土。

上海博物馆，古代玉器馆展藏。

　　白玉色，玉质温润，造型上宽下窄，簪体为方形，四面都阴刻螭龙纹，有铭文"寿比南山，福如东海"各在一簪体上。顶端镂刻、浮雕麒麟，作回首状，底座细刻窗棂纹。此簪造型简练，工艺设计精湛，巧用浮雕精美螭龙上首，下呈四面柱形，长针形簪，构思精湛，简练而不矢高雅华贵，为明代玉簪上上品。

◎明·白玉簪

上竖长约 8.3 厘米，下竖长约 11.4 厘米。

　　白色玉质，玉质为上品和田白玉。造型为圆柱形，簪上首头呈凤钩形，一条光素无纹，另一条凸刻花形图案螺纹，形致典雅。明代人有头部饰玉的习惯，除帽正、发冠外还不断演变出各种样式玉簪、钗、梳、山提嵌玉，步摇嵌玉等。使用材料以玉为主，之后是金、银、宝石等，从出土和传世作品中都能证实这些材料的使用。

◎明·白玉佛字嵌宝石金簪

竖长约 7.5 厘米，玉石宽约 2.8 厘米。

明神宗定陵出土。首都博物馆，古代玉器馆展藏。

　　白色玉质，光透润洁，佛字镂雕，采用金镶嵌宝石工艺，造型巧妙，整体造型，佛字似花，花似佛，宝石似花芯，使玉与宝石相衬托，显得更加富丽、华贵而典雅。这种金玉宝石首饰只有皇后才有幸使用。

◎明·白玉花鸟纹簪饰

通高约 7 厘米，横长约 13.4 厘米，厚约 0.6 厘米。

上海博物馆，古代玉器馆展藏。

　　白色玉质，玉色润泽，玉饰呈扁片状。造型主题以花鸟为图案，采用多层镂刻、浅刻等方法，雕琢精美、造型立体。妇女发饰所谓"山云题"，史书中又称"山题"，是头饰组合中的一部分，片状，金属玉制成，它的一侧为细长的钗，插入发簪中，另一侧或嵌有物件，或用长索"贯诸器物者，或大，或小，随人的动作而摇动"。

◎明·白玉花蝶纹扁簪

通高约 1.6 厘米，横长约 13.8 厘米，厚约 0.3 厘米。

首都博物馆，古代玉器馆展藏。

　　和田白玉，玉色白中闪青，玉质温润，此玉簪上端镂雕宝瓶、花草和蝴蝶，一圆凹为掏耳勺，下端簪柄尖细，琢刻精细别透，明代玉簪十分兴盛，有后妃玉簪和民间玉簪两大类，后妃玉簪利用玉、珠、宝、金、银贵重材料，工艺精细；民间玉簪常用青白玉琢成，簪头变化多端。

◎明·白玉鱼形佩

通高约 5.3 厘米，横长约 5.5 厘米，厚约 0.4 厘米。

北京海淀青龙桥董四墓村出土。

首都博物馆，古代玉器馆展藏。

　　和田白玉，玉色白中闪青，玉质温润，玉佩透雕鲤鱼衔草，阴刻圆形眼，造型简练，精中充满动感，琢刻细腻，反映出明代小件玉雕的写实风格。古代以鱼为吉祥物，鱼谐"馀"音，寓意生活富裕美好。

◎明·白玉童子玉人坠

通高约8厘米，横长约5.2厘米，纵宽约3.1厘米。

首都博物馆，古代玉器馆展藏。

　　玉人为白色玉质，为上品和田白玉，圆雕工艺，高者身穿长衣衫，五官表情明显，玉童子面部，表情清晰可见，两人头顶外留有发饰，衣褶线条流畅。明代玉坠多为人物坠，造型以各类童子、神仙人物、太子戏莲等为主。其玉质讲究，基本上选用软玉进行雕琢，玉质温润，手感细腻，几乎没有杂质。玉色多以白、乳白、青、黄为主，做工精细，雕刻凝练，造型隽永。

各种玉材的辨伪

　　在辨别玉器真假的时候，首先要强调玉材辨伪。在玉材辨伪的时候，可以从玉材的颜色、净度、光洁度等三方面入手，这是鉴别玉料材质的三要素。中国古代的考古资料表明，中国新石器时代的玉器制作，基本上是就地取材的。使用新疆和田玉，最早是在商代开始，尤其是山料及河谷中的仔玉制作的珍品数量更多，到清代已经大盛。

　　中国古代对于"玉"的定义是很复杂的。按照郑玄注《周礼》的记载，是"玉多则重，石多则轻"，而唐贾公彦疏《盈不足术》中则说："玉方寸重七两，石方寸重六两。"这话就说得非常具体。那么，在鉴别古玉的时候，就应当对所有的玉石材料做一个全面的了解和鉴别。

　　在鉴别玉质的时候，肉眼观察可以直观地鉴别出玉石的颜色和质地。同样，也可以使用硬物刻划法来鉴别玉石硬度。由此，将鉴别出玉石的成色或质地。但是，用肉眼鉴别玉质是比较粗略的。如果使用专门的科学仪器对玉质进行鉴别，就可以得到更准确精细的结果。在对玉石质地的鉴别中，要注意到玉质的细腻与否，这是衡量玉质优劣的一个依据。玉与石比起来，肯定更加细腻。一般来说，在自然界中，天然高纯度的玉石是极其难得的，大多数的玉石含有杂质，必须经过玉工的雕琢，剔除杂质，保留精华，进行和谐的俏色搭配。这样，玉器才会显现出价值来。所以说成功的玉器就是玉材的精华所在。

◎明·白玉三童

通高约10厘米，横长约6厘米，纵宽约3.3厘米。

上海松江区西林塔天官出土。

上海博物馆，古代玉器馆展藏。

　　白色玉质，玉色温润，白中泛黄。群童像以女童为主体，一男童随左，另一男童骑在女童身上，似为姐弟三像。设计巧妙，造型逼真，形象生动。通体采用了波折纹，手形与袖宽的比例较适宜。莲叶所处位置已垂到背部，有着较明显的时代特征。唐宋元传统玉器的精湛工艺和理念给明代玉器注入了新的活力，明代玉器续唐宋元精华，玉雕人物图案取材非常广泛，民间题材更为丰富，也为明代人物题材玉器发展提供了条件，影响深刻。

◎明·白玉子刚款山水人物纹方盒

通高约 4.6 厘米，横长约 10.1 厘米，纵宽约 10.1 厘米。
北京故宫博物院玉器馆藏。

　　白色玉质，玉质闪微黄浅色，玉质有纹理变化色泽。盒
呈正方形，分上下两端，上为盖，下为合，底边下收，有圆
角度，平底。整器装饰纹样为阴线琢雕，上有盖饰有山水人
物，如同线描山水，阴刻线条流畅，富有画意。而方盒侧壁
四面，饰有一夏季莲花荷叶，带有诗情，为明代玉雕名人陆
子刚所制，具有很高艺术价值。

◎明·青玉鱼

通高约 9.5 厘米，宽约 16 厘米，纵宽约 3.3 厘米。

　　青白色玉质，玉色润泽，器呈长扁形制。云雕主题为一
鲈鱼造型，环眼、张口、收腹鳍、摆尾、似游状，背尾有鳍。
素身上浅浮雕有晚秋荷叶，与鱼身装饰为一体，造型构思巧
妙，为立体圆雕，形致自然而生动。在明清的玉雕中，常出
现这种民俗的作品，寓意"富贵有余，和和美美"之意。

◎明·白玉竹节式杯

通高约10.5厘米，口径约7.5×3.9厘米。
北京故宫博物院展藏。

　　白色玉质玉色光润，微透，造型是
由汉代角形杯变化而来，杯身为竹节，较
为写实，器呈圆柱形，中间挖空呈浅底。
外壁由变形春竹笋而组成弯曲镂雕执柄，
柄底面长出一小竹节至壁面，壁面有浅
浮雕竹叶突起，中间有三条写实竹叶纹
的做锦地，杯形典雅，形致精巧。此造
型在明代紫砂壶作品中经常出现，俗称
竹节杯。

◎明·白玉飞天玉人佩

通高约4.5厘米，横长约8.5厘米，厚约0.6厘米。
北京密云董各庄清皇子墓出土。
首都博物馆、古代玉器馆展藏。

　　白色玉质，玉色为糙粘色，飞天呈长扁形，造型似飞，手
托仙桃，玉人头饰，面部表情生动，头饰形致优美，衣褶纹
饰清晰，飞身下有祥云流动，身形丰满飘逸。明代飞天带有
世俗化的理想，此飞天镂空加阴刻琢制，身下是透雕的如意
祥云，面部表情生动，造型丰满飘逸。佛教中的乾闼婆与紧

那罗，即天歌神与天乐神，是飞天形象的原型，据说，他俩
原是一对夫妻，一同飞入极乐天国，弹琴歌唱，娱乐于佛，所
以称之为飞天。明代玉飞天的玉质优良，多采用软玉制成，玉
质匀净，几乎没有什么杂质，造型上也是讲究颇多，写实与
写意相结合。隋唐宋元时期玉飞天的功能首先应该是与佛教
联系在一起的，明代玉飞天应该还有装饰的功能，为人们所
佩戴和把玩，特别是表达对于自由生活的憧憬。

◎明·青白玉鹰熊合卺杯

通高约9.9厘米，双连径约8.4厘米，单口径约4厘米，足径约7.5厘米。故宫博物院藏，首都博物馆展。

　　青白玉质，玉有包浆旧色，局部有浅褐色沁。双筒相连式，均圆口，圈足。口边阴刻回纹。腹部饰带尾的谷纹，下部为仿战国漆器云纹和斜线加勾纹。鹰熊夹于双筒之间，鹰在上，熊在下，熊四肢着地，垂首。鹰双爪攫熊耳，双翅分开贴于两侧筒壁，鹰双角，双耳，尖喙，尾位于杯后，尾上透雕一兽首，其下为分开的带式纹并与熊尾相连。在明清时期，合卺杯为达官贵人家中的陈设器，有同舟共济之寓意。

◎明·白玉金托执壶

通高约26.5厘米，口径约5.3厘米，盖口径约4.4厘米，盖高约6.8厘米，足径约7厘米。1958年北京市昌平县十三陵定陵出土，首都博物馆古玉珍品馆展。

　　此壶出自万历皇帝棺内，白色玉质，为和田白玉山料，玉质有墨色自然条纹，因是山料，并不光透。子母口、细长颈，腹稍扁，椭圆形圈足，倒龙首形细长流，稍外倾。流上部与壶颈相连，耳形把。盖为覆盆形，顶部有圆形钮，圆环与壶把以链相连。腹两侧浅雕出寿桃形，桃内下部雕有海棠花，枝叶繁茂，上部正中刻一"寿"字，寓意"玉堂万寿"。壶底有一椭圆形金托，敛口、鼓腹、平底。

◎明·青白玉八仙纹执壶

通高约 26 厘米，横长约 19.5 厘米，口径约 6.9 厘米。
北京故宫博物院玉器馆藏。

青白玉质，玉质闪青，有锦纹。壶中挖空至平底，细颈阔腹，椭圆口、足。盖顶为镂空骑鹿老人，斜面为三云鹤纹，边沿及壶口为俯仰"山"字纹。颈两面草书诗句两首，并阴纹"长春"、"永年"二方印，腹两面各隐起姿态各异四仙人。夔式柄，柄顶站立一兽。兽吞式流与壶颈之间镂雕灵芝纹。高足边沿阴琢山字纹，其上弦纹两周。此壶设计精巧，造型庄重，雕工精美，为明代陈设品中之珍贵的玉器。

长执壶是明代玉器中极有特点的玉器皿，造型受紫砂壶及明青花瓷的玉春壶等其他工艺造型影响，图案受道教影响，多见于明代中晚期苏作玉雕作品之中。明代仿古玉壶在造型上特征明显，有方壶、圆壶、长壶、矮方壶、荷花壶及玉竹壶之分。仿古玉壶多带盖，造型较为复杂，古意很浓，很少直接仿造礼器时代青铜壶及明青花瓷玉春壶的造型。

◎明·和田玉梨花象牙白双龙耳杯

通高约16厘米，口径约9厘米，足径约1.6厘米。
浙江慈溪许氏藏。

　　玉呈象牙白色，玲珑别透，温润细腻，质地纯净。龙形传神，口微张，头有双角，造型威武。杯口呈圆形，周身立体雕琢，龙爪前伏卧杯口，后肢则攀抓杯底，形成双龙耳，可将手插入执成把手，富于立体圆雕浮云游动之感。龙尾弯至杯底，十分生动。杯底圆足镂雕精美别致。

◎明·青玉福寿花形洗

通高约5.1厘米，口径约17厘米，横长约19厘米。
首都博物馆，古代玉器馆展藏。

　　青白色玉质、白中闪青，呈花形洗。洗呈叠形花瓣，外壁由12瓣莲形朵叶组成，圈形底，有底沿。内壁朵叶饰有灵芝纹，而洗的盘底上浅底雕连续灵芝纹，中间雕有一"寿"字，外壁微薄，两侧饰有蝙蝠耳，寓意福寿连年之意。此器雕工制作精湛，采用了多种制玉技法，略有唐代花洗的艺术风格，为明中期玉雕杰作。

◎明·青白玉"鹤寿有余"龙柄壶

通盖高 12.7 厘米，通体长 10.3 厘米，口径 4.4 厘米。

北京海淀清代黑舍里氏墓出土。

青白色玉质，玉色温润，略微透泽。玉壶盖上立雕鸳鸯为钮，以排列整齐的短阴刻线呈示羽毛，壶的肩部浮雕兽面，单阴刻六只飞鹤，腹部四尾鲤鱼在浪花中浮游，壶底雕琢小涡纹为足。壶直流，镂空螭龙作柄。壶上纹饰分别谐"禄寿"、"鲤鱼跃龙门"、"官升三级"的吉祥寓意。琢刻精致，是明代早期玉作的典型作品。明代玉壶是当时具有特色的玉器皿，数量众多，形式多样。由于当时饮茶、饮酒之风盛行，所以带把的玉壶日益增多，壶面常饰有吉祥图案。

◎明·白玉人物纹桃式杯

高约10厘米，宽约18厘米。

北京故宫博物院，古代玉器馆展藏。

　　白色玉质，光泽温润，梅花造型，构思巧妙。枝叶有六朵梅花，枝叶装饰杯柄、杯座，造型如画，状似傲雪霜，杯底以镂雕枝叶为足，杯柄下微有褐色沁，自然生动。此杯为圆形花口，内口挖至上圆底，外形采用花压枝镂雕方法，线条优美，雕工精湛，错落有致，是明代玉杯特有的风格造型。

◎明·白玉竹节双耳杯

通高约8厘米，直径约18厘米，底径约4.5厘米。

浙江慈溪许氏藏。

　　白色玉质，玉色光润，局部有黄褐色沁。圆形口、圈足外斜散，花压竹节式双耳。口外沿边外翻，洞边一周阴刻回纹。腹部下收到底，腹外壁两面饰"四合如意"纹，为浅浮雕剔地光润，造形沉稳。明代实用玉杯形式变化较大，其形式有双耳杯、镂雕花式杯、合卺杯、竹节形杯等。其双耳均镂雕而成，呈对称状，形式有龙耳、螭耳、凤耳、桥耳、云耳、花耳、人耳、如意式耳等。

◎ **明·青白玉梅花双耳杯（上）**

通高约 7.3 厘米，口径约 8 厘米，横长 16 厘米。
浙江慈溪许氏藏。

　　青白色玉质，玉色光透。此杯为敞圆口，外翻沿边，口壁微薄，下收弧线腹至底，圆足微高，壁面光素无纹，两侧镂雕梅花形双耳，雕琢工艺技术精美绝伦，杯壁薄而透光，形致优美，造形独特，这种雕工精湛而别透的作品，在明代玉雕传世之作实为少见，可谓无价之宝。

◎ **明·青白玉花卉鹭鸶纹镂雕杯（下）**

通高约 6.7 厘米，口径约 8 厘米，横长 17 厘米。
中国国家博物馆，古代玉器馆展藏。

　　青白色玉质，质地润泽。杯呈花瓣形，中间挖空，圆形底，外壁两侧形成花压枝造型，牡丹花朵在杯口上方，由花枝叶组成双耳，花枝叶由镂雕雕琢而成，最有特色的是在杯壁上高浮雕有花卉纹和立体的鸳鸯生态造型，似春水玉的画面，带有元代遗风。整器多采用浮雕、镂雕等制作工艺，造型立体，圆底由花枝组成网形底座，构思巧妙，为明中期玉雕上品之作。

◎明·白玉双螭耳杯（上）

通高约8厘米，直径8约厘米，横长约16厘米。

北京宣武明代万贵墓出土。

首都博物馆，古代玉器馆展藏。

　　明代玉杯是当时的特色器物。此玉杯为白玉，玉质较纯，圆撇口，圈足，两侧镂雕螭虎，螭首额头上有阴刻"王"字，螭头及前爪伏于口沿，尾分两叉贴于杯壁，一后足蹬尾，带有元代遗风，是同期玉器中的代表作品。此杯主人万贵是明宪宗宠妃万贵妃之父，曾经显赫一时。

◎明·玛瑙单螭耳杯（下）

高约8.9厘米，直径约7厘米，横长约12厘米。

　　杯的玉质为玛瑙所制，色彩富于变化，有光透感。圆撇口，有壁下收至底，杯中挖空至平底上。一侧镂雕有一立体螭虎做杯执耳，螭虎形态自然活泼，弓身，四肢爬于壁上，强壮有力，长尾卷至于杯底部，成为底座，真可谓构思巧妙，雕工精湛。

◎ **明·青白玉执壶**

通高约 21 厘米，横长约 16.5 厘米，纵宽长约 6.6 厘米。
中国国家博物馆，古代玉器馆展藏。

　　青白色玉质，体为扁圆形。长高颈、阔腹、高圆底，云
曲形柄上饰有一夔龙，柄手曲形宽阔，另一侧腹上有一直流，
上窄下宽，直流壁上饰有灵芝花和云纹，形致宽阔。壶颈上
有帽盖，上座一寿星持杖，寿星呈坐式，五官清晰下有长须。
此执壶阔大，具有实用功能。整器身锦地浅浮雕饰有莲花纹，
纹饰雕琢线条流畅，工艺制体精湛。壶颈部刻诗："春游芳草
地，夏赏绿荷池。秋饮黄花酒，冬吟白雪诗。"执壶是明代玉
器中比较有特点的造型，多借鉴同时代瓷器造型和图案等表
现手法，其中图案也受道教等故事传说影响，具有时代特点。

◎ **明·龙耳象首活环托杯（上）**

白玉杯高 5.4 厘米，口径 9.4 厘米，足径 4.2 厘米。
青白玉托盘高 0.8 厘米，长 19.8 厘米，宽 14.1 厘米。
北京故宫博物院，古代玉器馆展藏。

　　杯为白色玉质，玉色润洁而光透，撇口圆形外翻，直壁下收至底，圈底略高，杯两侧镂雕一双立体龙形耳，另两侧雕有象首活环，雕工十分精美，杯壁面较薄，玲珑别透。下呈一青白扁方形托盘，盘中有一托盖的圆座，圆座四周饰一组夔龙凸雕造型纹样，整器造型立体，色彩对比强烈，富于华贵之特点，为明代宫廷实用玉器。

◎ **明·青白玉双螭耳酒台盏（下）**

杯高约 8 厘米，杯径约 8 厘米。盏底径 19 厘米，厚约 0.8 厘米。
中国国家博物馆，古代玉器馆展藏。

　　盏为青白色玉质、玉色温润，青中闪浅黄色，圆撇口，直壁下收至圈底，底略高。壁面两侧镂雕一立体螭虎做执耳，螭虎弓形背身，长尾和头首，前肢爬于壁面上，形致线条宽阔，富有动感。盏下有托盘，呈扁圆形，中间有一圆托盏座，四周凸雕有螭纹变形纹样，青白玉中飘有深墨色纹点，色彩富于变化。整器造型阔宽大而典雅，为明中期玉器精品之作。

◎ 明·青白玉如意云纹盖瓶

通高约 18.5 厘米，宽约 6.8 厘米，厚约 0.4 厘米。

北京密云董各庄清皇子墓出土。

首都博物馆，古代玉器馆展藏。

　　青白玉质，色彩富于变化，光透润泽。玉瓶通体镂雕如意云纹，底部有两道阳起的弦纹，底平，下以六个微微外撇的云头作足，内壁光滑，盖与钮分别碾琢，有极好的玻璃光。明代玉器的镂雕工艺，广泛运用以复杂立体植物花卉、树木、禽鸟前后烘围，更为精巧。镂雕工艺制作方法表现为多向打孔和管钻镂空法。明代常实用陈设有瓶、杯、碗、樽、炉、执壶、壶、卤、砚滴、洗、砚等。

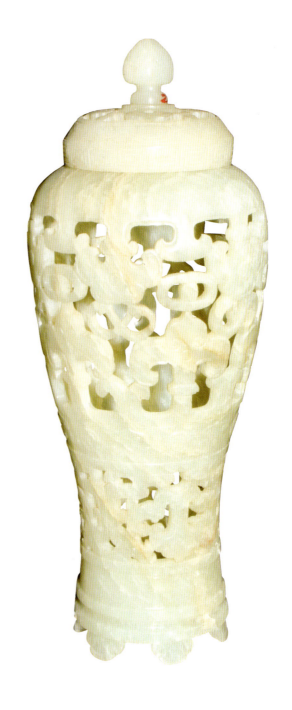

◎ 明·龙鱼形玉花瓶

通高约 15.6 厘米，横长约 7.6 厘米，纵宽约 4.26 厘米。

　　白色玉质，局部有深黑色沁，沁色水平十分自然，象似一幅水墨画。整器为立体圆雕，器表面采用镂雕和阳线雕琢龙鱼形、水纹、云纹及龙鱼上的龙鳞，造型具有创造性，龙鱼头上的龙眼、龙角形态生动，波浪中有一神兽护卫龙鱼，这是明代写实风格精品代表作。明代不同时期，不同的人对于玉色选择也不尽相同，宋应星在《开工开物》中说："凡玉，唯白与绿两色。"明代玉器真正能称为白色或绿色的很少，多数为青白，而依宋应星说法，青白玉淡则归为白玉，色重则应归入绿玉。

如何辨别新工老工

在做工上辨别真伪，主要是从刀工、刀法上落实。中国古代，都是徒手制作玉器的。尽管使用的工具比较原始，甚至落后，但由于经年累月地操作，自然功到手巧。

玉器的做工体现出时代的特征，有着新工和老工的区别，主要表现在砣具上和磨具上。这里所说的老工指的是铁砣工。在玉器制作的各个环节，使用人力驱动铁砣，转速较慢；使用解玉砂，基本上徒手操作，缺少精准度，磨损多，误差大，力度小，花费的时间长。但是，这种老工玉器显得非常精细，线条流畅，抛光明亮，掏膛宽阔。新工制作的玉器，在琢磨的时候用高速砣轮，砂轮和玉料都要发热，自然钻孔上会出现一些毛刺，也会出现一些因发热而变得焦黄的颜色。因为用转速很高的砂轮琢制，所琢线条边缘上会出现崩口，呈现锯齿形。在线条的沟底，还有长条状的磨痕。老工制作的玉器，是不会出现这种现象的。即使是一些十字交叉、网纹交错处，也见不到崩口，更不会拖出长长的磨痕。当然，老工制作玉器时，经常出现因砣轮转速和压力不稳导致的所琢线条宽窄不一的沟底。同一个地方，重复下砣，刻线重叠，是非常正常的。

在钻孔上，老工使用解玉砂，因此钻孔有磨砂状的孔壁。解玉砂不能顺畅排泄，所以所钻的孔径粗细不均，呈现喇叭状。新工用金刚砂高速钻孔，孔壁有沟痕或螺旋痕，孔径大小规则。在玉器制作的"开窗"工序上，老工先钻孔再穿钢丝锯，带动解玉砂拉玉，按照所需的形状拉好一圈，将芯子拿出即可。因此，会在窗口内壁留下垂直而锐利的锯痕。但新工在钻好眼后，使用高速砂轮磨去窗口的玉料，磨痕几乎与窗口是平行的，没有锐利的封口。还有，老工使用解玉砂和顶砣慢慢磨出一些两面不通的洞，在洞壁上出现较粗的解玉砂磨痕。一些新工用砂轮直接磨洞，所以有螺旋状磨痕出现在洞壁之上。

在原始的玉器制作方法中，首先在取材开料上采用拉丝、管钻、锯切等方法。以砂和水为介质的砂解法，是用砂和水加解玉工具，通过磨擦进行玉料的切割。切割时用片状的硬物来回拉动的直线形锯切，以及采用弦或者筋等弧形运动的线切方式，在大的孔眼上用石质或木质钻头的实心钻，而一些规矩的孔则用空心的管钻进行加工。这样，也有一些螺旋式的痕迹留存于孔壁上。所以在玉璧制作完成时，具有光洁的外表和很圆润的轮廓线，在柔和中体现出刚劲而挺拔的特点，碾钻的痕迹也是很少见到的。但是也有一些玉璧，是粗放加工的，不但厚薄不均匀，而且有磨损的边缘，旋钻和切割的擦痕较多。

◎明·青玉莲花式执壶

通高约16.1厘米，口径约7.8厘米。
北京故宫博物院展藏。

青白玉色，玉色温润，局部有浅褐色沁。壶呈大圆口、圈足，壶体为上宽下窄圆柱形，外壁下收至底，外壁凸雕双层莲瓣、荷叶莲瓣式盖，钮为两蹲坐状孩童。明代玉壶是当时具有特色的玉器皿，数量众多，形式多样。由于当时饮茶、饮酒之风盛行，所以带把的玉壶日益增多，壶面常饰有吉祥图案。

明代玉执壶常见可分两类，一类下宽上窄的高形，腹部扁宽，似一长扁桃形，没有桃尖，颈部为长细圆筒形，斗笠形微隆起了圆形盖。二类是上宽下窄，壶体为圆形，壶外壁琢莲花式花卉图案，直流宽长，执手宽大，构图如明代紫砂大执壶，上盖似花形，钮有立体花卉造型。

◎ **清中期·和田羊脂玉苦瓜**

通高约 8.45 厘米，横长约 12.31 厘米，纵宽约 7.3 厘米。
清宫旧藏。

　　上品和田籽玉，玉色洁白光透。为清乾隆年间京作。两
件苦瓜圆雕制作工艺自然逼真。清代摆件多为陈设之用，创
作题材主要有人物、动物、山石树木、花鸟、生肖、佛像及
仿古玉器等，所用玉质多上品白玉、碧玉、黄玉、青白玉、青
金石、翡翠、玛瑙等，宫廷用玉精工细致，民间则简洁粗略，
清代重白玉，特别是上品羊脂白玉，黄玉极少，更受到珍爱。
皇家玉作有养心殿造办处玉作和如意馆，可想而知皇家对玉
器装饰品的重视。

10

清代（公元 1616～1912 年）玉器的使用量非常巨大，除了一部分传世古玉外，宫廷和民间的玉作坊，制作了相当丰富多彩的玉器。清代的玉器，按其不同的历史发展时期，大体上可分为康熙、雍正、乾隆、嘉庆时期。

清康熙中期社会经济繁荣，国内外经济贸易更加兴盛，绘画艺术、陶瓷艺术、家具艺术等工艺美术达到历史最高峰，琢玉业也发展到了空前繁荣时期，清乾隆时代达到了鼎盛。从民间到宫廷都形成了玉器文化新景象。清代宫廷设造办处，下设玉作，专门招揽全国玉雕名匠从事皇家玉器的雕琢。民间碾玉作坊，以北京、扬州、苏州、大理、福建等地较为著名。当时玉雕精品多使用新疆和田玉原料，常见器物有瓶、壶、碗、笔洗、花插和一些仿古玉器等，还有各种动植物形观赏陈设玉器及巨型玉山子等。由于制作工艺和表现手法不同，清代玉器流派分为京作、苏作、西番作这三种主要形式。

清代宫廷玉器由于玉料来源十分丰富、选择性高，所以常见体积厚实且纯净无瑕的玉器。但或许是素净者太多，所以玉匠又反其道而行之，刻意留些褐黄皮色玉，以增添艺术色彩感。而在工艺技术层面，清盛期玉器普遍线条流畅、质感光润，即使是复层纹样的里层或器物的底部，也雕琢、碾磨得一丝不苟。这样纯熟的技巧和严谨的态度，与当时玉作采取专业分工的制度有相当关系。

清代乾隆年间及嘉庆初年，玉器制作进入了高潮期。这一时期的制玉业，将中国古代玉器的生产推向了顶峰。玉器题材之广泛、数量之巨大、工艺之高超都是前所未有的。清代玉器用料讲究，玉器的玉料主要为和田玉和少量的岫岩玉，选材精良，对瑕斑、糙皮多作烤色处理，并且有许多大件作品。清晚期玉器生产可分为宫廷玉器和民间玉器两部分。清代的玉器更多地被赋予浓郁的生活气息，体现于玉器的造型纹饰上，在花鸟、动物、山水、树木、吉祥图案等方面更为强烈一些，更好地诠释了康乾盛世精神的内涵。

清代玉器

清代玉器考证鉴识

　　清代玉器无论是在选材上还是在制作加工水平以及种类和数量方面上，都进入了历史鼎盛时期，朝廷专门设立"玉作坊"制，许多玉器都是在专门的玉作坊里制作的。大清初期，顺治、康熙、雍正三朝，玉制器皿没有太多创新，只是仿古玉器工艺水平和造型有了很大提高和进步。康雍时期，大部分玉器是在民间制作的，宫廷中大规模的玉器制作还没有形成。乾隆时期，玉器制作业重新兴盛起来，达到了最辉煌的时期。无论是重达万斤的大型玉雕件，还是方寸之间的小件玉雕，都体现出了较高的制作水平。

　　乾隆非常喜欢玉器，他为寻找精良之玉，不惜一切代价。清代由于朝廷所用玉石来源于新疆和田，在那里设官监理，加上乾隆二十四年平定了新疆回部大小和卓之变，所用玉材源源不断进入内地，其中还有西域、中亚、东亚各国的纳贡，可与唐、宋时的玉质相媲美。清晚期，民间和宫廷的玉器制作工艺并驾齐驱。宫廷玉器有的是朝廷直管的玉器作坊制作的，还有一些是中亚使臣和地方官吏进贡的，另外也有一些是朝廷从民间征集而来的。这些玉器代表了全国各地有特色的制作风格，也体现了当时的玉器制作工艺的最高水平。玉材有痕都斯坦玉、昆仑玉、翡翠、珊瑚、玛瑙、绿晶、宝石等。玉材的丰富，也为玉质选材创造了良好的条件。乾隆时期，大清国与周边国家友好往来频繁，北京、扬州、苏州、杭州、泉州、广州等都成为来自西方和中亚各国珠宝商人贸易交流的交汇处，所以也导致了玉器文化精品辈出，部分精绝玉器带有异域风情和多元文化色彩。

　　在清中晚期，玉器制作更加完美成熟，玉器作坊遍布全国各地，有几十家大型玉作坊，由朝廷直接管理，苏州、扬州和清宫内务府造办处是闻名中外的最高水平的制玉中心。一些苏州制作的玉器，体现出秀丽妩媚和精致的特色，而扬州制作的玉器，则显得更为精致而豪放，至于宫廷玉器制作，则吸收了苏州和扬州两地的风格，把两者有效地融合在一起，力求精美极致。清代玉工善于借鉴绘画、雕刻、工艺美术的成就，集立体雕刻、圆雕、镂空、切割、阴线、阳线、平凸、隐起、起突、剔地、俏色、烧古、沁色等多种传统制作工艺之大成，并吸取了外国艺术的影响，创造性总结了当时工艺美术的精华。我们从乾隆时期精雕细刻、典雅华丽的玉器作品中可以看到，它们波及到了现代工艺美术的思想理念。在清宫的养心殿造办处和内廷如意馆所制作的玉器基本上是供应宫廷所需，扬州和天津等处的制玉作坊，负责宫廷的大型玉器制作。清中晚期玉雕擅长运用高浮雕、镂雕及立体造型雕刻手法，表现气势宏大、惊险和抒发情感场面作品较多，如乾隆时期《大禹治水图山子》等。至乾隆时期，玉器使用范围日益广泛，已深入到人们生活各个方面，根据遗存，玉器考古学家把它分为饮食器、日常用品、装饰品、陈设器、文房用具、宗教用具、家具饰品等，各种作品式样丰富多彩，美不胜收。

◎ **清乾隆·白玉三希堂玉册玺印**

北京故宫博物院展藏。

　　这三方印造型各不相同，印钮主要以龙的形致为主题，长、方、圆都有。玉色材质有白玉、青白玉、青糖色玉，雕琢精美，印章字体为小篆，琢刻精湛。

清代玉器工艺造型

清代宫廷玉器造型及使用玉材，大多经过皇帝的亲自审核，所以反映的是帝王品位，而乾隆皇帝好古，因此复古的题材被普遍运用。清乾隆玺印正是此高峰期的代表，选择的玉料丰富多样，精致选用和田玉，有碧玉、白玉、羊脂玉、黄玉、青玉、墨玉等，而民间百姓用玉，也十分讲究，成为大清国玉文化高雅之风尚。

清代玉器常用的材质有白玉、青玉、黄玉、碧玉、玛瑙、水晶、翡翠、碧玺、青金石和芙蓉石等，玉材多用新疆和田、叶尔羌等地美玉，尤以和田羊脂玉最为常见。清代玉器作品中，在所采用的和田白玉当中，以水料为最多，而山料次之。在水料中，籽玉是最优质的。和田玉的主要品种是白玉、青玉和碧玉。籽玉是和田白玉的最上品，大多用来制作一些装饰品。和田玉的白玉温润纯洁，质地凝脂，自然透明，经过精心打磨抛光，高洁素雅。青白玉质地上品多纯正，材质肌理坚韧润泽，色彩有青、青白、青绿、灰青等。一些小型的器具，如盘、碗等，则以白玉制作，显示出温润纯净、细腻光滑、犹如凝脂、高洁素雅的神韵光泽。至于一些大型的青玉，可以制作成山子和器皿，不但有纯正的色泽，而且有坚韧的触感，显得苍厚而古朴。至于一些碧玉，大多制作成体型中等或者较大的玉器，在琢制上力求一种"清水出芙蓉，天然去雕饰"的自然韵味。

新疆昆仑山是清代宫廷玉器原材料的重要产地。昆仑山玉中水料、山料、大块玉料多用于玉山雕琢，风貌古朴淡远的多用于器皿的雕琢。碧玉、青玉的材质肌理坚毅厚润，常含有飘黑色斑点，有自然而成的效果，以翠绿色者为上品，色泽浓郁沉实，风貌庄重隽永。清代碧玉成器多，多用于雕琢中型器物。

清代玉器雕刻流派常见的为苏作、京作、西番作。清代代表南方玉器雕刻工艺的是苏州的玉器，也叫南方作、苏作。多为优秀的图案精美的小件器物，如佩饰、别子、花片、玉坠、玉牌、玉环、烟壶等。佩饰则做工精细传神，注重神态，手感细腻。

京作即北京的玉器雕刻代表，也叫北方作。京作品种繁多，玉质讲究，玉器大气朴实、写实逼真，神态自然，造型多，做工有勾花、撒勾、高浮雕等复杂的雕琢工艺，造型隽永。

西番作也叫印度痕都斯坦玉器，也叫西域作。痕玉出产于印度莫卧儿帝国，流行于中国新疆一带，乾隆时期进入鼎盛期。特点是多选用古印度北部，包括今巴基斯坦和印度交界地区，昆仑山山脉的不同品种玉石类，其中有白玉、黄玉、碧玉、黑玉、绿玉来雕琢，追求"莹薄如纸"的纯净美。以日用器具为主，如杯、碗、盘、壶、灯饰、香炉、花形盒和刀剑把等。由于器具物壁细薄，纹饰多用剔地阳纹，采用浅浮雕的工艺手法，外内壁上雕花卉纹，其装饰图案多以西番莲花写实为主，有半透明感，多凸雕，浅雕，金镶嵌宝石等工艺。西番作富有中亚少数民族的特色，痕都斯坦有佛教及伊斯兰教的遗风之美。

清代玉器承袭了前代玉雕的优秀传统，同时又借鉴了同时代的绘画、雕塑、金银细工的表现手法，将阴阳线刻、浮雕、镂空等工艺融会贯通，其数量之多、品种之广、玉质之佳、雕琢之精、纹饰之美，实为绝后空前。

清代玉器的造型以圆雕为主，片形器次之。大型的巨幅圆雕出现，是由于清代玉材来源充足、经济条件和技术条件具备，能够雕琢大型和巨型观赏玉器。清代玉器，除器物的主体，常附设极具装饰性的雕刻，使器物造型丰富，大型玉山子、玉盖瓶等观赏陈设器，代表了清代制玉的规模和技艺水准。

清代雕琢玉器的工艺方法包括圆雕、掏雕、片雕、镂雕。掏雕以环链活环最为精工灵巧。乾隆年间，宫廷造办处所制玉器，造型华丽，雕琢精湛，玉器的抛光也十分讲究，玉器的光泽明亮、柔和、适度，匀细润泽。

清代仿古器物种类亦不断增加。宫廷玉作坊专门有仿商周青铜器的豆、觥、卣、簋，以及汉、唐、宋代的奁、钫造型和玉佩作品等。清代玉器镶嵌宝石工艺在明代玉器工艺的制作基础上得到了完美发展。

清代玉器纹饰丰富，其中的动物纹有玉羊、玉兔、玉狗、玉虎、玉猴、玉蛇、玉鹰、玉雁、玉鸽、玉鸭雀、玉鹌鹑、玉马、玉骆驼、玉象、玉鹿等。昆虫类有玉蝉、玉蝴蝶、玉蜜蜂、玉蝈蝈等。水中动物有玉鱼、玉蛙、玉龟等。瑞兽有玉龙、玉螭、玉饕餮、玉凤、玉麒麟、玉瑞兽等。人物纹饰有玉童子、玉仕女、玉寿星、玉佛像等。植物类有玉梅、玉兰、玉竹、玉菊、玉牡丹、玉月季、玉莲荷、玉桃、玉葡萄、玉瓜果、玉松、玉柏、玉柳、玉梧桐等。自然纹饰有太阳、月亮、星宿、北斗、海水、江河、风云、山川等。

清代玉器种类

清代玉器主要供皇室和贵族使用，这不仅是精神享受，也是财富的象征。清代的玉制器皿选材优良，制作精美，深受世人喜爱。清代的玉器多以礼仪器、装饰品、观赏陈设器、日用器具为主。

礼仪器有玉圭、玉璧、玉琮、玉璜、玉斧、玉刀、玉如意、玉磬、玉玺、玉瑗等。装饰品有玉簪、玉香囊、玉笄、玉珠串、玉发箍、玉朝珠、玉带钩、玉带扣、玉带饰、玉扳指、玉佩、玉环、玉饰、玉镯、玉生肖佩、玉人物佩、玉动植佩等。观赏陈设器有玉彝、玉瓶、玉壶、玉花觚、玉花插、玉山子、玉插屏、玉佛像、玉佛手、玉挂屏、玉屏风、玉炉、玉簋、玉鼎、玉觥、玉杯、玉葫芦、玉卣、玉瓮、玉盒、玉樽、玉钫等。

文房用具及日用器具有嵌玉家具、玉墨床、玉洗、玉笔杆、玉笔架、玉镇纸、玉镇尺、玉臂搁、玉水盂、玉笔筒、玉砚、玉刀柄、玉烟壶、玉印盒、玉香熏、玉烛台、玉书等。

清代玉器十分注重玉料和色泽的选择，多用于佩戴。装饰玉佩雕琢得玲珑剔透，充分显示了高超的琢玉技术。装饰品有玉饰、玉带饰和玉佩饰。常见的物件有玉佩、玉香囊、玉朝珠、玉手镯、玉发箍、玉扳指、玉手串、玉发簪及玉别子等。

清代的观赏陈设器较宋、元两代更为繁琐和复杂，然而古朴之气却不减前代。陈设品玉器特点繁多，从各类仿古玉器作品到创新应时作品应有尽有。清代的陈设品玉器设计精巧，写实细致，造型大气，玉质讲究。新创造型有京作大玉山子、大玉插屏、大玉佛像、玉肖生、玉如意、大玉摆件等。清代玉器达到了炉火纯青、出神入化的境界，是继汉代玉器以来的又一高峰，集历代玉雕成就之大成，新创型设计工艺和手法达到了鼎盛。

随着仿古风气的盛行，清代仿古风格的玉器种类繁多，到了乾隆时期，仿古的对象更加广泛，上自商周下迄秦汉，无所不仿，无所不摹。清代京作仿古玉有玉佩、盘绳佩、夔龙佩、人物佩、动物佩、植物佩、玉牌、古斧形佩等。仿古陈设品有玉彝、玉卣、玉簋、玉瓶、玉壶、玉觚、玉豆等。清代仿古器物较明代发展较大，种类亦不断增加，造型标准和谐，不失典雅风致。

由于乾隆皇帝酷爱古玉，在他的倡导下，有时在同一件器物上同时并用龙山、西周、宋代三个时代的纹饰，并刻上乾隆铭文，这是当时乾隆仿古器的特点。多数器物著刻铭款，款识主要有"乾隆年制"、"乾隆仿古"、"大清乾隆仿古"三种，字体为隶书或楷书，工整端秀。清代玉器能宗法前人而又极富人情味，艺术形式纤细繁琐，富丽精工，以高度华美的技巧与形式为传统玉器的艺术体系作了最后的总结，在中国玉器发展史上达到了空前发展和高不可及的巅峰，是中国古代玉文化史上最后的辉煌。

◎清·翠珠十八子手串（下）

手串直径6.8厘米，串高16厘米。北京故宫博物院藏。

此件翠珠质地为冰种满绿，绿色自然分布不均，绿色碧浓，色彩艳丽，但恰好体现了颜色的立体感。清代后宫使用的玉器装饰十分讲究华贵，从这件十八子手串上可以看出当时的审美情趣及造型工艺水平。

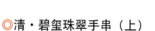

◎清·碧玺珠翠手串（上）

手串直径6.8厘米，串高16厘米。北京故宫博物院藏。

紫罗兰种翡翠是一种紫色的翡翠，这是一种特殊的品种，行内习惯于称"春"。这种翡翠的紫色一般都较淡，好像紫罗兰花的紫色，因此命名。紫色是中国道教和古代帝王崇拜的颜色，所谓"紫气东来"、"紫衣绶带"就是紫色地位的写照，所以紫色就成了神秘高贵的象征。

古玉收藏图鉴

如何鉴别古玉器玉材玉色

不论是哪种古玉，人们首先要考虑的就是玉色。在战国时代的《周礼》一书中，玉色就被分成苍、黄、青、赤、白、玄诸色；在《吕氏春秋》中，玉色又被分为青、赤、黄、白、玄五色。玉色有五种，与中国传统的五行观念是相对应的，五种颜色也是古玉最基本的色调。

到了明清时代，玉色的界定就更加丰富了，从原来的五色发展到八色、九色、十二色等。分色观念繁复，最后还是没有确切的标准。对于玉色，杨伯达先生曾经说过："粗分玉色即少，细分玉色即多，事实上矿物岩石并没有纯一色的，因石而异，难以言表。但若论其基本色调，大约只有白、青、绿、墨、黄五种。"

古人已经总结了许多鉴定玉器材质的方法。体现在玉色上，比如曹昭在《格古要论·珍宝论》中说："凡看器物，白色为上，黄色、碧色亦贵……白玉，其色如酥者最贵，但冷色，即饭汤色、油色及有雪花者皆次之。黄玉，如栗者为贵，谓之甘黄，玉焦黄色者次之。碧玉，其色青如蓝靛者为贵，或有细墨星者，色淡者，皆次之，

盖碧今深着色。黑玉，其色黑如漆，又谓之墨玉，价低，西蜀亦有之。赤玉，其色红如鸡冠者好，人间少见。绿玉，深绿色者为佳，色演者次之，其户有饭糁者最佳。甘青玉，其色淡青而带黄。菜玉，非青非绿，如菜叶，此玉色之最低者。"

另有清代刘心甾在《玉纪补》中说："赤玉人间罕有；白玉以温润坚洁为上，其色为九等。黄玉中每有朱砂点；碧玉中每有黑星；又有非青绿，如败菜叶者，谓之菜玉，玉之最下品也。"

清代谷应泰在《博物要览》中说："白玉之色，须似羊脂，以莹白微红、光润滋媚为绝品。若色白带青，并白得龌龊，有斑点，带浆水色、油色者皆价低。黄玉之色如蒸粟，以光莹明润为绝品。若色泽焦黄而枯槁者价低。赤玉古所谓玉也，色鲜红，明莹如鸡冠者为上，若胭脂色红者次之。墨玉色如漆，淳黑无斑点为上，要不带青灰色为上，须要块头大，作得玉磬为佳。"

◎清·青白玉雕松鹿小山子

通高约 5.4 厘米，横长约 8 厘米，纵宽约 3.7 厘米。首都博物馆，古代玉器馆展藏。

青白色玉质，白中闪浅青色，光透，外呈山形，叠石、树柏在山下有一山洞，内有两只大小山鹿，山鹿造型自然生动，较为写实，神态怡然自得，为清中期玉雕杰作。

◎清·青白玉巧色轻舟山子

通高约 6.2 厘米，横长约 8.8 厘米，纵宽约 3.7 厘米。

青白玉质，为新疆和田籽料，带有色皮、色彩桔黄及深褐色斑纹。山子造型巧妙运用玉石自然形态，琢雕成山间岩洞，小船在急流中起伏，船上有掌舵姿态的船夫，山上有松柏叠岩。

◎ **清中晚期·镂雕嵌宝香囊（左）**

玉香囊外径约 5 厘米，厚约 0.6 厘米。

浙江慈溪许氏藏，浙江省博物馆展。

　　白色玉质，玉色光透，扁圆形制。器身为镂空雕刻而成，局部镶嵌宝石，雕工精美，为清朝中晚期满人贵族使用的玉饰香囊。玉身上系一孔，系丝线串一珠红色玛瑙，玉身下系一孔，系丝线串一金银嵌红色宝石，造型高雅，色彩华贵，从这件香囊造型工艺中，反映出了清代中晚期玉饰的审美观。

◎ **清乾隆·白玉镂雕仿古夔龙佩**

通高约 5.5 厘米，横长约 7.2 厘米，厚约 0.5 厘米。

北京故宫博物院藏。

　　白色玉质，玉色温润、白中闪浅青黄色。此佩为扁方片形致，夔龙形态、优美长头、凤眼、独角、长鼻上卷。龙身上卷长尾，身上有鳞片，弧形背，背身长有长毛须，四足作云形，整器雕琢精细，器表面碾磨光润，并饰有阴线装饰。

◎ **清乾隆·白玉镂雕夔龙纹佩**

通高约 5.8 厘米，横长约 7 厘米，厚约 0.5 厘米。

北京故宫博物院藏。

　　白色玉质，玉色光透。此件夔龙佩带有战汉造型的遗风。佩内外形采用镂雕琢制工艺，线条切割流畅。以夔龙造型为主题，大夔龙身上伏有一变形小夔龙，玉佩表面采用一面坡斜刀琢刻法，并刻有双阴线，别地和碾磨精细，为清乾隆后宫用品。

◎清乾隆·碧玉镂雕石榴式香囊（左上）

通高约5.2厘米，通长约4.3厘米，厚约0.7厘米。
北京故宫博物院玉器馆藏。

　　碧色玉质，玉色润泽而纯正。香囊呈石榴形制，采用镂空雕琢工艺方法，在石榴造型上镂雕石榴花叶、果实、钱纹等，表现财源流进的寓意。

◎清乾隆·白玉梅花纹扳指

通高约2.8厘米，直径约3.8厘米。
北京故宫博物院玉器馆藏。

　　白色玉质，玉色温润，外有传世包浆色。圆柱形状，上微窄，下略宽。玉身壁面浅浮雕有梅花纹饰。另外带有刺绣扳子套，饰带上有两颗珊瑚豆珠，形致优美。

◎清·翡翠扳指

通高约3厘米，外径约3.6厘米，内径约2.7厘米。
密云县清乾隆皇子墓出土。首都博物馆古玉珍品馆藏。

　　扳指由古代的韘演变而来，到清代已演化为纯粹的装饰品。此扳指通体光素，壁面较厚，琢磨细腻，绿色鲜亮浓艳，色彩赋予变化，显得极为高贵精美。

◎清·黄玉刻诗扳指

通高约3厘米，外径约3.6厘米，内径约2.7厘米。密云县清乾隆皇子墓出土。首都博物馆古玉珍品馆藏。

　　此件扳指上琢刻"乾隆御题"诗一首："缮人规制玉人为，驱沓阄评是所资。不称每羞童子佩，如磨常忆武公诗。底须象骨徒传古，恰似琼琚匪报兹。于度机张慎省括，温其德美信堪师。"

◎清·翡翠雕龙带钩

通高约 2.3 厘米，长约 12.5 厘米。

北京朝阳荣禄墓出土。

　　碧绿色翡翠，色彩浓艳，龙首、圆眼、立双角，宽面额，浅浮雕五官下有阴刻饰纹，龙首表情生动。带钩长身上面伏有一只长形螭虎，四肢卧式，长尾摆头活泼，具有动感，龙首上方铜饰嵌有一紫红碧石，整器造型精美，色彩华贵。清代玉带钩质地优良，做工精细，造型及图案不拘一格。

◎清·翠螭纹带钩

通高约 4.4 厘米，长约 12 厘米。

北京艺术博物馆藏。

　　带钩翡翠质，墨绿色中有白色斑点相间，莹润细腻，质地坚硬。钩作龙首，张口露齿，双眼凸起，双角长而弯到后脑。鼓腹上高浮雕螭虎纹，螭作前行状，头微抬，双眼与其龙眼相接，腹下有圆妞。

◎清·羊脂白玉如意角佩

通高约 2.6 厘米，通横长约 6.3 厘米，厚约 0.6 厘米。

北京海淀颐和园出土。

首都博物馆，古代玉器馆展藏。

◎清·和田白玉四喜盘螭佩

通高约 5.6 厘米，长约 5.6 厘米，厚 0.5 厘米。

浙江慈溪许氏藏。

◎清·青白玉兽首如意角佩

通高约 1.3 厘米，通横长约 8.5 厘米，厚约 0.7 厘米。

北京海淀青龙桥董四墓村出土。

首都博物馆，古代玉器馆展藏。

　　和田白玉，玉色白中闪青，玉质温润。玉角始于新石器时期，它是一种角形器，最初，古人把它作为随身携带用来解结或其他用途的小型工具，多数由角骨制成。汉代以后，玉角主要用于佩饰。此件玉角上端为变异的兽首，雕琢三道深弦纹呈示颈部，反映出清代玉雕追求精犷写实的风格。

◎ 清·青白玉双凤镯

外径约 7.5 厘米，内径约 5.5 厘米。
北京密云董各庄清皇子墓出土。

　　白色玉质，玉色光透而润泽。镯呈环形状，上端镂雕有一对凤首，鹰钩嘴，上卷似龙鼻变形图案，头顶凤冠，凤眼较长细。玉镯身用阴线一面坡琢刻工艺方法，琢刻卷云纹和鸟翅形图案，带有汉唐玉镯遗风的特点。

◎ 清乾隆·白玉蚩尤环

通高约 8 厘米，内径约 4.5 厘米，厚约 1.8 厘米。
北京故宫博物院玉器馆藏。

　　白玉质，玉色纯正，略闪浅青黄色。圆环形，环侧切为二，两环相套可错可合，构思巧妙，玉环外壁雕琢四蚩尤首及两组变形兽面纹，环内侧阴刻楷书戗金诗句："一、合若天衣无缝，开仍蝉翼相连；二、乍看玉人琢器，不殊古德谈禅；三、往复难寻端尾，色形底是因缘；四、雾盖红尘温句，可思莫被情牵"。四合榫接连处分别有"乾"、"隆"、"年"、"制"四字。这件镇纸为仿古制品，似以良渚文化玉环为本，稍加变化。

◎清·青白玉高士临泉山子

通高约 14 厘米，横长约 14.8 厘米，纵宽约 4.6 厘米。

清宫旧藏。

青白玉质山子，不色光透，器似山间仙境，为立体高浮雕，高山之间有道士二位，其中一人仰首捋须，另一位也仰首远望，似乎沉醉于秋风拂面，水声乐耳之愉悦中。山子岩面琢刻楷书清高宗弘历御诗一首："御制高士临泉诗：云外飞来白道泉，浩然千丈落前川，崔嵬观者伊谁氏，疑是大宛此谷仙。"此诗记载于《清高宗御制诗文全集》。在明清时期，这种玉山子往往作为很重要的摆设。最著名的玉山子是清代皇宫里珍藏的"大禹治水图"，雕刻的是大禹率领百姓劈山治水的图景。玉料出自新疆和田一带的密塔勒山，专门把玉料从新疆移送到扬州，根据清宫的造办处提供的纸样和蜡样进行制作。制作完成后，花费了不少的人力和物力运送到京城，前后花费了 10 年多的时间。

◎ 清乾隆·白玉山子 "香山九老"

通高约 25 厘米，横长约 11 厘米，纵宽约 11 厘米。
首都博物馆古玉珍品馆展。

　　白色玉质，玉色润泽。玉山子为一块籽料，呈方柱形，外有桔、红、黄和深褐色的皮色，色彩与白玉对比更富于变化，如晚秋香山秋色似浓。山形叠石，高峰松柏，山间小路分上、中、下三组构图，山顶中间有洞亭喝茶楼阁，九老分别从山间小路往亭中走去，后面有几个童子抱琴而来。树林相掩，高山流水，图传清听，似自然仙境。此玉山子采用立体圆雕工艺制作方法，山间松石、树柏、楼亭、人物等构图如画，雕琢十分精美，为清乾隆时期玉山子中的上品之作。

387

◎ **清乾隆·碧玉罗汉图山子**

通高约 26 厘米，横长径约 16.5 厘米，纵宽约 3.8 厘米。
北京故宫博物院玉器馆藏。

　　碧玉山子，玉色富于变化，绿中飘有深色斑点，为新疆和田碧玉上品。玉工就此块玉的造形，巧雕罗汉图。构图以山为背景，下有树间小石板路，罗汉表情平和，手有持仙瓶，身披袈裟，身边有一蕉竹，其周围还有其他花草、树木及生灵等。在清代许多玉山子作品中，都以佛教、道教、传说等民间故事做为玉雕创作主题，反映了当时的社会形态，也为研究清代世俗文化找到了依据。

◎清中期·和田黄玉佛手式花插

高约 17.3 厘米，横长约 8.8 厘米，纵宽约 7.8 厘米。
北京故宫博物院玉器馆藏。

　　米色黄玉，玉料品质极佳，局部有褚色沁。器主体为一
立形佛手，由十六指拢成，中间挖空。佛手外侧雕枝叶，大
枝盘于器底形成花插底足。佛手是清代宫廷玉器常见的题材，
唯此件雕得生动自然。此件花插为立体圆雕，造型雕琢采用
镂空和层雕等技法，外形写实，别地精细，是清中期宫廷玉
雕花插摆件精品之作。

◎清·上品缅甸翠玉白菜

高约 18.7 厘米，横长约 7.8 厘米，纵宽约 6.5 厘米。
清宫旧藏。

　　此件玉器为清代写实作品，翠性变化透明，深翠中带藕
粉，为冰清种料。浅白透明，深绿色浓，局部带有苹果绿
色，为冰清种子上品翡翠级别。玉白菜为立体圆雕，外形
写实，菜叶局部运用镂雕方法，玉身表面除浅浮雕外，另
有阴刻线，更具写实表现技巧。

389

◎清·青白玉蜓螺荷叶形花插

通高约 22 厘米，横长约 7.5 厘米，纵宽约 6.8 厘米。

首都博物馆，古代玉器馆展藏。

　　清代玉花插造型复杂，一般有树桩式、花果式、动物式等。此件玉花插为青白玉质，可见玉质变化纹理，玉色温润。花插以镂空、浅浮雕技法琢制，器身以一片荷叶卷曲成筒，一只蜻蜓落于荷叶之上，似在小憩。器底雕荷花和水草，一只田螺缓缓前爬，水底有一条小鱼觅食缓游，情趣盎然，是清代宫廷造办处玉作中常见的题材，造型奇巧，精雕细琢。

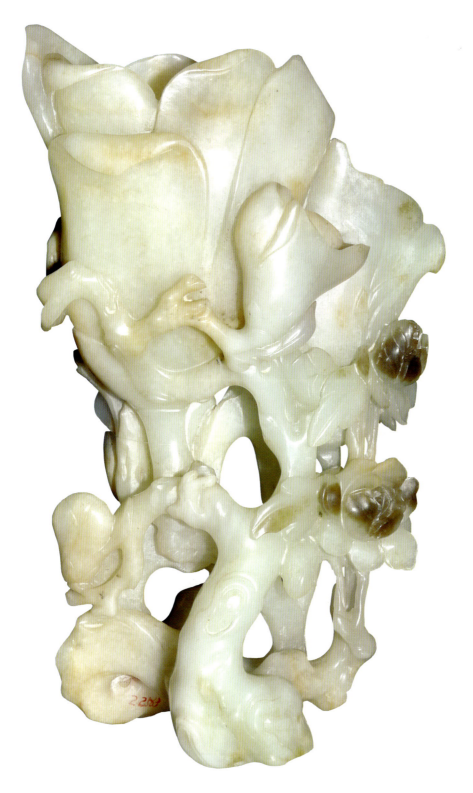

◎清·青玉玉兰花形花插

通高约 16 厘米，横宽约 8.8 厘米，纵宽约 7.6 厘米。

首都博物馆，古代玉器馆展藏。

　　青白色玉质，玉色润泽，局部有深褐色沁，色泽自然。此件花插以玉兰花为主题，由一较大的玉兰花组成造型，其中有小的花卉和枝叶等环绕于大兰花周围，略有明代桃杯的风格，多采用花压枝的镂雕技法，构图琢工十分精湛，在花朵、枝叶局部等方面精雕细刻，更具写实性。玉花插采用圆雕、透雕技法琢成，单阴刻线琢出叶脉，翻卷的花瓣作玉兰形花插口，谐"玉堂富贵"的美好意愿。

◎ **清·青白玉三羊开泰瓶**

通高约 19 厘米，横长约 17 厘米，纵宽约 5.9 厘米。
承德避暑山庄博物馆藏。

　　青色白质，玉色温润，白中闪青，局部有褐色沁。整器而扁圆形致，玉雕主体为一长扁形耳瓶，短颈、宽肩长腹下收至底，圈底。瓶上方有一顶盖，盖顶伏卧一只小山羊，器身右侧有一只母山羊，头顶长角，嘴衔一组灵芝仙草，器身左侧有一只小山羊立于山石之上，回首瞻望母山羊。瓶身锦地，浅浮雕梅花一组，雕工精美。整器以三羊开泰为主题，寓意平安和谐美满。

◎ **清乾隆·碧玉龙凤瓶插**

通高约 16.5 厘米，横长约 20.5 厘米，纵宽约 5.8 厘米。
北京故宫博物院玉器馆藏。

　　碧绿色玉质，质地纯正，微光透。立体圆雕，局部有镂空，造型为连体花插形致。一侧为扁圆瓶式，上有盖顶，盖顶饰有立体蟠螭纹，瓶体锦地光润，颈部饰有蝙蝠纹样，椭圆足，颈部两侧为兽首吞式耳，在瓶右侧镂雕腾云龙戏珠纹执柄。另一侧梅桩花插形，较低于上瓶，花口较窄，中间有深挖孔。一立凤口衔灵芝回首望龙。盛开花朵的弯曲梅枝将两器相连，左侧镂雕花枝也可做执柄，此瓶插设计精巧绝妙，雕琢技艺高超，为清乾隆宫廷所用。

◎莫卧儿王朝·豆绿色玉雕花盘（上）

通高约 1.9 厘米，横长约 22.9 厘米，纵宽约 21.7 厘米。
清宫旧藏。

　　此盘为印度莫卧儿王朝贡大清国的玉器。玉质为豆青色，局部有泛浅褐色。呈扁圆形呈椭圆盘形，平盘心两侧浅浮雕兰草菊花纹饰，盘心中央浅浮雕一朵莲花纹，并嵌有宝石，外壁沿边一周并装饰金丝绕和嵌有几十颗红宝石。外壁一雕浅浮雕一周莲花纹饰，平底有沿边。此盘工艺特点是盘体琢雕微薄，浅浮雕兰草菊花图案，凸起线条清晰，雕工十分精湛，带有印底玉雕风格特点，也为清乾隆皇帝仿制痕都斯坦玉器工艺创造了榜样和参照条件。

◎清乾隆·痕都斯坦嵌宝八角玉盒（下）

通高约 4 厘米，横长比宽约 18 厘米。
上海博物院，古代玉器馆展藏。

　　白色玉质，玉色光透，温润纯洁，为上品和田羊脂白玉，玉色纯正，白中闪浅微青色。器呈八角形，平底，内挖空，壁面微厚，外八角壁面金线镶嵌红绿宝石，装饰宝石呈花草图案，带有伊斯兰纹饰之美。嵌宝八角盘为阿拉伯痕都斯坦玉器风格。痕都斯坦位于今印度北部、巴基斯坦大部，所制玉器以薄胎、镶金嵌宝最具特色，清乾隆时传入中国并引发仿制之风。

◎ **清乾隆·白玉花卉纹玉碗**

通高约 3.9 厘米，口径约 12.9 厘米，厚约 0.25 厘米。

北京故宫博物院，古代玉器馆展藏。

　　清乾隆年间作品。白玉质地，泛青色。玉碗壁面薄胎玲珑光透，呈扁圆形，花卉纹，碗口两侧双耳为立体镂雕似欲待开放的花朵，耳形莲花图案形式优美，线条流畅，壁面有诗一首，为阴刻表现手法，造型优美。此玉碗乾隆后期仿制痕都斯坦玉雕刻工艺而制作，胎薄光透，追求玉材纯净之美，花饰采用剔地阳纹，所有隐起花纹都碾磨光润，这是痕都斯坦玉雕典雅、华贵的表现基本形式。

◎ **清乾隆·白玉错金嵌宝石碗**

通高约 3.8 厘米，口径约 12 厘米，底径约 6.2 厘米。

北京故宫博物院玉器馆藏。

　　白色玉质，为新疆和田羊脂玉料，玉色纯正，玉质洁白无瑕。圆形撇口，镂雕桃实双耳，花瓣式底足，圈底微外撇。外腹下嵌金片为枝叶，在大小花朵上镶嵌着红色宝石。底圈足内嵌金片花卉纹，碗内壁琢楷书乾隆御制诗："酷浆煮牛乳，玉碗似羊脂。御殿威仪赞，赐茶恩惠施。子雍曾有誉，鸿

渐未容知。论彼虽清矣，方斯不中之。巨材实艰致，良匠命精追。读史浮大白，戒甘我弗为。"并刻有"乾隆丙午新正月""御题"及"比德"一印。里底中心琢隶书"乾隆卸用"四字款。乾隆时期开始吸取痕都斯坦玉造型工艺精华，在装饰与碾技上，创造了仿番作玉器最高水平，此件玉碗就证明了这一点。

◎莫卧儿帝国供玉·痕都斯坦玉瓜瓣杯

通高约 5.1 厘米，横长约 16.1 厘米，纵宽约 12 厘米，厚约 0.25 厘米。清宫旧藏。

西番作的痕都斯坦尽管有佛教的遗迹，但以伊斯兰造型纹饰为特点。乾隆时期是西番作工艺最鼎盛时期。多选用纯白的玉材来雕琢，做工精细，包浆自然，有莹薄如纸的纯净美，中西结合风格，是当时西番为朝贡大清国皇帝而创作的艺术风格形式。

◎清乾隆·和田玉缠枝莲香薰

通高约 9.5 厘米，口径约 12 厘米，足径约 6.4 厘米。

玉质呈青黄色，局部有浅青色变化。器呈圆形，分上下两部分组成，圆口深腹，镂雕四耳活环，平圈足微高，隆起圆盖，盖面镂雕缠莲纹，口外两侧凸雕莲花一朵，鼓腹，隐起缠莲纹，腹下菊瓣纹一周。清代陈设玉器常用的材质有白玉、青玉、碧玉、黄玉等。乾隆时期，佛供玉器十分讲究，造型和制作特别精美，多为苏作碧玉制作而成，玉色碧翠，造型庄重而隽永，此件香薰为清乾隆时期较高水准的玉雕，雕琢工艺精绝，为无价之宝。

◎清·青白玉香炉

通高约27.3厘米，横长约21厘米，足距约9厘米。
英国维多利亚和亚伯特博物馆藏。

　　由新疆和田青白玉制成，质地细润，半透明。器身呈圆
柱形，分上下两部分组成，制作工艺采用浅浮雕和透雕技法。
其纹饰精雕细刻，线条圆润和谐，器型华丽，玲珑剔透。此
香炉圆盖隆起，圆边沿上浮雕镂刻一卷尾苍龙，动感十足，龙
首顶双角，圆眼凤形，张口，长圆鼻，有长须，龙身有浅细
鳞片，长身盘卷，四爪卧伏子圆盖之上。隆起圆盖，盖面透
雕缠枝花纹，镂空纹饰精美，花纹边外有阴线装饰浅地。炉
圆口，大沿边阴刻回纹一周，颈部饰多层凸雕缠枝花纹一周，
在器身两侧上部饰一镂空双耳，圆腹部用多层凸雕、浅雕、剔
地方法琢刻优美的缠枝花纹，高圆三足上浅雕兽面纹，造型
高雅，纹饰华贵。

◎清乾隆·白玉香炉

通高约 15.2 厘米，横长约 18.3 厘米，口径约 13 厘米，底径约 8 厘米。中国国家博物馆，古代玉器馆展藏。

白色玉质，玉色温润，白中闪微青色。体呈圆形，香炉整体为挖空镂雕工艺所雕琢而成，以缠枝牡丹花为主题，装饰香炉，其它还有莲花纹等。香炉分上下两部分组成，香炉隆起高圆盖，顶盖托起花盖，造型为牡丹花形致。两侧有镂雕花耳活环，环饰绳纹，口沿边饰莲纹，圆腹下收至底，底呈喇叭形致，并饰有仰莲花纹，整器雕工精湛，造型极美，为乾隆时期玉雕绝器之作，具有很高的艺术价值，为国宝绝品玉雕。

◎**清乾隆·碧玉兽耳活环香薰**

通高约 10.8 厘米，底径约 15 厘米，口径约 15 厘米。
北京故宫博物院玉器馆藏。

　　碧绿色玉质，玉质内飘有墨色斑点，玉色温纯。香薰有上下两部分组成，盖呈圆形凸起，盖顶镂雕莲花瓣及荷叶形钮。盖立面沿边饰阴刻回纹，凸起弧侧面镂雕并阴刻柿莲纹，圆盖平面阴刻兽面纹一周，图案精细，线条流畅。隆起盖的大弧面镂空雕有变形兽面纹，饰纹线条较宽，由卷云纹形组成镂空兽面，下呈回纹阴刻。在盖的大宽圆边沿口向上隆起弧形表面上，用较粗的阴线雕琢柿莲纹，壁表面较薄。盖下呈香薰炉底，大圆沿口，弧形下收致底，圈底略高，壁面四周出牙戟，并有四兽面，镂雕活耳环。整器造型对称旋切割，立体规整，雕琢工艺十分精湛，为清乾隆宫廷佛供用具，实为国宝级别玉雕。

清代仿古玉器

清代的仿古玉已经到达登峰造极的地步。乾隆时期，朝廷上下对古玉的敬重和推崇已经达到极点。乾隆皇帝爱玉成癖，乐此不疲，他不但细心鉴赏美玉，而且在美玉上题写诗句。他的诗作中，有多首是咏叹玉器的。他年轻时，曾命朝廷玉工仿照《考古图》《三礼图》《古玉图》《古玉图谱》等的形制制作各种仿古器具；到了晚年更加醉心于仿古玉，嗜之如命。朝廷起到示范的作用，民间也自然仿古成风了。

在清代，有许多仿制的古代玉器。如仿古的彝器，大多是用和田玉和岫岩玉制作而成，主要有鼎、簋、樽、觥、觚、爵等。相比起来，簋和壶最多，觥也有很大的数量。这些仿古的彝器有两个很明显的特征，有着适中的厚度，整体很薄；有平直的线条，以及很光滑的表面，在纹饰方面显得中规中矩。

另外，清朝仿制的摆设玉器很有代表性，还有一些仿古的玉瓶和玉壶等。清代的瓶有宝月瓶，瓶子截面呈椭圆形或圆形，壶腹雕刻有花纹、人物和山水纹饰，有耳设于颈的两侧。除此以外，还有更多的玉壶春瓶以及葫芦瓶等。

清代的壶，有青玉异兽觥形壶、碧玉兽面纹活环壶，它们与碧玉兽面纹簋、碧玉龙耳活环觚、碧玉爵、青玉匜、龙纹觥、三羊樽、异兽形瓶等都是当时最有代表性的仿古器。清代的仿古玉觚与不仿古的玉觚并存，有着很明显的特征：有同喇叭一样的上下部以及鼓一样的中部；有着吉祥图纹或仿古的图纹。其中青玉异兽觥式壶，下部如觥，上部雕一张口露齿的异兽，以口为流，以尾为把，搭配和谐，生动朴实，既可实用，也可作为陈设品。玉龙首活环觚通体作海棠花式，颈侧镂雕一对衔环龙首，质朴浑厚，高大挺拔。还有一些仿古的玉觚，其中最有代表性的是碧玉龙纹觚，是仿照青铜觚的形制制作的。在它的腹部上面，雕饰有勾连云纹。以此纹为底，再以浮雕方式装饰龙纹，龙的首尾则凸出器外，造型特异。觚底部阴刻隶书"大清乾隆仿古"款识。在某个方面，这些仿作的玉器是很有价值的，值得广大收藏爱好者珍藏。

◎**清·和田黄玉玉龙耳樽**

高约 12.7 厘米，横长约 17.1 厘米，纵宽约 8 厘米。美国哈佛大学艺术馆藏。

上品和田蜜蜡黄玉，质地细润，半透亮，器身为长圆敞口，长颈，鼓腹，短底座。一侧为耳，由一只立体苍龙而组成优美曲线，角、头、身、爪、尾相顾，另一侧为镂雕立位凤鸟纹，玉身上饰凸雕莲纹、花卉纹做锦地，浮雕立体。此樽玉刻的龙以及龙纹装饰风格成熟，造型生动、线条流畅。该器是乾隆时期制作的精美绝伦的黄玉耳樽，为无价之宝。

◎清乾隆·仿汉代碧玉龙纹觥

通高约12.9厘米，横长约12.1厘米，纵宽约4.8厘米。
北京故宫博物院展藏。

上品碧玉，玉色温润，碧绿中飘有流散墨点。器呈扁圆柱形，口缘线条呈外弧形，器身从上下收至底，底边有龙首双角构成底托器足，腹部一半为龙似张口含咬觥的底部。此器造型独特，由商周青铜器演变而来，器身锦地仿青铜器，阴刻回纹、云雷纹、绳纹、变形兽纹和龙纹。一侧器身镂雕螭龙攀爬为执柄独耳，造型立体，雕工精绝，为乾隆苏玉作上上品。

◎清·青白玉螭柄凤式觥

通高约 17.5 厘米，横长约 14.5 厘米，纵宽约 5.6 厘米。
首都博物馆古玉珍品馆展。

　　青白玉，质地温润，局部有褐黄瑕斑及烤浸色。此觥为仿古玉器，具有汉代遗风，觥呈扁筒式，口稍敞，椭圆圈足，侧面方折拐子弯形执柄，镂雕一盘龙，此龙头身自柄部钻过，前肢及头伏于器口，后肢与尾居柄之右侧，一足蹬于觥腹，一足踏觥柄，龙之两肋有流云飞出似长尾翅。短弯流，流之下圆雕凤首，鹰钩嘴，头顶冠，颌下有瓴，套一活环，挺胸，双翅浮雕于觥腹两侧，构图巧妙，造型立体而大气，为清中期较早的作品。

◎清·青玉双身蟠龙纹壶

横长约 11.2 厘米，纵长约 7 厘米，高约 23.7 厘米。

清宫旧藏。

　　青色玉质，玉色上浅下深富于变化，造型仿古代西周青铜器方壶式样，变形较高长，呈椭圆形，无盖，兽形双衔环改为扁平片状双鸟形纹，玉身纹饰仿制西周中晚期青铜器样式，但略有变化。颈部有两条凸线，凸雕波曲纹，长腹部凸雕双身蟠龙纹，蟠龙首用勾云纹和变形卷云纹来表现龙角、龙眼、鼻、嘴，装饰性更为强烈，凸雕、剔地、碾磨、切割工工艺更为对称而精湛，造型豪放而华贵，为清中晚期宫廷京作，仿古玉器精品之作。

◎清中期·兽面纹碧玉壶

通高 32 厘米，横长 14.5 厘米，纵宽约 6.3 厘米。
北京故宫博物院展藏。

碧玉色质，是飘绿花斑点的碧玉极品，绿碧透明，长柱形致。玉壶为方圆口，口沿有立面，下收弧形长颈，宽圆腹，腹下圆收致底，方圆圈底有沿立边，底上边呈喇叭形。上口外隆起高盖，盖上镂雕一立体苍龙和一龙子，造型写实，五

官，长须，双角及身上的鳞片清晰可见，琢制精湛。长颈两侧镂雕一对像耳活环，壶颈部和长腹部中间锦地凸雕十分对称而精致的兽面装饰图案，凸雕和剔地技法工艺精湛。整器较为高大，造型有气魄，带有仿制春秋战国青铜壶的风格，为清中期玉雕仿古玉器纯品之作，为国宝级玉雕。

◎清乾隆·青玉乾隆款饕餮纹贯耳壶

通高 29 厘米，横长 13.8 厘米，纵宽约 6.6 厘米。

首都博物馆，古代玉器馆展藏。

　　碧青色玉质，玉色中有纹理变化色彩，造型为仿商周青铜器所制。造型高大，方圆口外撇，长颈下呈喇叭形收致高底，颈部两侧饰一双耳，耳锦地阴雕回纹和凸雕兽面纹，雕琢十分精细。壶身颈前端和腹部光素，碾磨润泽，颈中间处凸雕兽面纹，剔地精细，凸雕图案线条流畅，有商周兽面纹遗风。高底一圈凸雕四只夔龙，造型生动，琢雕精美，整器造型立体，简练博大。

◎清乾隆·碧玉"乾隆年制"天鸡樽

通高约 13.5 厘米，横长 9.8 厘米，纵宽 3.3 厘米。

　　玉樽为和田碧玉，玉色呈绿透亮，质地纯正温润，通体碧绿并飘有暗绿纹斑，仿古青铜器造型，通体立体圆雕，天鸡首顶凤冠，鹰钩嘴，长眉圆眼，弯颈挺胸，长尾下卷，与下瓜形成底座，凤鸟形大翅膀，整器表面锦地采用浅雕、剔地、阴线刻等雕刻技法。琢刻兽面纹、鸡纹、龙纹，天鸡背负蕉叶纹四出戟花觚，胸前阴刻篆字"乾隆年制"，玉身外形镂雕及切割工序十分精湛，此器造型是由汉代青铜器，及玉器演变而来，造型高贵典雅，是清代宫廷造办处所制之佳作。

◎清乾隆·碧玉镂雕八宝纹花薰

通高约 12.8 厘米，口径约 11.8 厘米，足径约 5.8 厘米。

　　碧色玉质，器身为立体圆雕，所有纹饰采用镂空工艺技
法、雕工、琢法、切割精湛。盖为菊花蕾枝叶为顶钮，盖面
和外壁雕有蝙蝠、莲花纹、云纹、枝叶纹为一周，其中加杂
镂雕轮纹、螺纹、伞纹、花纹、罐纹、鱼纹、八宝纹等，其
中这些纹饰与缠枝纹叶相连，镂空雕刻繁而不乱。薰圆口外
沿呈喇叭形，腹部下收至圈底。器身两侧透雕菊花蕾压枝叶
为耳，外形秀气，纹饰玲珑剔透。

◎清乾隆·碧玉兽面纹兜觥

通高约 17.5 厘米，横长约 18.5 厘米，纵宽约 6.8 厘米。
北京故宫博物院玉器馆藏。

　　碧色玉质，微光透，局部漂有自然深色。体扁圆形，上
部大且宽，下部窄小，似倒置的角形体。素拱形盖顶并套一
圆环。盖为卧兽形，头在流上，尾在柄端，前肢不显，后肢
呈卧状，身饰夔纹和勾云。腹部对称凸戟纹四组，中间以凹
弦纹隔开，上部浅浮雕相对夔龙纹，其下为兽面纹。高椭圆
足，上部琢蕉叶纹一周。柄为兽首吞夔式为镂雕挖空而成。足
底阴刻竖行"大清乾隆仿古"六字隶款。"兜觥"为古代酒器。
这件兜觥的造型、纹饰都是仿青铜造型。为乾隆仿古器物中
之珍品。

◎**清乾隆·黄玉兽面纹瓶**

通高约 15.8 厘米，横长约 7 厘米，纵宽约 3.5 厘米。

北京故宫博物院玉器馆藏。

　　玉栗子黄色，极珍贵。体扁圆形，长圆口，短颈肩，长腹，下收至平底，长圆底有直边沿。其短扁两侧镂雕一双卷草形夔式耳。隆起盖顶上有勾云形钮，盖面阴刻锦纹地上隐起云头纹一周。盖口和器口外缘阴刻回纹。颈至肩部在细密锦纹地上仰雕蝉纹六个，其下两周变体勾连云纹。腹部在锦纹地上凸起兽面纹，其下涡纹、蕉叶纹、回纹各一周。凸足边回纹。足底中央阴刻双竖行"乾隆年制"四字篆款。此器为乾隆时期仿古纹饰之精品。

◎清乾隆·碧玉双兽耳海棠式花觚

通高约32厘米，底径约7.6厘米，口径约10.2厘米。

北京故宫博物院玉器馆藏。

碧色玉质，有黑色斑点，此器型为仿古青铜造型，略有变化。横截面为菱花形，稍扁。长颈，阔口，颈两侧镂空雕琢一对兽耳活环，兽耳为圆雕，兽首庄重，自然活泼。口衔弯耳，镂雕套双环，长颈为喇叭柱形，觚腹鼓起，上下内敛似鼓瓜式。长高足形与觚颈同，觚底呈花瓣外撇式。这件作品的造型，是仿春秋战国时期的青铜器觚的造型，在此基础上稍加变化，把海棠花装饰在器的表面，更显高雅端庄，不失华贵。

◎清乾隆·和田白玉夔龙柄觥

通高约15厘米，横长约13.5厘米，口径约5.2厘米。
故宫博物院藏。首都博物馆古玉珍品馆展。

　　白色玉质，玉色光润，局部有瑕斑及烤色。呈长扁圆形，口稍敞，呈弓注流，注流微短。玉觥锦地表面，上部饰雷纹一周，腹以两道雷纹为界，分为三部分构图组成纹样。上部较宽，下部较窄，光素锦地中部凸起弦纹两道，其中间凸雕夔龙纹，夔龙变形构成兽面，下部玉身光素无纹。觥上口一侧下方镂雕折拐子以示兽身，觥柄为一螭，前足及头伏于觥口，后足踏觥腹，长尾分权卷向两侧。短流，流下雕一凤头，头侧有双翅，头下有一活环，为仿古青铜器造型。

◎清·白玉九龙觚

通高约 33 厘米，横长约 1.2 厘米，纵宽约 5.6 厘米。

浙江慈溪许氏藏。浙江省博物馆展。

白色玉质，玉色光润。此器呈扁圆柱形、喇叭形撇口，内弧形下收致腹，腹呈鼓圆形，高足外斜，长扁形足底。整器造型较大，玉色纯正，为仿战汉古青铜器造型演变而来。觚的器身圆口处浮雕镂刻戏珠苍龙，龙身有浅雕鳞片，头顶双角、圆眼、长额、宽鼻、额下有长须飘然，造型生动。颈部浮雕装饰两只螭虎纹，弓身舞动，并饰有卷云纹。鼓腹部和高足也浮雕饰有螭虎纹，造型活泼，有战汉风格。此器雕工精美，采用多种雕琢工艺，为晚清玉雕精品。

◎清·和田青白玉海棠式觚

通高 32 厘米，横长 16.6 厘米，纵宽约 9.3 厘米。

　　青白色玉质，玉色局部有深青色纹理。器呈海棠花式造型，上口菱花形致，花形口下收宽颈，形式花瓣形，隆起觚腹，呈瓜形致，鼓腹下收至弧形花高足，足底有对称底边。器中间挖空，颈部两侧浮雕花形耳，耳中有镂空活环。整器外形线条流畅，为海棠花形致，造型雕琢对称，碾磨精细，器型较大，为晚清期观赏品。

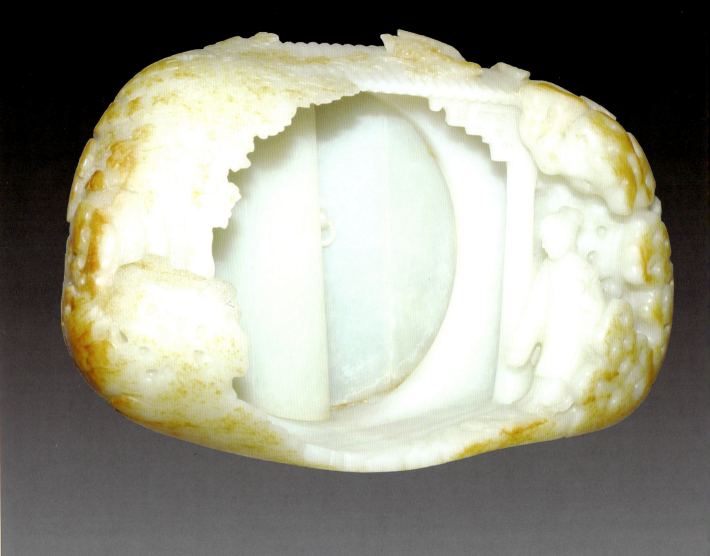

◎清乾隆·白玉桐荫仕女图山子

通高约 19 厘米，横长约 25 厘米，通宽约 10.8 厘米。

北京故宫博物院，古代玉器馆展藏。

新疆和田白玉仔料，保留了色皮俏色，造型为立体圆雕，玉雕构图似乾隆时期宫廷绘画。在夏季庭院中，青瓦圆门，洞开两扇活门，一扇掩闭，门内外各有一仕女，一人手似折花，另一人双手捧物，互相窥望。玉身利用皮色巧雕成桐树、青瓦垂檐、湖石山背、芭蕉树木等，设计巧妙，立体感强，似是一幅江南庭园优美画面。为清乾隆年间苏作，雕琢精湛，造型优美自然，具有很高的艺术价值和工艺价值。

◎ **清·青白玉船**

高约 11.8 厘米，横长约 19 厘米，纵宽约 30 厘米。

　　青白色玉质，玉色局部有纹理变化，玉质润泽，为立体透雕江南常见的乌篷船，竹节式船帮，带流苏的船篷，船一尾立一存水罐，船篷上阴刻"#"字席纹，船帆收于顶上，船锚收于船头。此玉雕造型写实，人物刻画富有情趣，采用了多种雕琢工艺，如挖空、内外形切割、浮雕、阴刻、碾磨等，为晚清传世玉雕船横型标准遗存，有很高的考证价值和艺术价值。

◎**清乾隆·青白玉太平有象**

通高约 12 厘米，通长约 15 厘米，纵宽约 7.3 厘米。
北京故宫博物院玉器馆藏。

　　玉色青白，略闪浅微黄色，玉色温润。巨象高大，卧于地上，身披鞍毯，大耳长鼻，安然优娴姿态，象身上有一童子，手拿春梅花枝，戏于象背之上。下面有一童子手托净瓶，净瓶上有如意图案，在准备洗象清水。象身中间花朵图案，象征万寿如意之意。此件玉雕大象及人物颇为写实，采用高浮雕工艺技法，局部结构细节雕琢精湛，人物表情生动。清宫玉器中很多以大象为题材的作品，一些宫廷制造，一些为官员做贡礼，作品中多为宝瓶，寓意"太平有象"之意。

◎清乾隆·青白玉龙凤尊

通高约 17 厘米，横长约 13 厘米，纵宽约 6.5 厘米。

北京故宫博物院玉器馆藏。

　　青白玉质，玉色白中闪浅青色，局部有沁色。尊呈圆柱
形，中间控空至圆底上。在尊的弯曲形的流口上，镂雕一造
型极美的凤鸟，弓形身略长，头顶头冠，长尾，翅背上托有
一朵牡丹花，口衔牡丹花枝，造型立体比例结构合谐。尊身
上浮雕一弓形腾云飞舞的苍龙，头顶双角，圆眼，长鼻和额
下飘有长须，龙背上布满鳞片，长尾有分开的尾鳍，四肢强
劲有力，周边有腾云火焰。在尊的座底边上，饰有海涛纹、海
水翻动、在水中突起一苍龙，龙头上仰，张口吼动，如翻江
倒海，形象生动。此尊乾隆宫廷玉工所制，雕工精绝，清代
玉雕国宝级作品。

◎**清乾隆·碧玉山水画人物笔筒**

通高 15 厘米，直径 14 厘米，厚约 0.8 厘米。

英国维多利亚·亚伯特博物馆藏。

　　此玉笔筒为碧玉，柱形，以高浮雕和浅浮雕的形式表现清代山水画及人物。碧玉色泽富于变化，局部飘有深色纹点。圆筒形，中间挖空到平圆底上，下具五个云形足。器表面浅浮雕有山石、树木、松柏、亭阁、楼台、云雾等，在整个主题精华之处是中间的一组画面，在方亭之中，有一道人在自然山色中品味茶香，亭台下有几只鸟鹤在品味道童送来的食物，一支仙鹤仰望道人。道人抬头观赏群山花草丛林景色，如诗如画。此器在构图上远近景结构合理，大小变化适度，山石、树木、人物、动物、楼亭能刻画线条准确，造型写实。雕琢工艺表现手法，基本采用多层浮雕方法，可见琢雕碾磨痕迹，线条清晰，为清中期山水人物笔筒上品之作。这是清中期宫廷玉器工匠制作，出自乾隆年间苏州专诸巷，为皇帝御用。

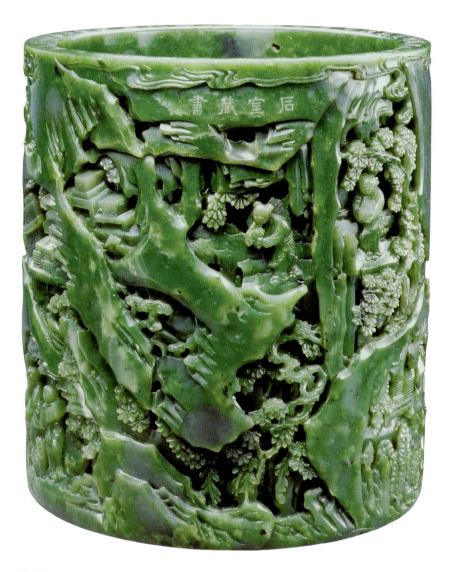

◎清乾隆·碧玉石室藏书笔筒

通高约 16 厘米，直径约 12.5 厘米，厚约 0.8 厘米。

清宫旧藏。

玉笔筒为和田碧玉，玉色碧绿微光透。器身为圆筒状，器外壁多层次浮雕文士与数童子理弄书籍于山壁石洞间。岩上镌"石室藏书"四隶字。口沿阴刻楷体清高宗弘历五十九年御制诗一首："纤巧由来素不容，玉人述古渐知宗。"清代玉制笔筒选玉料十分严格，多用白玉，青白玉、碧玉等，常见岁寒三友图、狩猎图、观瀑图、梅花图、松鹤图、山水人物图、渔家乐图、云龙海涛图等纹饰，制作工艺采用圆雕、浮雕、层雕、钻孔、镂雕、碾磨、别地等多种手法，出现了很多极品。清乾隆时期，有很多高品质文房用品及佛供品用器多为羊脂玉、碧玉所雕制，可见皇帝对上品和田玉的喜爱和重视。

明清文房特点

在明清文房玉器装饰造型上，如玉笔、笔筒、笔架、笔搁、联洗、笔海、镇纸、砚台等，体现出文人典雅的情趣，富有诗意和自然相结合的美。其造型或图案不管是粗朴简拙的，还是精巧细致的；不管是动物形态，还是植物图案，甚至各色山水人物图案，各式各样的图纹，都显得优雅闲适，富有情趣。

在玉制文房玉器中，首先有玉笔，其笔管和笔斗以美玉雕琢而成。这些玉笔管不是很粗，一般所见的都是光素无纹的玉管。另有一些玉制的笔筒或者笔架，主要用来插放、悬挂毛笔。笔屏的上面有插孔，可以将毛笔笔尖向上倒插于插孔之中。笔架一般用来搁放毛笔，一般制作成山字形、花枝形、五指形等，又被称为笔搁。将笔毫一端放在笔搁上面，笔杆一端则直接放在桌面上，这样可以防止笔的滚动，避免笔墨污染桌面。笔搁可以雕刻远山近水、小桥航船，给人幽趣。还有一些雕琢成群婴孩嬉戏形态的，颇为赏心悦目。明清文房在用玉品质上十分严格而讲究，主要使用用新疆和田玉，如白玉、羊脂玉、仔玉、青白玉、黄玉、碧玉、墨玉等，还有翡翠、玛瑙、青金石等。

◎ **清代·玛瑙松鹿纹笔筒**

通高约 8.2 厘米，长约 7.4 厘米，纵宽约 5.4 厘米。
中国国家博物馆，古代玉器馆展藏。

玛瑙玉质，色彩有深浅纹理，光透晶莹。器呈圆筒形，中间挖空至平圆底面，器表面形饰松柏装饰纹，下方浅浮雕山鹿，造型活泼生动。另一侧有一耳，镂雕成树枝形态，底座也随自然形态巧雕而成。

◎ **清·莲式水盂**

通高 6.8 厘米，横长 13 厘米，纵宽 7.8 厘米。
中国国家博物馆展藏。

以莲蓬为盂形，周围绕以莲枝、莲叶，又见水鹭回首展翅，生动自然，如同荷塘美景的真实写照。以镂雕的莲荷、鹭鸶作为装饰附加在水盂的外壁，更有玲珑别透之感。

◎ **清·青白玉六蜻蜓环耳双联洗**

通高约 7 厘米，口径最宽处约 16 厘米。
中国国家博物馆展藏。

青白玉质地，玉色温润，此双联洗有六只蜻蜓，洗口多棱饰，蜻蜓环耳双联洗工艺制作采用镂雕等多种琢刻手法，造型周正，方口双联，壁微厚，直壁下深至平底，双洗口六条系蜻蜓环耳，玲珑光透，洗底有弯形足角。在洗中盛上清水，宛若水底玉潭，典雅沉着。

◎ 清·翡翠荷叶洗

通高约 2.2 厘米，横长约 14.5 厘米，纵宽约 9 厘米。北京艺术博物馆藏。

　　翡翠玉质，玉色翠绿，局部飘深绿色，与荷叶形结合，形神并貌。玉洗呈写实荷叶造型，叶身浅雕叶纹脉，琢雕精美，形致立体，巧雕运用自然而生动。

◎ 清早期·青玉鹿衔灵芝笔架

通高约 4.8 厘米，笔架横长约 18.6 厘米。玉笔横长约 17.3 厘米，直径约 0.8 厘米。首都博物馆，古代玉器馆展藏。

　　玉笔架立体透雕山峰形，山石之间透雕数个圆孔，既展示了山石的堆叠，又可置笔。鹿衔灵芝笔架是青代文房用具常见造型，此造型是从明代延继而来，雕工和造型比明代更为写实。而玉笔采用钻孔工艺高于明代，壁面更薄一些，笔杆表面多为浅雕，如山水、花鸟、龙凤、诗文等纹饰。此笔帽谷纹别地更为精细，凸雕光润而更具使用功能。

◎ 清代·白玉双龙纹镇纸

通高约 2.6 厘米，横长 22 厘米，纵宽约 2.6 厘米。中国国家博物馆，古代玉器馆展藏。

　　玉色青白，局部有沁色。长方形，尺状，上部浮雕一立体苍龙，龙首顶双角，圆眼长眉，长额，嘴下飘有长须，四肢卧状，长尾云形，在长尾后有一支小苍龙，形态生动。

◎ 清·白玉扬眉吐气纹笔

通竖长约 19 厘米，直径约 0.7 厘米。浙江慈溪许氏藏，浙江省博物馆展。

　　扬眉吐气纹笔是文人雅士常用毛笔的一种装饰风格，在笔杆上雕琢一位清朝官员，身穿朝服，头带官帽，有做官发财扬眉吐气之寓意。笔杆上浮雕各种装饰纹饰，在用玉品质上十分讲究雕工精湛。清代常见的文房用具有玉笔、玉砚、玉笔筒、玉笔洗、玉笔架、玉水盂、玉笔插、玉墨床、玉镇纸和玉印玺等，既有豪华富丽的一面，又有清新淡雅的一面。

◎ **清乾隆·青白玉观瀑布图笔筒**

通高约 13.2 厘米，直径约 11.4 厘米，厚约 0.8 厘米。

　　青白玉质，玉色略闪浅青黄色，局部有褐色沁斑。器呈圆筒形致，中间挖空至圆平底上，外壁浅浮雕一文士坐于松荫下观瀑情景。在松柏后面有两个书童。主题人物表情生动，服饰线条流畅，松柏山石刻画写实，为清乾隆宫廷所用文房之物。

◎ **清·青白玉蛟龙玺**

通高约 10 厘米，横长约 15 厘米，纵宽约 15 厘米。
浙江慈溪许氏藏，浙江省博物馆展。

　　青白色玉质，局部有褐色沁，玺座呈正方形，上浮雕蛟龙钮，雕工精湛。清代帝王玉玺用材十分讲究，皇宫所用文房玺印多用白玉、青白玉、碧玉、墨玉等，这些玉材为首选材料，在玉品质上，要求十分严格。

◎ **清·青玉云蝠纹大扁珠洗**

通高约 14 厘米，横长约 36 厘米，纵宽约 36 厘米。
浙江慈溪许氏藏，浙江省博物馆展。

　　青白色玉质，玉色为浅青色。笔洗造型宽大，圆口内收，大圆腹下收致到底，洗内挖空至平圆上底面，浅圈足。壁面浅浮雕云蝠纹一圈，雕琢精细，浅浮雕层次清晰，造型华贵典雅。清代文房笔洗大小都有，造型丰富多彩。

◎ **清代·青白玉松竹梅纹玉书臂搁**

通高约 19.8 厘米，口径约 12.1 厘米，厚约 1.6 厘米。
中国国家博物馆，古代玉器馆展藏。

青白色玉质，玉色白中闪浅青色。器呈长方扁形，结构为玉书形致，玉书左右，由写实的竹节形式组成画面，画面中间上下浅浮雕梅、松、石等图案，雕琢技巧精湛，为晚清玉书上品之作。

◎ **清·和田玉竹节臂搁**

通高约 19 厘米，横宽约 8 厘米，厚约 0.5 厘米。
浙江慈溪许氏藏，浙江省博物馆展。

和田白玉，微闪浅青，形如竹板，上下分五节，自下部向上，雕小竹一枝，枝上生出细小枝。臂搁是文房用具，写字时垫在手腕下，以便写字省力。臂搁作为一种书写辅助用具，呈扁片形，它的两侧均向下卷，上下两端为 S 形，其上往往雕有图案或诗词。

◎ **清代·青白玉玉兰笔筒**

通高约 18.5 厘米，通长约 10.2 厘米，纵宽约 5.6 厘米。
中国国家博物馆，古代玉器馆展藏。

青白玉质，玉色光透，润泽。器呈圆柱形，中间挖空至平底面，主题造型为玉兰花朵，花瓣层叠，造型自然，器下方由花枝组成一镂空底座，构思巧妙，雕工简练而精致，为清晚期杰作。

◎清乾隆·白玉笔洗

通高约14厘米，通横长约14厘米。
北京故宫博物院玉器馆藏。

◎清·碧玉竹节砚

通高约2.4厘米，通长约10厘米×纵宽约14.5厘米。
北京故宫博物院玉器馆藏。

◎清乾隆·碧玉笔筒

通高约18厘米，横长约13厘米，纵宽约14.5厘米，
厚约0.6厘米。北京故宫博物院玉器馆藏。

　　碧绿色玉质，绿色中有黑绿色斑点。呈方筒形，
上部较下部稍宽。四面开光，外壁高浮雕山水人物，
四面图案皆作山环水绕，翠松流云。共雕老人九位，
童子一人。筒中另附玉笔二枝，小如意一个。

◎清乾隆·青白玉山子笔架

通高约6厘米，横长约13厘米，
纵宽约4.2厘米。
北京故宫博物院玉器馆藏。

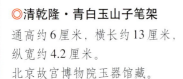

◎清·青白玉山子笔架

通高约7.8厘米，横长约10.2厘米，纵宽约1.5厘米。

青白玉质地，玉色温润，器物呈山形，山峰高低错落有序，造型虽小但乖巧别致，玉质莹润洁净，雕琢碾磨圆润光亮。

◎清乾隆·碧玉西园雅集图笔筒

通高约14.5厘米，直径约10厘米，厚约0.8厘米。北京故宫博物院玉器馆藏。

碧绿色玉质，玉色为瓜皮绿，局部飘有墨绿斑点。器呈圆筒形，中间挖空，平圆底面，下呈云形托足。外壁表面浅浮雕山石、树木、栏台、云雾等。主题画面是一组三人的文士在山间栏台桌前，吟诗作画，人物表情写实，衣帽线条清晰可见。在远处有山峦叠错，树荫下有二个道人在修炼打坐，自然景色娟秀，是道人与文人雅士雅集赏景的仙境之地。

◎**清乾隆·和田玉刻诗葵瓣纹碗**

高约7厘米，口径约15厘米，厚约0.26厘米。
北京故宫博物院，古代玉器馆展藏。

　　和田白玉，底部有白色瑕斑。碗作六出葵瓣式，盘内底部为花蕊，其外有六小瓣花叶或花萼，碗壁花瓣上隶书为剪秋萝诗、鸡冠诗、万寿菊诗、牵牛花诗、玉簪诗、蓝菊诗，碗底矮圈足，刻线内均填金，诗、画绘制极精。玉碗的制作看似简单，其实工艺要求非同一般。挖空掏膛技术要求非常高，从材质上说，半透明的碗壁是留不得半点瑕疵的，因此所选玉材必须是极品。此碗反映出乾隆时代仿制痕都斯坦玉器工艺的精湛手法和水平。

◎清乾隆·白玉珐琅梁羊首壶

壶高约 13 厘米，横长约 15 厘米，底径约 7.8 厘米。
北京故宫博物院玉器馆藏。

　　和田白玉，扁圆式，作瓜棱形，由玉盖、器和铜胎掐丝
珐琅质提梁三部分组成。盖面和盖钮由瓜形图案造型组成。
器为羊首直流，肩部有三个系组。上接三个相连的如意式提

梁。底中部阴刻方框圆章式"嘉庆御用"四字款。此壶是由
大清乾隆年间制作，由嘉庆刻款，该壶为仿明清紫砂提梁壶
造型雕制而成，雕工精美绝伦，玉色玲珑剔透，为乾隆宫廷
玉作坊所制。

◎清代·白玉花卉佛像纹碗

直径约13厘米，高约6厘米，壁厚约0.32厘米。

首都博物馆，古代玉器馆展藏。

　　白玉质地，玉色温润。玉碗外壁凸雕曲瓣番莲纹及两尊坐佛造像，佛头戴五佛冠，颈饰璎珞，右手捻指，左手捧钵，袒右肩，结跏趺，坐于吉祥瑞草之上。碗足由三层圆瓣番莲纹组成，构思巧妙，碗壁微薄、光透、碾磨抛光极精，表现出清代乾隆时期将佛教融于仿痕都斯坦玉器中的独特构思，是宫廷玉作中的作品。

◎清康熙·白玉仙人杯（上）

通高约6.3厘米，口径约10.2厘米，横长约14厘米，底径约5.6厘米。北京故宫博物院玉器馆藏。

　　白色玉质，玉色温润，微光透，局部微深斑。杯为圆形，敞口直壁，两侧各雕一仕女为耳，仕女坐于云朵上，双手扶杯口。杯身外侧浅浮雕人物图案，人物线条流畅，表情自然。图案场景为仙翁、仙女、仙童在仙境中的隐逸生活。杯底圆形足，足内琢"大清乾隆仿古"款。

◎清·青白玉花卉纹圈形盒（下）

盒通高约3.2厘米，外径约9.3厘米，内径约6.6厘米。首都博物馆，古代玉器馆展藏。

　　青白色玉质，质地温润纯正，玉色呈半透明。玉盒盖与底相结合成为圆圈形，内可置手串，盒盖上下锦地浅浮雕番莲纹，纹饰凸起对称，盖底、口沿部满琢阳起卷叶纹，盒壁薄如蛋壳，剔透莹润，为清中期具有较高水准的玉雕精品之作。

◎清乾隆·白玉龙螭纹杯盘

通高约 7.5 厘米，盘长约 29 厘米，杯径约 12 厘米。

北京故宫博物院玉器馆藏。

　　白色玉质，玉色温润，局部有包浆及沁色。杯为椭圆形，中间挖空至平圆底面，一侧高浮雕镂刻有龙形柄执手耳，杯身凸雕一螭，杯内底部阴刻乾隆御题诗。杯外底凸雕"三"卦，两侧各有一龙。盘盖托为扁圆形，圈底为椭圆形，盘沿边较宽，盘沿饰回纹，盘心凸起杯座，杯座中凸雕"隆"字，两侧各一龙纹。杯座之外饰凸起的三组螭虎纹，盘底上部阴刻"古稀天子清玩"，其下刻隶书御制诗，底部横行"五福五代堂珍"款。

◎清·白玉羊首杯

通高约5.4厘米，横长约15厘米，壁厚约0.4厘米。

首都博物馆，古代玉器馆展藏。

　　白玉质地，泛淡青色，局部有烧褐桔色沁，此器以整块玉料制成，质地纯正而温润。羊首圆雕而成，圆眼凤形，头顶双角，写实逼真。羊身内部巧妙地挖去中间的玉料形成凹槽，形成杯口，内底圆平。通体圆雕瓜棱型纹，口、底部分亦随弧线的形状而变化，造型独特而优美。清代常见的日用器多为玉杯、玉盏、玉盘、玉碗、玉壶、玉盏托、玉盒等，造型及装饰丰富多彩。

◎**清乾隆·碧玉双龙纹杯盘（上）**

杯通高约8.3厘米，横长约16厘米，杯口径约9.5厘米。底盘横长约25厘米，纵宽约16厘米。北京故宫博物院玉器馆藏。

玉呈碧绿色，略光透，有深色斑。杯为椭圆形，两侧各镂雕一蛟龙为柄，龙口及前肢攀连于杯口，圈底圆形足，略高，足底内阴刻"乾隆御用"隶书款。盘近似于长方扁形，有椭圆形底座，盘中心凸起杯座，凸雕莲花形，并装饰仰连纹。杯座两侧凸雕龙纹，龙首前有火珠；椭圆形底座内阴刻"乾隆御用"隶书款。带托之杯于宋代已流行，明、清时的托杯，其托多为浅盘，此为清代托杯的典型作品。

◎**清乾隆·碧玉花插（下）**

通高约8厘米，横长约13厘米，口径约3.6×3.6厘米，厚约0.6厘米。北京故宫博物院玉器馆藏。

碧色玉质，玉色温润，碧绿中漂有墨绿色斑点。此件花插是由仿汉代玉器造型变化而来，在《西清古鉴》中有这种汉器装饰造型的记载。此花插由三块碧玉组成，外形切割对称，可分开摆放，碧面成方形，有浅雕云纹、蝙蝠纹、如意灵芝纹等组成的装饰纹样，浅雕、凸雕、别地、雕琢精美，线条流畅，底有"大清乾隆仿古款"，表现出乾隆时制玉工艺水平的高超。

◎**清乾隆·碧玉灵芝式花插**

通高约17厘米，通长约13厘米，纵宽约6厘米。

北京故宫博物院玉器馆藏。

　　碧色玉质，这称绿色俗称波菜绿，富于变化，有光透感，局部飘有深色斑点。呈圆筒状，上半部分为两枝灵芝形花口杯，花形杯外表浮雕灵芝花纹，水仙叶、花朵、竹叶等，并有丝蔓盘绕。此花插造型设计独特，颇为写实，制作技法主要采用圆雕、镂雕、挖空、剔地、碾磨等工艺，为清乾隆皇家玉工所制，是乾隆皇帝所欣赏的摆件珍品。下半部分为紫檀木花托。为清代镂雕玉器代表作品。

◎清中期·白玉双龙璧

通高约70厘米，璧口径约32厘米，璧厚约0.6厘米。
浙江慈溪许氏藏，浙江省博物馆展。

　　白玉温润光透，呈扁平圆形，为宫廷仿古器礼玉陈设器。
玉身局部有褐黄色斑沁，形态优美，正背对称镂雕一组双龙，
一大一小，龙采用阴刻一面坡形斜面雕琢方法来表现，剔地
光润，造型生动。此璧仿商周玉璧礼器造型，加以创新变化，
造型带有古璧之神韵，略有商周遗风。

◎ **清乾隆·和田白玉御制诗砚屏**

通高约 82 厘米，横宽约 52 厘米，厚约 1.3 厘米。

浙江慈溪许氏藏，浙江省博物馆展。

　　玉屏为上品和田玉，玉色纯正。为羊脂白色，局部有桔褐色沁。长方形板状玉雕，画面主题是以秋山守猎图为主，采用多层浅浮雕刻画山水、树木、人物、守猎、骑射场景，人物刻画写真生动，似一幅立体丹青山水人物画卷。屏背后有御制诗一首。为乾隆宫廷上品陈设观赏玉器。清中期玉屏，在用玉标准上比较讲究，多白玉、碧玉，其次是青白玉、翡翠等。浮雕图案构图比例严谨，常见山水、人物、花鸟、风景、竹石、松柏、树木、楼阁、小桥、泛舟、历史典故和吉祥图案等，一般并配有文人诗句等，为民俗生活主要场景。玉屏座是一种摆设用品，又叫玉插屏，或叫玉屏，是雕刻成方形或者圆形的薄片，安插在玉架或者木座上。更大的陈设性玉器是玉山子，即以整块玉石为原料，雕琢成山水。玉山子上，奇峰、林泉、屋舍、人物禽兽、亭台楼阁等一应俱全，属于很精美的立体山水工艺品。

◎ **清中期·白玉岁岁平安圆插屏**

通高约75厘米，外口径约35厘米，厚约1.5厘米。

浙江慈溪许氏藏。

　　羊脂白玉，玉色温润，局部有沁色。玉屏为扁圆形状，正面浅浮雕高山、云气、松柏树木、楼阁、老寿星、道童等山水不自然景色，情景生动。琢刻工艺精美线条流畅，为清中玉插屏精品。清中期玉插屏有长方形、方形、圆形或其他多种形状。玉插屏通常插于木座之上，作品一般较厚，有大中小之分，也有超大型的作品。图案有浅雕、高浮雕、剔雕、阴线、贴金、描金及镶嵌宝石等各种工艺形式。

◎清中期·翠玉人物松涛插屏

高 21.63 厘米，宽 15.4 厘米，厚 1.05 厘米。

此绿翠为清乾隆年间作品，绿翠玉质飘花，长方扁形，主体画面为是人物松涛图，画面中间两个文人雅士，站立于栏杆石台前，两人表情生动，似在吟诗，一个手指山水，另一人手把长须，抬头吟咏，四周有松柏、山石、楼亭。在画面下有一渔夫走于山路之上，在云雾环绕的山峰下，有波涛涌动，水面上飞有蝙蝠，景色自然美妙。此插屏造型刻画精美，

形象生动，体现世俗化的特点。作者运用凸雕、平雕等技法，按高低远近之比例，把人物、山石、楼台、松柏等用波涛江水平衬托前景画面，景物纵深高远。大清插屏玉器除白玉、青玉、黄玉、碧玉外，玉材还有玛瑙、水晶、翡翠、青金石和芙蓉石，这些都是清代玉器使用最多的玉材。当然，用得最多的是新疆和田和叶尔羌等地出产的优质玉石，尤其是和田羊脂白玉最为人所钟爱。

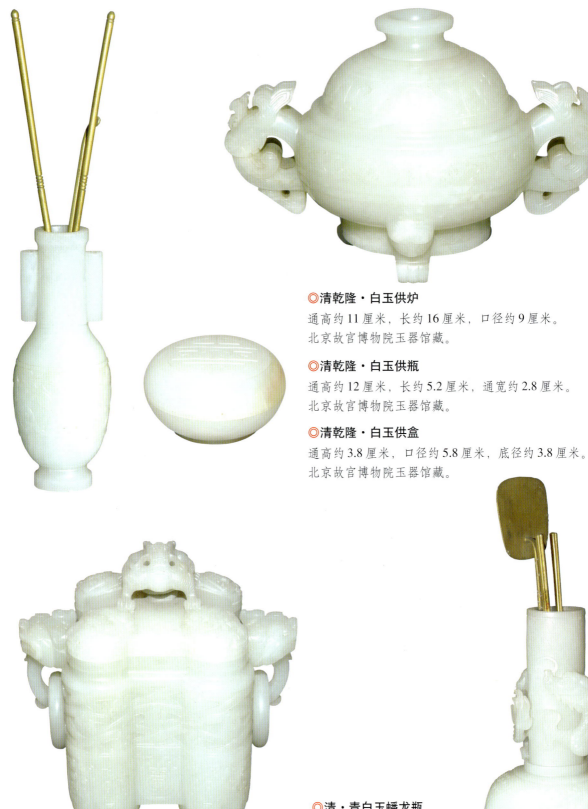

◎ 清乾隆·白玉供炉

通高约 11 厘米，长约 16 厘米，口径约 9 厘米。
北京故宫博物院玉器馆藏。

◎ 清乾隆·白玉供瓶

通高约 12 厘米，长约 5.2 厘米，通宽约 2.8 厘米。
北京故宫博物院玉器馆藏。

◎ 清乾隆·白玉供盒

通高约 3.8 厘米，口径约 5.8 厘米，底径约 3.8 厘米。
北京故宫博物院玉器馆藏。

◎ 清·青白玉蟠龙瓶

高约 18 厘米，通长约 8.5 厘米，
纵宽约 3.5 厘米。
承德避暑山庄博物馆藏。

炉、瓶、盒，佛供三事为
清宫廷常用陈设品，又可实用，
盒贮香料，瓶内插有铲、箸，炉
内可燃香料。

◎ 清乾隆·青白玉四柱式炉

通高约 14.2 厘米，通长约 12 厘米，纵宽约 12 厘米。
北京故宫博物院玉器馆藏。

◎清乾隆·碧玉莲花瓜棱式罐（上）

通高约15厘米，口径约12厘米，底径约9厘米。
北京故宫博物院玉器馆藏。

　　碧色玉质，玉色碧绿纯正，内含深绿色斑。罐呈圆瓜棱式。口随形内收，足底棱形内凹。盖顶镂雕三幼瓜及叶、蔓等，造型写实而立体。器体分六瓣瓜棱，瓜棱上减地凸雕莲花纹。口及足边间饰俯仰莲枝纹。造型新颖别致，琢刻技艺高超，为清中期新创品种，是皇帝珍爱之物。

◎清乾隆·青玉镂雕牡丹纹盒（下）

通高约12厘米，直径约24厘米，底径约17厘米。
北京故宫博物院玉器馆藏。

　　玉色碧绿，局部略浅，有黑斑。盒分上下两部分组成，隆起较高。口微敞，下腹较深，外壁镂雕突起牡丹花叶一周，圈平底略高，有立面圆边。盖平面微凸起，镂雕牡丹花叶，中心一朵较大，其外环六朵小花，盖侧一周牡丹花。此盒采用镂雕、浮雕、剔地等制作方法，上下沿口对称规整，为宫廷珍品。

◎**清乾隆·碧玉四柱式炉**

通高约 14 厘米，横长约 11 厘米，纵宽 11 厘米。
北京故宫博物院玉器馆藏。

　　这是一组由炉、瓶、盒组成的薰香用具，俗称佛供三事。炉为四管相连，盖顶镂雕蟠龙钮，龙的四爪伸向盖的四角，四角突起圆形各雕一小螭。炉上上饰横向交错的夔龙纹，共有九头二十六个，皆上仰，龙身细长，微弓屈形致，下部两面各雕一篆书"寿"字，四管之上亦各雕"寿"字，两旁饰夔凤。镂雕双龙耳，耳下有一活环。

◎**清乾隆·碧玉四柱式瓶（左上）**

通高约 12 厘米，横长约 3.8 厘米，纵宽 3.8 厘米。
北京故宫博物院玉器馆藏。

　　瓶亦为四管相连式，圆口，口沿饰四如意纹，瓶颈细长，上部饰四蝉纹，瓶腹四角处各雕琢二龙，龙身作"弓"字形，上下交错。

◎**清乾隆·碧玉四柱式盒（左下）**

通高约 4 厘米，横长约 6 厘米，纵宽约 6 厘米。
北京故宫博物院玉器馆藏。

　　盒为方形，四角外凸，盖面四角饰环状双钩纹，中部饰对称的变形蔓草纹，圈足略高。

◎ **清中期·碧玉手印甘露佛像**

通高约 13.2 厘米，横长约 3.4 厘米，纵宽约 9 厘米，。
美国旧金山亚洲艺术馆藏。

　　和田碧玉，玉色呈绿透亮，质地纯正温润，部分是深绿
和暗绿，为立体圆雕。玉佛慈眉善目，立身呈盘膝静坐状，身
着长袈衣，左手平持小宇宙，右手印弹指甘露，两脚心向上
并露五趾，为盘座状，比例适度，为清中期佛像精品之作。

◎清乾隆四十五年·碧玉交龙钮"古稀天子之宝"玺

通高约 11 厘米，长约 11.5 厘米，宽约 11.5 厘米，印座高约 5.3 厘米。北京故宫博物院玉器馆藏。

　　1780 年，乾隆皇帝七十岁万寿岁，他把自己看成是千古之中唯一年登古稀的英明君主，为此特撰写《古稀说》："古稀之六帝，元明二祖为创业之君……其余四帝予所不足之法。""余以今年登七，因用杜甫句刻'古稀天子之宝'"。乾隆帝借此夸耀自己是古稀全人，并且刻制了"古稀天子"和"古稀天子之宝"印共 42 方，多钤印于鉴赏的书画之上。

◎清乾隆·玉玺印

通高 6.6 厘米，横长 16.7 厘米，纵宽 11.5 厘米。
清宫旧藏。

　　此件玺印采用白色闪玉，刻意留些许褐黄玉皮以活泼色彩感。印面上为圆形，寓意天圆，刻阳文"乾"字；下为方形，寓意地方，刻阴文"隆"字。二字的两侧均饰简化的龙纹。印钮的纹样则分为两层：底层作圭形，以细阴线由上而下刻云气、七星、山狱、海潮纹；上层则高浮雕五只异兽。其质地精良，琢磨细腻，以古人的宇宙观为造型纹饰的主题，意在展现天子的权威与气度。

◎清乾隆·白玉龙纽"八徵耄念之宝"御玺

通高 7.6 厘米，横长约 3.8 厘米，纵宽约 3.8 厘米。
首都博物馆，古代玉器馆展藏。

　　白色玉质，玉色微闪浅青，质地润泽，印钮立体镂雕一蟠龙，有祥云环绕四周。蟠龙传神生动，圆眼长额，鼻下额飘有长须，头顶双角，龙身上有鳞片，长尾上卷，造型写实，其雕琢精美，下呈四方形印座，光润平直，为清宫御玺之中的"皇帝之宝"。

◎清乾隆·白玉嵌玉石鹌鹑如意

通高约 5.3 厘米，横长约 32 厘米，纵宽约 6.7 厘米，厚约 1.2 厘米。北京故宫博物院玉器馆藏。

◎清乾隆·青白玉"古稀天子"如意

通高约 5.3 厘米，横长约 32 厘米，纵宽约 6.6 厘米，厚约 1.2 厘米。北京故宫博物院玉器馆藏。

◎清乾隆·青珐琅风挡烛台

通高约 30 厘米，底径约 9.8 厘米，中径约 8.5 厘米。北京故宫博物院玉器馆藏。

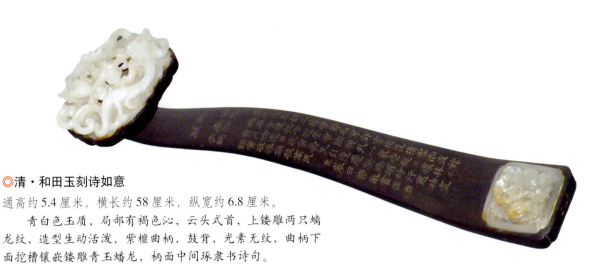

◎ 清·和田玉刻诗如意

通高约5.4厘米，横长约58厘米，纵宽约6.8厘米。

　　青白色玉质，局部有褐色沁，云头式首，上镂雕两只螭龙纹，造型生动活泼，紫檀曲柄，鼓背，光素无纹，曲柄下面挖槽镶嵌镂雕青玉螭龙，柄面中间琢隶书诗句。

◎ 清·和田白玉紫檀刻花如意

通高约5.2厘米，横长约62厘米，纵宽约6.6厘米，厚约1.6厘米。北京故宫博物院玉器馆藏。

　　清代玉如意是最受人们喜爱的祥和玉，不仅是贵族身边的宝物，也是贵族阶层相互馈赠的珍贵礼品，此玉如意为整雕过枝灵芝纹及宝瓶，蝙蝠，谐"福、寿、平安"吉祥之意。

◎ 清·白玉龙凤灵芝如意

通高约5.3厘米，横长约40厘米，如意头高约5.5厘米，柄高约3.2厘米。北京故宫博物院玉器馆藏。

　　白色玉质，玉色润泽而光透，如意形云头镂雕及浅雕灵芝纹饰，长曲柄上立体镂雕一苍龙，苍龙攀爬在曲柄柱上，造型极为写实。龙尾随有一凤，形致优美，攀于曲柄之后，为龙凤灵芝如意，此器造型构图极佳，为清中期宫廷玉器珍品。

◎ 清代·碧玉采玉图山子

通高约 44 厘米，通长约 68 厘米，厚约 3.6 厘米。
北京故宫博物院玉器馆藏（清宫旧藏）。

此件表现了两位新疆和田地区维吾尔族男子采玉时的情景。背面镌刻乾隆乙酉（乾隆三十年,1765）御题《于阗采玉》诗一首："于阗采玉春复秋，用供正赋输皇州。奚待卞和识琳球，邮致正值金闾游。专诸巷中多妙手，琢磨无事大璞剖。古来记载真伪半，爱者欲其生，恶者欲其死。如是雌黄，唇吻纷无算。"末署"乾隆宸翰"阴文印。

◎ 清乾隆·翠玉灵芝形玉如意

长 47.8 厘米，最宽处 10.5 厘米。

上品翠玉质地，清乾隆年间作品，云头立体圆雕灵芝形卉纹，曲柄鼓背凸雕灵芝叶脉纹等。形式优美，翠玉雕琢精湛，光泽明亮、线条流畅，造型优美、典雅。如意是中国传统的吉祥物，头部多作心形、芝形、云形，为赏玩之物。

古玉收藏图鉴

◎清乾隆·白玉十二生肖（一组）

通高约 5.5～2.8 厘米，通宽约 5.6～3 厘米。

北京故宫博物院玉器馆藏。